本书为全国教育科学规划教育部重点项目

"网络游戏依赖儿童的社会能量变化与教育应对研究"

（DHA210335）的阶段性成果

追寻"好的数字生活"

数字环境视域下的命运行为研究

How to Live a "Good Digital Life"
A Study on the Impact
of Digital Environment
on Destiny Behavior

高崇 著

天津出版传媒集团

天津人民出版社

图书在版编目（CIP）数据

追寻"好的数字生活"：数字环境视域下的命运行
为研究 / 高崇著. -- 天津 ： 天津人民出版社，2025.
1. -- ISBN 978-7-201-20990-6

Ⅰ. C913.3

中国国家版本馆 CIP 数据核字第 2025SX3304 号

追寻"好的数字生活"：数字环境视域下的命运行为研究
ZHUIXUN "HAO DE SHUZI SHENGHUO"：SHUZI HUANJING SHIYU XIA DE
MINGYUN XINGWEI YANJIU

出　　版	天津人民出版社
出 版 人	刘锦泉
地　　址	天津市和平区西康路35号康岳大厦
邮政编码	300051
邮购电话	(022)23332469
电子信箱	reader@tjrmcbs.com
责任编辑	武建臣
封面设计	汤　磊
印　　刷	天津新华印务有限公司
经　　销	新华书店
开　　本	710毫米×1000毫米 1/16
印　　张	17.25
插　　页	2
字　　数	230千字
版次印次	2025年1月第1版 2025年1月第1次印刷
定　　价	79.00元

自　序

命运是个社会现象。作为社会现象,命运既是结果也是行动过程。

对于社会行动者而言,在人生的不同阶段,都面临着命运的问题。无论是对于个体,还是对于社会集合体(如组织、民族、国家等)都需要思考命运问题。

在社会转型的背景下,个体越来越从家庭的紧密关系中脱离出来,从群体中走出来,"独自打保龄球",然后,个体便发现自己又走进一个更加广阔的数字媒介世界。个体在享用数字技术所带来的便利的同时,自身也越来越陷入数字技术之网中。由此,社会行动者在这种技术之网中的命运如何?个体是如何被数字环境所影响的,又同时如何影响数字环境的?这种数字环境—行为命题不仅蕴含着个体与社会的关系问题,同时也蕴含着结构和能动性问题,这越来越成为一个时代的命题,也是研究者倍感兴趣的问题。因此,本书聚焦这一问题便具有现实意义。

1981年,福柯在接受《解放报》埃里蓬的采访时坦承:"每次当我试图去进行一项理论工作时,这项工作的基础总是来自我个人的经验,它总是和我在我的周围看到的那些事情有关。事实上,正是因为我觉得在我关注的事物中,在我去打交道的制度中,在我与他人的关系中,我发现了某种破裂的东西,某种单调灰暗的不和谐之处或运转失调的地方,我就会着手撰写一部著作,它实际上是一部自传的几个片断。"[1]研究者自不例外。尤其是人至中年,越来越想通过"往回看"进而去思考当前和未来之事,旨在通过"往回看"以便更好"向下看"和"向前看"。这其实不就是"命运"问题吗?

当然,研究者探讨的"命运"问题,是在新的数字环境背景下人的行为问题,也即数字环境与人的行为关系问题。这样,便使得本书跳出了个人的范畴,具有了时代背景和现实意义。

对此,研究者应用了来自新闻媒体报道中的社会新闻案例作为资料来源,同时辅之以研究者在教学过程中让学生就相关主题所作的自我陈述和体验报告,形成了本书的主要研究资料。显然,本书是经验研究的,无论这种经验来自个人的人生经历,还是学生的体验,还是新闻报道中的他人参照物。"支持研究工作的形式可以是量化数据的统计数字,也可以是小心翼翼推理的争辩,形式并不重要。形式仅仅是我们挑选来讲故事的形式而已,他们给愿意阅读和使用的人提供价值,引起读者的共鸣。"[2]研究者深深地认同这一点,希望读者能够从此研究中摄取一点对自身认识当下的数字环境有所助益的内容,如此,便也倍感欣慰。

通过对研究资料的质性分析,结合研究者的理论思考,研究者认为,与传统的"命定论"和"变命论"不同,研究者提出"构命论",对"命运"进行了本体论阐释。"命运"由"命"和"运"相融而成,"命"指的是社会行动者的包括生命在内的内在的社会能量[3],"运"则指的是社会行动者在人生"决定性时刻"情境中所面对的外在的"能量资源"和"规则"。因此,"命"和"运"相融而成由内外"资

---

① 杨善华、谢立中主编:《西方社会学理论》(下卷),北京:北京大学出版社,2006年,第233页。

② [美]林文刚编:《媒介环境学:思想沿革与多维视野》,何道宽译,北京:中国大百科全书出版社,2019年,第330页。

③ 关于"社会能量",可以参见高崇:《信息传播技术与社会能量》,天津:天津人民出版社,2022年。

源"和"规则"构成的吉登斯结构化理论意义上的具有结构二重性的"结构"。在这个意义上,"命运"对社会行动者而言既是限制和约束,同时又促进了社会行动者的实践行为。同时,本书也指出了具有"资格能力"的社会行动者所具有的自我反身性的存在。由此,"命运"不仅具有结构二重性,同时具有时空情境性、变化性,命运行为是一个选择过程。

"命运"是行为,是指具有认知能力的社会行动者在其认为对其具有重要意义的社会时刻基于自身社会能量而做出的个体选择的社会行为,以及基于社会行为的状态和结果。从共时态行为而言,"命运"涉及饮食行为、家庭行为、时空行为、学习行为、社会生活和通信行为等;从历时态行为而言,"命运"包括即时命运、评价命运和趋势命运,分别对应着一个行为、一件事和一类事。

在数字环境下,鉴于"数字技术的召唤结构",结合社会行动者的数字技术使用需求,社会行动者通过使用数字技术影响了自身的社会能量,进而在一些"决定性时刻"做出"命运"行为。"命运"作为行为,是一种行为链。上述社会行动者在数字技术召唤下的使用行为可以被视为一阶行为,在自身社会能量受到影响的情况下做出的"命运"行为是二阶行为。基于此,研究者提出了"数字环境的唤醒理论",即基于数字技术的召唤结构,以及社会行动者对数字技术的使用需求,在这种数字环境下,数字环境唤醒了社会行动者对数字技术的使用行为,并进而影响了社会行动者的后续行为,即数字环境影响了社会行动者的命运。

研究者对这种数字环境下社会行动者命运的影响研究,并不仅仅局限于由单一数字技术或复数数字技术所构建的数字环境的影响,研究者还借鉴了生态学研究的成果,同时关注、研究了在数字生态系统下不同社会行动者的命运问题。

由此,我们可以看到,面对数字环境,作为行动者的个体,有能力选择自己的、符合美好生活要求的生活方式。这是作为此在的本质。当然,正如前述所言,作为行动者的个人可以选择,事实上,应该补充说,他只能依靠自身的社会能量资源,在既定的"规则"中进行选择。也就是说,在数字环境中,社会行动者的选择往往是在其使用数字技术后自身的社会能量状态受影响时/后所做的选择,而这可以被视为某种结构性因素。这是此在在数字环境下的"命运"。而当他的社会能量不足以使他做出随心所欲的选择时,他必然会受限于社会场域中的"规则"限制。只能被迫选择,而非主动选择。由此可以看到,个体社会能量的重要性。社会能量之间是可以相互转化的,例如,身体锻炼便会使得生理能量增强,进而增强心理能量。这方面研究者在《信息传播技术与社会能量》一书中有论述,此处不再赘述。

由上可以看到,环境行为学启发了研究者对数字环境的界定及对数字环境与人的命运行为影响的研究,研究者基于吉登斯的结构化理论和海德格尔对"此在"的生活过程和状态的分析,对"命运"概念进行了新的阐释,同时,生态学研究的成果及拉图尔的行动者网络理论都启发了研究者对数字环境下人的命运的思考。研究者在本书中综合了不同的理论、视角、观点,尝试将其综合在对行动者的命运行为的解读和分析中。

正如前述,对这一主题的选择,一方面既是研究者对自身生命实践的总结、提炼、升华和反思,另一方面更是对数字环境下人作为社会行动者的社会命运的理论关怀。研究者尝试对此给出分析和答案。"在许多方面,它还是一部思辨之作。本书又一次不打算自诩要给出正确答案,也不打算妄言掌握着揭启终极真理的钥匙。我甚至不打算伪称它提出来的必然都是迫切相干的问题,当然,我还是希望它引出的问题都有意思,也有益处。"①正如特斯特所言,研究者在写作数字环境与人的命运行为此书时,也秉持类似的观念,研究者不认为"掌握着揭启终极真理的钥匙",恰恰相反,囿于研究者的理论视野和建构

---

① ［英］基思·特斯特：《后现代性下的生命与多重时间》,李康译,北京：北京大学出版社,2010年,第2页。

能力,这仅仅是研究者对这一社会话题给予的微小贡献,算是抛砖之作,旨在引玉,期待指正。

研究者多年来一直致力于对数字媒介与社会的关系这一交叉领域进行思考和研究。一方面,为数字环境行为学的建构提供参考;另一方面,旨在通过数字环境对人的行为影响的剖析,建构数字环境影响人的行为的唤醒理论。"本书不会为以下信念推波助澜:就因为什么东西我们难以领会,它就无权存在。"①本书便是就数字环境对人的命运行为的影响这一命题所作的尝试。不揣浅陋,敬请大家方正。

---

① [英]基思·特斯特:《后现代性下的生命与多重时间》,李康译,北京:北京大学出版社,2010年,第4页。

目 录

上编　理论构建

下编　专题应用

导　言

一、研究缘起

传统的环境行为学研究的核心意旨是用经验和非经验的方式揭示自然环境对人的命运、行为的影响，以及强调人与自然的和谐关系。研究者在思考强调自然环境对人的行为影响的同时，持续思考作为人化环境的数字环境对人的命运、行为又会带来哪些影响，如果有影响的话，这种影响是通过何种机制形成和发挥作用的？

数字技术的弥散性，意味着数字技术对日常生命的渗透，数字技术、产品、产业、机构等方面的变化，这些无疑构成了人们周遭的环境。数字环境已经成为人与环境互动的新的界面。环顾周遭，从触手可及的日常生活设备，到各种社会生产和服务设施，数字化成为推动社会生活改变的源动力，数字环境也因而成为人们在生产生活中的新的环境形态。在这种环境下，人们有着不同的遭遇。这种全新的数字环境，给人们的命运带来了哪些影响，人的行为又发生了哪些变化？这些问题一直萦绕在研究者心头。在传统的环境行为学后，我们需要继续探讨数字环境对人的行为的影响。

此外,数字技术与人行为体的关系也在遭到重塑。"科学技术研究表明,人类和科技产品之间的严格功能分化(人机二元论)已经慢慢不再被接受,取而代之的想法是,人类与机器等事物不可分割地交织成一个混合网络,并从中产出行动和决定。根据这些思路,心灵状态(意向性、自由意志、情绪等)不是一个事物成为行动者的必要条件,重点反而在于人类与非人类的聚集组合能产生什么样的结果。"①由此,本书基于此种数字技术与人行为体的关系视角去尝试探讨这种新型关系下数字技术作为数字环境对于人行为体的命运行为的影响。

本书的创意来源于研究者对因数字技术使用而引发的问题的理性思考,如网络成瘾、游戏沉迷、数字监控、智能依赖等不一而足。互联网络等数字技术在中国内地经过20多年的发展和应用,已经到了一个需要反思的阶段,也就是说,当数字产品触手可及时,当获取对于大多数人不再成为问题时,"为何要使用"便会成为一个问题。因此,从这个方面而言,本书是具有现实关怀意义的。

本书的创意还来源于对在社会转型期社会行动者命运的理性思考。中国社会的社会行动者个体在国家深化改革背景下,日益从原先"全能政府"的掌控下被分离出来,个体的命运便成为时代的话题。从政治力量决定个体命运,到经济越来越主宰个体的生活,个体的命运到底是否掌握在个体手中,便成为一个时代话题。正如雅斯贝斯所言:"人面对这样的问题:他是命定了要服从那些似乎决定了一切所发生事物的强大力量的统治,还是毕竟可以发现他能够自由迈进的道路——在这些道路上,上述力量不再具有主宰作用?"②因此,在

①　[丹麦]马尔科·内斯科乌:《社交机器人:界限、潜力和挑战》,柳帅、张英飒译,北京:北京大学出版社,2021年,第245页。

②　[德]卡尔·雅斯贝斯:《时代的精神状况》,王德峰译,上海:上海译文出版社,1997年,第29页。

技术尤其是数字技术日益渗透在人的社会生活之中的当下,这一问题仍然具有现实意义。面对数字技术/数字环境的影响,作为社会行动者的个体该如何回答这一问题呢?

当下比较流行的一个词是"躺平",这其实也与命运相关。为什么有的人会选择"躺平"? 显然,媒介所塑造的信息环境是一个非常重要的数字环境。数字技术和产品在社会个体的命运中扮演着何种角色,这个问题也激发了研究者的思考。

本书主要是从数字技术视角对数字环境做出界定,并探讨这种数字环境对社会行动者命运行为的影响。正如吉登斯所指出的,"社会科学研究的主要领域既不是个体行动者的经验,也不是任何形式的社会总体,而是在时空维度上得到有序安排的各种社会行为"①。因此,我们在本书中探讨的是社会行动者/人行为体的行为,即使用数字技术的行为、命运行为等,探讨作为环境的数字技术对社会行动者行为的影响。

二、研究思路和框架

正是在上述这些因素的促发下,带着对上述问题的思考,研究者开始了本书的探讨。本书的研究思路和框架如下。

第一,就"数字环境"概念做了详细的探讨,将数字环境分为四类,如下表所示。

---

① 杨善华、谢立中主编:《西方社会学理论》(下卷),北京:北京大学出版社,2006年,第94页。

表0-1 "数字环境"分类表

数字环境1	数字物质环境;数字非物质环境
数字环境2	数字技术作为环境;数字技术与人作为综合体构成数字环境;数字技术—社会作为数字环境
数字环境3	作为地点的数字环境;作为场所的数字环境;作为空间的数字环境
数字环境4	固定/流动;实在/虚拟;直接/间接;实名/匿名;真实/虚假;实物/拟人;智能/非智能;私密/非私密

数字环境1奠定了本书研讨数字环境的总体基调;数字环境2构成了本书的视角和研究进路;数字环境3即数字环境分别作为数字地点、场所、空间,则构成了本书的维度,下编"专题应用"便依此分为三章;数字环境4则成为本书探讨数字环境对命运行为影响的切入点。

第二,结合吉登斯的结构化理论对"命运"概念进行阐释,提出了强调"命""运"相融的"构命论"。如下表所示。

表0-2 对"命运"的理解

	相关资料		本成果
"命运"概念	"命""运"相连	"命""运"相分	"命""运"相融
命运观	命定论	变命论	构命论

由此,本书认为"命运"由"命"和"运"相融而成,"命"指的是社会行动者包括生命在内的内在的社会能量,"运"则指的是社会行动者在人生"决定性时刻"情境中所面对的外在的"能量资源"和"规则"。因此,"命"和"运"相融而成由内外"资源"和"规则"构成的吉登斯结构化理论意义上的具有结构二重性的"结构"。在这个意义上,"命运"对社会行动者而言既是限制和约束,同时又促进了社会行动者的实践行为。命运是指具有认知能力的社会行动者在其认为对其具有重要意义的社会时刻,基于自身社会能量而做出个体选择的社会行为。本书将视角转向过程,转向社会行为,将对命运的理解从结果导向转向过程导向,从社会行动者的社会行为中去分析和阐释其命运。当然,本书并不是

单纯地对命运做出新的阐释,而是嵌入了"数字环境"这一变量,进而考察在这种数字环境下,社会行动者命运行为的变化。本书并不秉持技术决定论的视角,同时,本书虽然从吉登斯的结构化理论出发去思考命运问题,但是也并不认同结构决定论的观点,而是既指出了命运作为社会行为的结构能动二重性,同时也指出了具有"资格能力"的行动者的反身性的存在,指出了行动者的行为是结合了理性和情感下的选择。

第三,在上述对"数字环境""命运"概念仔细探究的基础上,提出"数字环境—命运行为"研究方向。本书认为数字环境通过影响社会行动者的社会能量,进而对社会行动者的命运行为产生影响。这是数字环境影响社会行动者命运行为的机制。

第四,针对上述机制,结合前述数字环境分类,本书从两个层面分两章进一步探讨数字环境对社会行动者命运行为的影响。如下表所示。

表0-3　数字环境影响社会行动者命运行为的研究进路

数字技术视角	数字技术作为环境	将数字技术自身视作环境,考察数字技术的"召唤结构"对社会行动者行为的影响。此处社会行动者的行为是一种行为链,包括从时空上接续的两种行为,一是社会行动者对数字技术的使用行为,一是社会行动者在使用数字技术后社会能量发生变化时/后的后续行为
数字生态系统视角	数字技术—人	将数字技术—人视作数字环境,考察这种数字环境对社会行动者自身行为包括媒介使用行为和命运行为以及对他人命运行为的影响
	数字技术—社会	将数字技术—社会视为数字环境,考察这种数字环境对社会行动者命运行为的影响

第五,在上述"理论构建"的基础上,本书在第二编"专题应用"分别从作为地点、作为场所、作为空间的数字环境探讨数字地址技术、智能环境和数字游戏空间对社会行动者命运行为的影响。如下表所示。

表0-4　"数字环境影响社会行动者命运行为"的专题应用

数字环境分类			数字技术视角	数字生态系统视角
数字环境	作为地点	数字地址技术		
	作为场所	智能环境		
	作为空间	数字游戏空间		

综合上述思路，本书的研究框架如下表所示。

表0-5　"数字环境—命运行为研究"的框架

		数字环境4							
		数字地址技术	智能环境	数字游戏空间					
数字环境1	物质环境	数字环境			数字环境影响命运行为的机制 →		即刻行为 评价行为 趋势行为		命运行为
	非物质环境								
		地点	场所	空间	数字技术	数字技术—人	数字技术—社会	物理　生理　心理　社会关系　符号	
		数字环境3			数字环境2			社会能量	

依照上述研究思路和框架，本书从对"数字环境"的界定和分类切入，将全书分为"理论构建"和"专题应用"两编。在"理论构建"部分，本书对数字环境影响社会行动者命运行为的机制做出了阐释，又从数字技术视角和数字生态系统视角分别做了分析，提出了数字技术的"召唤结构"、数字环境的唤醒理论

等新见解；在"专题应用"部分，本书从"作为地点的数字环境""作为场所的数字环境""作为空间的数字环境"三个维度，分别探讨了数字地址技术、智能环境、虚拟游戏空间等数字环境如何通过影响社会行动者的社会能量进而影响其命运行为。如下表所示。

表0-6　"数字环境—命运行为"研究的章节逻辑结构

「数字环境—命运行为」研究	导言	
	上编理论构建	第一章　数字环境：数字技术下的"环境"新义
		第二章　数字环境下社会行动者"命运"：结构化理论视角下的"命运"
		第三章　理解"数字环境—命运行为"研究
		第四章　数字技术召唤结构与社会行动者命运行为
		第五章　数字生态系统与社会行动者命运行为
	下编专题应用	第六章　作为地点的数字环境：数字地址对人的命运行为的影响
		第七章　作为场所的数字环境：智能环境与社会行动者的命运行为
		第八章　作为空间的数字环境：虚拟游戏空间下社会行动者的命运行为
	结语	"怎样才能用媒介生活得好"：数字技术发展、数字环境与人的命运行为

三、研究的创新之处

第一，将数字技术作为环境，借鉴文论中的"召唤结构"，提出并分析了"数字技术的召唤结构"，阐释了数字技术的召唤结构对社会行动者数字技术使用行为的影响；本书澄清并分类思考"数字环境"这一早先略显模糊的概念，尤其是关注不同层面的数字环境对社会行动者的行为的影响，揭示了数字技术/环境对社会行动者使用数字技术的影响。既然数字环境能够影响社会行动者的命运行为，因此，"美的数字环境""美好数字生活"便理应纳入研究视野，本书拓宽了媒介环境学和数字环境—行为研究范畴。

第二，已有数字环境—行为研究主要考虑的是数字环境对人的媒介使用行为的研究或者是一般性行为的研究,而本书则主要基于人行为体与数字技术构成的"人类与非人类的聚集组合"关系,聚焦数字环境在对人的媒介使用行为影响的基础上对人的命运行为的影响,为这一领域提供了新的思路和启示。

第三,从吉登斯的结构化理论出发分析了"命运"这个概念,将其视为一种行为,并结合社会能量概念,对命运做了新解,强调了命运的过程性及命运作为结构的结构二重性,尝试弥合传统命运观中主观和客观的二元分立。吉登斯认为:"如果观念确实具有重大的启迪,那么,更重要的任务不是穷究它们的根源,而是进一步磨砺这些观念,展示它广泛的用途,哪怕所应用的框架可能迥异于原先孕育它们的那种。"①在本书中,研究者对数字环境下"命运"主题的探讨,对吉登斯结构化理论的运用便是出于同样的目的。

第四,本书在已有研究的基础上,提出了数字环境影响社会行动者行为的机制,即数字环境通过影响社会行动者的社会能量,从而影响了社会行动者的社会行为/命运行为。进而针对数字环境对人的命运行为的影响,提出了"数字环境的唤醒理论",在媒介环境学和数字环境—行为研究领域建构了新理论,由此为媒介环境学和数字环境—行为研究也做出了理论贡献。

第五,借鉴了生态学概念和理论成果,对数字生态系统下不同文化群体的生态系统内关系做了解释,认为数字生态系统内具有不同文化的群体类似于自然生态系统下的不同物种,他们之间存在着各种不同类型的关系。同时,在每一种文化群体的内部又可以依据其与数字技术的关系,分为非用户、数字技术消费者、数字技术生产者等不同类型和亚类型。这种分类能够有效帮助我们分析和探讨数字环境下不同社会行动者在做出命运行为时受到了其他群体和个体的影响,将社会行动者使用数字技术对他人的影响,视为某种生态系统

---

① [英]安东尼·吉登斯:《社会的构成:结构化理论纲要》,李康、李猛译,北京:中国人民大学出版社,2016年,引言第10页。

下的"自然现象"。

第六，本书结合拉图尔倡导的行动者—网络理论，赋予了数字技术以某种非人的行动者的地位，进而凸显了数字技术作为非人行动者和人行动者之间的相互影响关系。当然，对此也许会有不同看法，如"我们必须要认识到，技术仅仅只是工具而非能动体，不过，这些技术工具可以被用来实现'好'或'不好'的目的"[①]。

第七，本书在结语中对如何影响和改变数字环境下人的命运行为给出了建议，即要意识到"非连续性"的价值，要构建人与数字技术的命运共同体，过一种既美又好的数字生活。

综上所述，研究者将数字技术纳入探讨命运的变量中，探讨数字社会这一新的时代背景下社会行动者的命运，因此更具时代意义和现实价值，能够回应人们在数字技术日益渗入社会生活背景下对命运的焦虑感，为本领域提供新的理论视角和理论资源。此外，本书的主题聚焦在数字技术与社会这一研究领域，"叙事者能够看到什么样的故事，首先就要取决于他的问题意识和理论素养。也就是说，社会现象不是自在的，而是被呈现、被建构出来的。没有独特的感知，没有敏锐的问题意识，社会实在纵然如神祇般矗立在山顶，人也可能视而不见"[②]。因此，本书拓宽了该研究领域的视野，能够给后续的相关研究者带来启发。

---

① Simon Lindgren, *Digital Media and Society*, London: SAGE Publications Ltd, 2007, p.71.

② 李友梅、孙立平、沈原主编：《转型社会的研究立场和方法》，北京：社会科学文献出版社，2009年，第222页。

上编
理论构建

第一章 数字环境:数字技术下的"环境"新义

一、"环境"概说

如果要谈"数字环境",需要先了解"环境"一词的含义。

从学术研究角度来看,环境被认为是作用于一个生物体或生态群落上,并最终决定其形态和生存的物理、化学和生物等因素的综合体。[①]正如诺姆所言:"我们用环境一词来描述你所处的地方和周围的一切。环境是指决定生物个体或群体生长与生存的所有物理、化学、生物因素与过程的集合。构成我们所处环境的一长串因素包括呼吸的气体和为我们提供营养与从我们这里获得营养的许多生命形式。"[②]上述对"环境"的界定,从环境的自然属性角度出发,

① 杨玲、樊召锋:《当代环境心理学研究的新进展》,《甘肃社会科学》,2006年第2期。
② [美]诺姆·克里斯腾森(Norm Christensen):《环境与你》,谢绍东、李亚琦等译,北京:电子工业出版社,2017年,第4页。

认为环境包括能够影响一个生物体或生态群落的形态和生存的物理、化学和生物等因素。

从环境管理角度来看，《中华人民共和国环境保护法》对环境概念进行了阐述，认为环境是指影响人类生存和发展的各种天然的和经过人工改造的自然因素的总体，包括大气、水、海洋、土地、矿藏、森林、草原、野生生物、自然遗迹、人文遗迹、自然保护区、风景名胜区、城市和乡村等。由此可见，《中华人民共和国环境保护法》中认为环境包括"各种天然的"和"经过人工改造的自然因素的总体"，强调了环境的自然属性，并且出于环境保护的需要，对具体的环境要素做了罗列。

应当说，上述对"环境"的定义是比较狭义层面的，虽然指出"环境"包括"经过人工改造的自然因素"，跟"人工环境"概念有交集，但更多强调的仍然是"环境"的自然属性。广义的"环境"概念，应该包含自然环境和人工环境。

> 所谓环境，总是相对于某一中心事物而言，它因中心事物的不同而不同，随中心事物的变化而变化。与某一中心事物有关的周围事物就是这个中心事物的环境。它可分为自然环境和人工环境两种。人工环境则是指由于人类的活动而形成的环境要素。它包括由人工形成的物质、能量和产品，以及人类活动中所形成的人与人之间的关系。例如人工构筑物、人工产品和能量、科学技术、综合生产力、政治体制、社会行为、宗教信仰、文化与地域因素等。[①]

上述这个定义便将"环境"视为包括自然环境和人工环境的综合体，并且对"人工环境"又具体进行了分类，认为其不仅包括"由人工形成的物质、能量

---

① 吴彩斌主编：《环境学概论》（第2版），北京：中国环境出版集团，2014年，第1~2页。

和产品",还包括"人类活动中所形成的人与人之间的关系"。后者也即所谓的社会环境和文化环境。因此,有研究者也将"环境"视为包括自然环境、社会文化和文化环境在内的综合体。

> 环境是指对人体产生影响的所有外部因素的总和。环境的影响要以视觉、听觉、味觉、嗅觉和其他身体感觉的生理刺激为中介,这些感觉让我们意识到自己所处的环境,也让我们能够解释环境并对环境做出反应。社会环境由我们周围的人或与人相关的各种基本要素构成,自然环境由我们周围的非人类的基本要素构成。社会环境的总特征主要取决于我们所属群体的文化,自然环境的特征主要取决于我们居住地的气候、水文、土壤、地貌、动植物和矿产资源。①

乔恩·朗主要采用心理学家詹姆斯·吉布森对环境的分类,从物质环境、生物环境、社会环境、文化环境四大层次来回顾与批判20世纪的设计实践。②这种分类对本书关于"环境"的分类具有启发性。围绕这四大环境层次,社会行动者具有社会物理能量、生理能量、心理能量、社会关系能量以及符号能量等。即这四大环境层次对人的社会能量产生影响。

由上可知,不同研究者从各自的研究视野出发,对"环境"做了不同分类。狭义层面的"环境"往往指的是自然环境,同时,对"自然"的理解也略有差异,有的仅指纯天然的因素,有的则将经人工改造的自然因素也包括在内。广义层面的"环境"则将环境视为对人体产生影响的所有外部因素的总和,不仅包

---

① [美]亨特、柯兰德:《社会科学导论》,康敏、刘晓蕾等译,北京:世界图书出版公司,2012年,第111页。

② 万融、卢峰:《人本主义诉求之"人"的回归——乔恩·朗的环境行为学理论介述》,《西部人居环境学刊》,2020年第5期。

括自然因素,也包括社会和文化因素。但需要注意的是,除此研究需要之外,对于社会行动者而言,所谓的各种类型的"环境"几乎是融在一起的,即物质环境亦是生物环境,亦是社会文化环境等。由此,我们需要暂时摒弃分割的"环境"观,以一种统合的"环境"观来理解环境,并以此思考环境—人之间的关系。

在本书中,我们认为环境包括自然环境和人文环境。自然环境是指没有经过人工改造的自然因素的总体;而人文环境则是相对意义上使用的,指的是一切经过人工改造的和创造出来的成果的总和。因此,经过人工改造的自然环境也应该属于人文环境之列,这凸显了人/社会行动者对自然环境的改造及人自身的创造价值。

二、"数字环境"释义

数字技术的发展和应用给我们所处的"环境"带来了新的要素。如果说,环境是指对人体产生影响的所有外部因素的总和,那么,显然"数字技术"便构成了当下数字社会中的一个重要的环境要素。数字环境可以说是人与环境之间互动的新的界面。"数字环境"也由此进入研究者的视野中。目前已有研究在使用"数字环境"概念时多是从不言自明的角度使用这个概念,较少对数字环境本身做明确地阐释。本书探讨数字环境,首先要明确的是,数字环境建基于数字化的基础之上。从字面意义上而言,"化"显然有改造改变之意。即所谓的数字环境一方面包括数字技术对传统环境改造之意,这包括数字化过程和数字化结果两个层面;另一方面也包括新出现的数字化技术及基于数字技术的产品等。

下面,我们将从分类的角度对"数字环境"进行阐释。研究者依据四种不同的分类标准对"数字环境"进行了分类,如下表所示。

表1-1 "环境"和"数字环境"的类别

数字环境									
环境分类1	人文环境	物质环境	数字环境1	数字物质环境	数字地点	数字环境3	地点		环境分类3
					数字场所		场所		
					数字空间		空间		
		非物质环境		数字非物质环境	数字技术	数字环境2	技术	微观	环境分类2
					数字技术—人		技术—人	中观	
					数字技术—社会		技术—社会	宏观	

虚拟环境	媒介环境	匿名环境	虚假环境	拟人环境	智能环境	私密环境	流动/固定环境
数字环境4							
实在/虚拟	直接/间接	实名/匿名	真实/虚假	实物/拟人	智能/非智能	私密/非私密	流动/固定
环境分类4							

如表1-1所示,在本书中,研究者对环境的理解主要是从四个维度展开:

(一)数字环境1

显然,"数字环境"一词来源于"环境"。但是"环境"一词之前加上一个修饰语"数字",则显示出从字面意思来理解,"数字环境"便是经过数字化的环境,是人/社会行动者对自身既有环境的数字化的结果。依据环境分类1,这主要是从自然环境和人文环境角度入手，其中，人文环境包括物质环境和非物质环境，从这个分类角度出发，数字环境显然是属于人文环境类别。既包括数字化的物质环境，同时亦包括经过数字化的非物质环境。这一分类奠定了本章研讨数字环境的总体基调，即数字环境属于包括物质环境和非物质环境的人文环境。从这一视角出发，"数字环境"包括环境要素的数字化和数字技术及基于数字技术的物质、产品等。

(二)数字环境2

《城市环境行为学》将影响社会行动者行为的环境分为宏观、中观和微观三个不同的层面。在宏观层面，探讨气候、温度、湿度、风、光照、噪声、自然灾害、空气污染和颜色对人的行为的影响；在中观层面，探讨地方依恋、居住满意度和城市外部公共空间行为等；在微观层面，探讨个人空间、领域性、私密性和密度等对人的行为的影响。借鉴这种对环境的分类，我们将宏观、中观、微观的环境分类视为环境分类2，依据这一分类标准，我们主要是从微观、中观、宏观视角，分别将技术、技术—人、技术—社会视为不同层面的环境，从这个角度出发，数字环境则包含这三个不同层面的环境。这一分类奠定了本书探讨数字环境的视角，即分别将数字技术、数字技术—人、数字技术—社会视为数字环境的不同类型。

1.数字技术作为环境

数字技术是一项能将图文声像转化为计算机能够识别的二进制数字后进行运算、加工、存储、传送、传播等的技术。列伍罗沃(Lievrouw)和利文斯通(Livingstone)观察发现，任何一种理解新媒体的方法，都必须考虑到三个因素：那些赋予并延伸了传播能力的产品和技术设备；为了利用和发展这些技术设备所从事的传播行为与实践；围绕这些技术设备和实践所形成的社会性制度安排与组织。这三者共同构成了一个集合，其特点是产品、实践、社会制度安排三者之间具有动态关联且相互依存，并影响着我们分析问题的焦点。①两位作者从产品和技术设备、实践、社会制度安排三个方面来界定"新媒体"，鉴于此，我们认为，可以从产品、技术设备、内容等方面来理解数字技术。这其实是数字物质环境。

将数字技术自身作为环境，我们便需提到媒介环境学研究流派。媒介环境学派的领军学者麦克卢汉认为，电子时代的新技术，尤其是电视、收音机、电话、电脑等，共同创造了崭新的环境。一个新环境：它们并不是简单地汇流成人类环境中的某些基础组成……而是激进地改变人们使用五感的全部方式及事物反应方式，从而改变了人类的整体生活和社会。②数字技术构成了社会行动者所处的新环境。

> 在某种程度上，媒介非常类似于一种语言或者我们认知世界的一种文化。从一种媒介转换到另一种媒介，这意味着重构我们的感觉并且改变了我们理解和重构我们周遭世界的方式。因此，互动的环境影响我们做什么以及我们怎么做。从媒介环境的视角，媒介是这样一种环境：是一种我们沉浸其中，并通过它而采取行动的符号结构。③

由此可以看到，将数字技术自身作为环境，数字技术并不是作为环境要素或因子，而是直接作为能够对社会行动者产生影响的环境本身。正如有论者所言：

---

① ［澳］特里·弗卢：《新媒体4.0》，叶明睿译，北京：人民日报出版社，2019年，第8~9页。
② ［英］马丁·李斯特等：《新媒体批判导论》（第2版），吴炜华、付晓光译，上海：复旦大学出版社，2016年，第299页。
③ Simon Lindgren, *Digital Media and Society*, London：SAGE Publications Ltd, 2017, p.30.

我在谈技术的时候,力图探讨的远不止是个别的机器和电脑。事实上,作为一个社会学范畴,技术已经远远超出了应用科学比较局限的意义。相反,追随威廉斯的有益指导,"最好把技术理解为环境而不是课题"。按照威廉斯的说法,这样一种环境视角的技术观意味着对于技术变迁的最佳评估,就要从变迁的整体导向的角度出发,而不是看这样那样的具体设计的预期效应。换句话说,作为个件的实际的技术装置,相比于它所揭示的社会文化整体趋势和态度,其本身其实并没有什么值得关注的,作为解释的资源也没多少价值。①

本书围绕环境尤其是"数字环境"概念来串联相关内容,旨在突出数字技术所搭建的"环境"对社会行动者命运行为的影响,跟研究者之前的著作中所论及的数字技术对社会行动者行为的影响相比,更加突出了"数字环境"本身,而不是数字技术本身。这是一点非常显著的差异。当然,数字技术也是作为一种类型的数字环境而出现的。这也是本书的一个主要立足点,即将数字技术作为环境,探讨数字环境对社会行动者命运行为的影响。

2.数字技术与人作为综合体构成数字环境

正如上述,这是依据环境分类2从中观层面理解数字环境。此处,数字技术作为环境要素或因子,与人作为综合体构成数字环境。人不仅与人产生互动,而且与人类之外的其他物质产生互动:

如果说人类塑造了社会网络,并不是因为人类之间的互动,而是因为他们还与人类之外的无穷无尽的其他物质进行互动……机械、建筑、服

---

① [英]基思·特斯特:《后现代性下的生命与多重时间》,李康译,北京:北京大学出版社,2010年,第96页。

装、文本——所有的这些都有助于社会的成形。①

从行动者—网络理论来看，人作为社会行动者与数字技术互动有助于社会的成形。

3.数字技术与社会作为数字环境

这是依据环境分类2从宏观层面来理解数字环境。数字技术—人，数字技术—社会作为数字环境，相较于数字技术作为数字物质环境，这些是数字非物质环境。技巧、产品（单数）、产品（复数）、内容、人（单数）使用产品、人（复数）使用产品从微观、中观到宏观构成了数字环境的不同层次。这是我们在本书中从环境分类2标准对数字环境的理解。如下图所示。

图1-1　不同层次数字环境的"洋葱图"
注：由内到外的圆环分别指数字技术、数字技术（复数）、数字技术—人、数字技术—社会。

（三）数字环境3

正如上述，"数字环境"既包括经过数字化等人化改造的自然环境，同时也包括人们创造的建成环境；既包括实体的数字环境，同时亦包括虚拟的数字环境；既包括点，同时也包括面。

依据环境分类3，研究者主要将环境分为地点、场所和空间三类，数字环境

① ［英］马丁·李斯特等：《新媒体批判导论》（第2版），吴炜华、付晓光译，上海：复旦大学出版社，2016年，第299页。

则也包含这三个不同类别的环境。这一分类则成为本书划分篇章的维度,作为内容逻辑框架主线,即本书依据这一对环境的分类,将分别从作为地点的数字环境、作为场所的数字环境以及作为空间的数字环境来探讨数字技术/环境对社会行动者命运行为的影响。

1.作为地点的数字环境

在此,数字环境是作为地点即一个点而出现。在环境中,尤其是自然环境中,作为地点的环境是明确的,例如一个具体的具有经纬度坐标的点,或者一个具体的带有门牌号的地址,等等。这些都是作为地点的环境。那么,就数字环境而言,作为地点的环境有了数字化的表现,例如,人们现在出门联系,有时需要互相发个定位;人们出行很多时候需要在确定目标"地点"之后,根据智能导航前往目的地。

在当下,人们需要思考的是,在这种作为地点的数字环境下,数字环境如何影响社会行动者的命运行为。

2.作为场所的数字环境

如果说,作为地点的数字环境是作为一个点而出现的,那么作为场所的数字环境显然所指的范围要大许多,边界可以是确定的,也可以是不确定的。总之,它所指的不再是一个明确的点,而是一片区域,这是两者在地理上的显著和明确的差异。

此外,现象学家雷尔夫提出,场所包含三个互动的组成部分:物质环境、活动和意义。段义孚认为,场所从无到有,其间需要经历连续的过程:当人对某一空间有了深入了解,并赋予其以一定的价值时,无差别的空间就变成场所。社会文化,尤其是熟悉程度和归属感在场所形成中起到了重要作用。[①]因此,作为场所的数字环境一方面由作为复数的数字技术构成,另一方面场所又具

---

① 转引自胡正凡、林玉莲编著:《环境心理学:环境—行为研究及其设计应用》,北京:中国建筑工业出版社,2018年,第130页。

有社会文化意义,是一种人文环境。不同的数字技术连在一起成为一个有体系的数字技术系统,构成了一种技术场所。例如,"当我们不再谈论Twitter,而只把它当作一种工具像电力一样使用的时候,Twitter对我们来说才是成功的。它融于背景中,成为沟通的一部分。我们将其看作一种普通的通信设备,就像电子邮件、短信、电话。公司希望用户和开发人员将平台塑造成通用的基础设施,以支持线上交流和社交互动。"①在此,Twitter不仅是一种通信设备,同时在公司及用户的使用中已经成为人们的沟通平台,融于背景中,成为一种作为场所的数字环境。本书便将智能环境作为场所的环境来探讨智能环境对社会行动者命运行为的影响。

3.作为空间的数字环境

前述,我们分别从点和面,自然和人文的角度划分了数字环境;同时,我们还可以从实体和虚拟的角度去理解数字环境,即作为空间的数字环境。数字空间也是数字化重现真实空间的虚拟空间实验室。②例如,本书将网络游戏空间作为数字环境探讨其对社会行动者命运行为的影响。

由上所述,无论是作为地点、场所还是空间,数字技术都天然地指向社会的,指向对社会行动者的影响的。数字技术作为人研发的技术,基于自然环境下所划分的地点、场所、空间等,在数字环境这一人化环境下便有了新的意义,增添了人的向度。因此,数字环境本质上可谓是人化环境。因此,无论是地点、场所、空间也好,每一种都包含着三个要素,即除了它们自身之外,还包括人(生物)和意义。本书从地点、场所、空间出发,从一个点到面的逻辑顺序来区分数字环境,并将之作为划分本书篇章的维度。

---

①　[荷兰]何塞·范·迪克:《连接:社交媒体批评史》,晏青、陈光凤译,北京:中国人民大学出版社,2021年,第77页。

②　魏奉思:《"数字空间"是空间科技战略新高地》,《中国科学报》,2016-09-06,http://www.cas.cn/zjs/201609/t20160906_4573875.shtml。

（四）数字环境4

依据环境分类4,主要是从环境的性质角度入手,依据流动/固定、实在/虚拟、直接/间接、实名/匿名、真实/虚假、实物/拟人、智能/非智能、私密/非私密等标准,将数字环境分为固定环境、流动环境、虚拟环境、媒介环境、匿名环境、虚假环境、拟人环境、智能环境、私密环境等。这一分类成为本书各章节探讨数字环境对社会行动者命运行为影响的主要切入点。

由上可知,从环境分类1出发,数字环境作为人文环境构成了本书的基调;从环境分类2出发,一是将数字环境是否包括人这个因素在内,将数字环境分为三种:数字技术作为环境、数字技术—人及数字技术—社会作为环境。数字环境作为数字技术、数字技术—人、数字技术—社会构成了本书的视角和研究进路;从环境分类3出发,数字环境分别作为数字地点、场所、空间则构成了本书的维度;从环境分类4出发,数字环境分别作为虚拟环境、媒介环境、匿名环境、虚假环境、拟人环境、智能环境、私密环境则构成了本书的主要切入点。

在本书中,这四种对数字环境的分类是并行不悖的。在划分篇章时,采用分类3;在对每一章内容进行具体论述时,采用分类4,考察数字环境对社会行动者命运行为的影响。当然,这种分类纯粹是类型学意义上的理论分析,在实际应用中很难做这种截然的分类。例如,在一个企业场景下,数字环境包括典型的数字设备构成的物质环境,借由数字技术而构建的新型传播交流环境,机器人同时构成的社会环境,以及数字文化环境等。这再一次说明了我们前述的,环境总是由物质环境、生物环境、社会环境和文化环境等综合构成的。我们只是出于研究的便利性和必要性,而将环境划分为多个类型。在实际的场景下,环境总是一体的。由于物质环境往往同时也是一个社会环境,在很多情况下,难以将这两个方面割裂开来考虑。因此,有必要采用整体的观念来看待

"环境"这一概念。①数字环境亦是如此。因此,我们在后面的应用分析中,在分类3中,会涉及分类4中不同类型的环境,如从真实/虚假环境分类角度从数字虚假环境探讨其对社会行动者命运行为的影响。

总之,在数字技术发展背景下,尤其是随着数字环境的普遍性、渗透性,人们/社会行动者日益更多地沉浸在数字环境之中,数字环境需要被及时地纳入研究者的视野中来,意大利著名技术哲学家卢西亚诺曾言:"人类社会对信息与通信技术以及信息本身越来越依赖,并将它们看成是人类社会繁荣的基础性资源。在第三个千禧年开始的时候,未来的历史学家也许会这样总结:创新、福利和附加值都不再仅仅是和信息与通信技术有关,而是依赖于它们。"②因此,数字环境对人的命运行为的影响需要及时地被考虑。在现实生活中已经有很多案例,从价值判断上而言,有积极的,也有消极的影响的案例。

由上可知,本书的一个特色在于不是对数字环境做一个整体性、概括性的探讨,而是对数字环境分门别类地进行梳理,将数字环境作为地点、场所和空间,从这些层面探讨数字环境对人的命运行为的影响。接下来,我们需要先探讨"命运"这个概念。

---

① 房慧聪:《环境心理学:心理、行为与环境》,上海:上海教育出版社,2019年,第2页。

② [意]卢西亚诺·弗洛里迪:《第四次革命:人工智能如何重塑人类现实》,王文革译,杭州:浙江人民出版社,2016年,第8页。

第二章　数字环境下社会行动者的"命运"：结构化理论视角下的"命运"新论

"命运"是本书的核心概念之一。不过，"命运是一个古老的概念，又是一个常谈常新的话题，它既通俗常见，又深奥难测，令人迷茫困惑"①。"但是，如果我们把命运视作由多种因素共同作用的一种客观必然，那么对命运进行考察则完全可以是理性的。"②"命运"不仅仅是一种重要的人生现象，更应该作为一种重要的社会现象被纳入社会科学研究的视野中来。尤其是数字环境下社会行动者的命运，愈发激起研究者的兴趣。本书将在已有"命运"研究的基础上，结合吉登斯的结构化理论，对"命运"做出新的阐释。

一、"命运"概念及命运观

对于"命运"的理解，一种是将"命"和"运"连在一起不做区分；一种是区分"命"和"运"，认为两者是有显著差异的。

---

① 赵志浩:《论个人命运的多维制约因素》,《中州学刊》,2020年第12期。
② 苗兴壮:《命运的理性分析》,《学理论》,2015年第21期。

（一）有关"命运"的多重解读

1."命""运"相连

将"命""运"相连不做区分,往往认为"命运"是某种神秘力量,"关于命运,从古至今主要有三种代表性诠释,即认为命运是外在的神秘力量、内在意志的外在表现和人生发展的规律"①。例如《辞海》认为,命运是指"吉凶祸福、寿夭贵贱等命运,即人对之以为无可奈何的某种必然性"②。从《辞海》的这一界定中,我们可以看到,"命运"被认为是某种"必然性"。我们在日常生活中常听到有人讲"认命",便指的是要让人承认这种"必然性"是个体所无法改变的。

《新华词典》中关于命运的解释:①指生死、贫富、祸福等一切遭遇。迷信者认为这些是"命中注定"的。②比喻发展变化的趋向。③这种对"命运"的解释,将命运视为"发展变化的趋向",这实际上是一种趋势命运;将命运视为"生死、贫富、祸福等一切遭遇",这种遭遇往往指的是某种结果,这其实是一种评价命运。同时,也指出了"命运"涉及生死、祸福、贫富等人生的"决定性时刻"而非所有人生时刻。这个定义虽然正确指出了命运的两种类型,但是正如后述,恰恰并未将命运视为某种行为,无论是遭遇还是趋向,其实都是建立在人们对社会行动者行为的评价和判断基础上的。

蔡永宁在《命运概念界定之我见》中认为,"命运是指人的生命主体与其赖以存在的环境在相互作用中所形成的生存状态及生命历程"④。这一对"命运"的界定也具有借鉴价值,它从生存状态和生命历程这一横向和纵向的视角界定了命运。这是一种对命运相对综合的界定。

许万全认为,命运是"在一定的自然和社会条件下,主体生存和活动的实

---

① 赵志浩:《论个人命运的多维制约因素》,《中州学刊》,2020年第12期。

② 夏征农、陈至立主编:《辞海》(第6版彩图本第2卷),上海:上海辞书出版社,2009年,第1594页。

③ 《新华词典》(第4版),北京:商务印书馆,2013年,第705页。

④ 蔡永宁:《命运概念界定之我见》,《南昌大学学报》(社会科学版),2002年第2期。

际过程。说得简单一点,命运可以看作人生的具体境遇。主体的生存、活动过程从时间上看有过去、现在和将来,相对应的运动过程状况则有以往的结果、现在的遭遇和未来的趋向。……对任何人来说,命运都是普遍存在的,没有无命运的人生,也没有无命运的人类群体。在一定意义上说,人生的轨迹就是命运"①。这一观点认为"命运"是"在一定的自然和社会条件下,主体生存和活动的实际过程",这一界定便与前述的将命运视为某种外在于社会行动者的存在而区别开来,但是需要指出的,这一"过程"本身如何,该文却并没有探讨。同时这一观点也指出了"命运"的时间向度,即"从时间上看有过去、现在和将来,相对应的运动过程状况则有以往的结果、现在的遭遇和未来的趋向",这一观点对本书具有启发价值。

有的研究者谈到了影响命运的各种因素。"人的命运,实际上就是这样一个被各种内在和外在因素所决定了的一个人的生命历程。"②这位研究者指出了作为生命历程的命运受到各种内在和外在因素的影响。这其实便体现出了命运的社会性。

上述对"命运"概念的界定,有一个共同点,即并没有对"命"和"运"做出区分,而是将它们连在一起进行探讨。如上所述,这些界定对本书也具有启发价值。

2."命""运"相分

还有一种理解是将"命"和"运"区分开来,认为"命"和"运"是不一样的。"命"是指某种必然性;而"运"则是变化的。例如,"命运,即宿命和运气,是指事物由定数与变数组合进行的一种模式,命与运是两个不同的概念。命为定数,指某个特定对象;运为变数,指时空转化。命与运组合在一起,即是某个特

---

① 许万全:《"命运"范畴初探》,《华中师范大学学报》(哲学社会科学版),1990年第5期。
② 苗兴壮:《命运的理性分析》,《学理论》,2015年第21期。

定对象于时空转化的过程。运气一到,命运也随之发生改变。"①

　　认命,就是觉得什么事都是注定的,一个人最终成就都是注定的,无论努力与否都不会改变。这其实是一种懒惰的想法,是自己不想努力的一种表现。民间流传了太多的俗语,充满了自我安慰的味道。"认命吧,这是你的命","尽人事,听天命"。我们很多人是非常信命的,虽然嘴上不承认。尽人事,听天命。我们要先尽人事,再听天命。不是不作为,直接看天意。我从中学寒暑假开始工作至今,听到过无数次"不要折腾了,认命吧","小老百姓,折腾创业肯定不可能,这是命"。诸如此类的,我听到了太多太多。但我不认命,我也不知道命是什么样的。有些人,被泼凉水就没有热情了。但有些人是石灰型的,凉水越泼越沸腾。很多时候,认不认命不重要,多尽人事肯定没错。②

　　在上述这位作者的自述中,文中有的人显然认为"命"是一种所谓的"天意",是不可改变的。

　　有的观点认为:"'命运'包含两个方面的意义:命是指人一生中全部时间的遭遇;运是指人一生中部分时间的遭遇。……这两个方面的意义结合起来,命运是指人一生中生死寿夭、贫富贵贱、祸福凶吉以及成败得失等遭遇的综合。"③这一观点将"命"和"运"相区分,区别主要在于"运"是人一生中部分时间,也即涉及生死寿夭、贫富贵贱、祸福凶吉以及成败得失等"决定性时刻"的遭遇。

　　人的"命"和人的"运"是一种什么关系? 有的观点认为,"命"指的是人生

---

① "命运",百度网,https://baike.baidu.com/item/命运/32763?fr=aladdin。

② 《什么是认命? 为什么要认命?》,知乎网,https://www.zhihu.com/question/23385927/answer/1664729589。

③ 杨寿堪:《论命运》,《新视野》,2004年第4期。

的必然性方面,它在人与客观环境的相互作用中,处于支配地位,规定人生的发展方向。而"运"说的是人生的偶然性方面,它只能加速或延缓人生的发展的进程,只能对人生发展起这样或那样的影响。相对个人来说,命的前提总是既定的,这不管他所面对的"命"的根据即经济、政治和文化等条件是生下就有的,还是其与他人不断在后天实践活动时所合力创造的。个人"命"的前提固然既定,但无数个人新的实践合力又可使命的内容改变。①这一界定区分了"命"和"运",将"命"和"运"分别视为某种必然性和偶然性,而且从辩证唯物主义出发,强调"命"的前提的既定性,社会行动者是在这一既有的经济、政治和文化等条件下与客观环境的相互作用。但是也指出了社会行动者能够通过在后天的实践对这些既有的社会能量资源做出某种改变。

日本的佐浮铭认为:"命和运之间存在着这样微妙的关系。运可以改变,命不可以改变。我们总把命运凑起来说,但本原运和命是不同义的。娃儿落地,与生俱来的可能性称为命。从出生至死之间的开花结果过程所遭遇到的各种机会则是运。"②这种对"命运"的理解颇具启发意义。"命"与"运"显然是不同义的。

齐美尔认为:"只有当偶然性事件与主体相遇,并对生命的进程有重大转折作用,抑或者对生命进程产生重大影响时,命运才由此诞生。"③齐美尔这一看法也颇具启发价值,"命"指的是生命的进程,"运"作为一种偶然性事件,一是这种偶然性事件是那些能对社会行动者的生命历程起到重大影响的,正如我们在后面要谈到的"决定性时刻",并且这种偶然性事件或者人生的决定性时刻是社会行动者需要经历的或面对的。

---

① 李继武:《辩证唯物主义视野中的个人命运观》,《齐鲁学刊》,2010年第1期。

② [日]佐浮铭:《开运一路发》,北京:中国物资出版社,1998年,第13~14页。转引自赵志浩:《论个人命运的多维制约因素》,《中州学刊》,2020年第12期。

③ 转引自郭馨:《齐美尔的命运观浅析》,《文化创新比较研究》,2019年第13期。

上述这些有关"命运"的界定有一个共同点,即都是将"命"和"运"做出区分,这种对"命运"的理解相对而言显得更为辩证,也更为深刻。这些观点对本书也颇具启发意义,但本书对"命运"的界定,又有所不同。总体而言,本书虽然也区分"命"和"运",但是认为"命"和"运"并非截然分开的,而是融为一体的。

3."命""运"相融

前面所述有关"命运"的研究,要么"命""运"不分,要么是对"命"和"运"做出截然分开的解读,而本书认为"命""运"相融。

(二)不同的命运观

上述研究对"命运"的内涵做了界定。"命运观"则涉及影响命运的因素。

1.命定论

无论是"命""运"分开,还是"命""运"相连,一种观点认为命运是外在于社会行动者的某种力量,无论这种力量是指某种必然性,如,"所谓'命运',即指一种必然性,包括自然界的外在必然性和人类社会的历史必然性,以及由这种必然性决定的事物的发展趋势"[①]。还是某种神秘物,都容易导致宿命论、天命论,差异无非是在这种力量本身的性质。例如,周辅成认为:"命运就是那循着相反的途程创生万物的'逻各斯'。"[②]这些对"命运"的认识,将命运与"必然性""天"等同起来,导致了"宿命论"和"天命论"的流行。[③]在这种力量面前,个体往往是无能的。这种命运观,被称为"命定论",也使得命运变得不可知,往往很难摆脱神秘的色彩,成为一种神秘文化现象。有的甚至被认为是一种迷信。正如许万全所言:"两千年来,不管是古代东方哲学还是西方哲学,谈命运大抵都离不开宿命论和天命论的窠臼,因而也不可能对命运作认真的研究。……

---

① 陈安金:《关于命运问题的理论思考》,《浙江大学学报》(人文社会科学版),2000年第2期。
② 周辅成:《西方伦理学名著选辑》(上卷),北京:商务印书馆,1964年,第11页。
③ 许万全:《"命运"范畴初探》,《华中师范大学学报》(哲学社会科学版),1990年第5期。

'究竟存在不存在命运'、'命运是什么'这些问题仍然没有得到认真的回答。"①

2.变命论

在天命论和宿命论中,命运的主体往往都是一种神秘莫测的超自然的精神力量。而有的观点认为,命运的主体就是人自身——具有自觉能动性的个人或人群在一定的自然和社会条件下的生存、传动过程就构成了他或他们的命运。②这种观点强调了主体是具有自觉能动性的人。同时也强调了人是在一定的自然和社会条件下生存和传动的。总体来说,这是一种相较于天命论和宿命论较为积极的命运观。

再如,赵志浩认为:"在制约个人命运的诸多因素中,除了那些外在的必然因素之外,个人奋斗也是一个不可忽略且至关重要的因素。而且,个人奋斗是能够被生命个体把握的因素。因此,除了认清制约个人命运的外在条件之外,还要承认个人主观努力和奋斗的价值及意义,避免受命运必然性的驱使。"这个观点强调了个人奋斗或者说个体的主观能动性对命运的影响,也带来了命运的差异性,即"每个人在不同时期的命运也是不同的"③。而正是命运的差异性,赋予了个人奋斗以价值。

这种命运观也被称为"变命论"。这种命运观的极端表现是唯意志论。与前述"命定论"相比,"变命论"认为,人的命运并不是完全由上天决定的,而是受到人的自身行为的影响。④由此可以看出,"变命论"虽然强调了命运受到人的自身行为的影响,但是仍然认为命运至少有部分是由某种必然性决定的。"命运是必然性与偶然性、规律性与主观能动性的统一,是确定性与不确定性、现实性与可能性的统一。"⑤这是我们在看待"变命论"时需要注意的。不过,尽

---

①② 许万全:《"命运"范畴初探》,《华中师范大学学报》(哲学社会科学版),1990年第5期。

③ 赵志浩:《论个人命运的多维制约因素》,《中州学刊》,2020年第12期。

④ 韩晋:《"命定"与"变命":明代士人命运观》,《黑龙江史志》,2015年第3期。

⑤ 赵志浩:《论个人命运的多维制约因素》,《中州学刊》,2020年第12期。

管这种将命运视为作为客观必然性和主观能动性的统一的观点具有借鉴价值,但是仍需要更进一步审视。从结构化理论而言,这种命运观仍有不足,即虽然强调了主体的能动性,指出了自然和社会条件的限定和制约,但是并没有认识到这种结构性制约同时具有制约和施为性。

3.构命论

即结构化命运观。从上述不同的命运观中可以看出,我们需要在结构的理论框架中,引进行动理论的要素。本书借鉴吉登斯的结构化理论,以此去分析"命运"概念和现象。研究者秉持着结构能动二重性,强调"命""运"相融。命运是社会行动者的社会行为,具有结构和能动性的二重性。本书在借鉴吉登斯结构化理论的基础上,尝试着以此对"命运"做出新的阐释。

由上可见,无论是在西方哲人言里还是我国哲人语中,命运存在着不同的说法和解释,究其缘由可以归结为当时的社会客观条件、事实的科学知识以及思维角度方式等有着种种历史和现实的局限性。[①]

从上述不同的命运观,所谓的命定论、变命论、构命论,如果从社会学的视角进行分析,我们可知,其反映了社会学长久以来所争论的一个问题,即结构和能动性的问题。命定论强调命运是被某种神秘力量或物所决定的,是被结构所决定的,只不过,有关研究或理论并未揭示这种结构本身是什么,或者说结构的"结构"是什么;变命论则强调人自身的能动性的决定力量,或者说认为命运是受到了自身行为的影响。这种观点也有局限性,一是命运的主体并不只是个体的人,或者小写的人,还应该包括作为整体的群体,或者说大写的人;二是其极端观点,容易片面强调人的意志的力量,而看不到社会的影响;三是这种观点虽然也部分强调了人对命运的影响,强调规律性和主观能动性的统一,但是也并未指出这种统一的"命运"到底是什么。

[①]　李印峰:《关于命运的哲学之思》,新疆师范大学硕士学位论文,2012年。

而这些对命运的理解，虽然在某些层面上启发了本书对命运问题的思考，但是显然，对"命运"的探讨仍然有继续推进的必要和可能。

二、简述吉登斯的结构化理论

显然，行动是吉登斯结构化理论的基础，也是我们把握和理解结构化理论的起点和关键。鉴于研究的需要，研究者在此对结构化理论做一简要的提纲挈领地介绍。至于从何处开始，有的研究者认为，"我们应该从吉登斯的行动和行动者的概念出发来讨论他的结构化理论。这是因为：第一，吉登斯本人在《社会学研究新规则》一书中就是以行动的概念开始的；第二，这对于理解他的结构化理论具有本质性意义"[①]。研究者认同这一观点，本书将从行为入手简要介绍吉登斯的结构化理论。本书主要围绕社会行动者行为的社会背景、行为的结构及特性、行为的时空特性、社会行动者自身能力以及结构化分析的策略等方面对结构化理论做一概要介绍。

（一）本体性安全与社会行为

对于社会行动者行为的时代背景，吉登斯认为随着从传统社会向现代社会的转变，人们的生活也发生了巨大变化，他用了一个词"脱嵌"。他认为人们的生活日益变得"脱嵌"，即变得非嵌入化了。也就是说，人们的生活越来越不受到某些固定的，或者说嵌入的社区（村庄、部落、宗教），或者是自然（季节、地貌和土壤）的控制。而在嵌入式环境中，人们则必须做"他们必须做的事"，因为，人们无从逃避也无法挑战他们所居住的那个临近社区的信仰和风俗，或者因为自然具有压倒性的支配力量（必须为奶牛挤奶，必须播种庄稼）。与此相反，如今人们可以越来越多地选择怎样去生活（包括个人生活和集体生活），不

---

① 郎友兴：《安东尼·吉登斯：第三条道路》，杭州：浙江大学出版社，2000年，第23页。

管是选择具有亲密关系的伴侣还是采用基因改造过的农作物。这种发展造成的一个重要的必然结果是,人们越来越拒绝接受命运。①当然,此处"命运"是指人们接受来自外部的支配力量安排后的结果。

在吉登斯看来,当人们或社会行动者从传统的自然或社会的控制下脱嵌出来,脱离了刚性控制,他们便面临着新生活。一方面,这种脱嵌给他们带来了相当的自由;另一方面,也使得他们失去了依凭,产生了焦虑。在这种环境背景下,社会行动者面对新的环境,当他无法依循旧例或传统或例行化行为去应对这种环境时,他就可能为"焦虑"所困扰。②因为根据吉登斯的看法,行动者会渴求一种熟悉感,渴求对自身所处社会世界中的那些稳定性质有一种切实的把握。吉登斯将这种复杂的感情称为"本体性安全"。也就是说,对于行动者而言,行动者能够通过在嵌入式环境下参与例行常规之再生产而得到保障这种"本体性安全"。对于吉登斯来说,行动者之所以会再生产例行实践,就是因为替代的选择会激发焦虑的失范状态。③吉登斯认为,这种常规的例行行为,对缓解社会行动者的焦虑有作用。"可以预见的常规例行行为对本体性安全的维护作用,以及人们出于维持本体性安全,乐于接受和置身于例行化活动之中的心理需要(一般是无意识的)。例行活动的顺利实现不仅对社会行为的再生产、对社会生活的制度化形式的构成至关重要,而且对行动者构成并维持健全的人格机制、维护自我认同起着显著的作用。"④"社会生活正是通过这些惯例而得到再生产。在大部分社会生活情境中,本体安全感通常习惯性地建立在共有知识的基础之上,通过这些知识而形成的互动不仅'不会成为问题',

---

① [英]弗兰克·韦伯斯特:《信息社会理论》,曹晋等译,北京:北京大学出版社,2011年,第264页。

② 郭忠华:《主客体关系的对立与融通:诠释吉登斯的"结构化理论"》,《东方论坛》,2008年第2期。

③ [英]布赖恩·特纳编:《社会理论指南》(第2版),李康译,上海:上海人民出版社,2003年,第119页。

④ 杨善华、谢立中主编:《西方社会学理论》(下卷),北京:北京大学出版社,2006年,第96页。

而且很大程度上被看作是'理所当然'"。①

　　但在脱嵌环境下,正如吉登斯所言,"基本安全系统无法充分地遏制焦虑,以防止焦虑'浸没'习惯性活动方式,这是紧要情境的一个鲜明特征"②。这便成为吉登斯探讨社会行为的一个社会时代背景:一种脱嵌的新的社会时代背景下社会行动者的行为。对此,有的研究者指出,在这种例行常规中出现关键性断裂时,"话语意识"会被调动起来。"有一些是可以预期的(比如西方社会中的毕业与退休),有一些则会在毫无警兆的情况下突然袭来(比如失业与重病)。不管是什么情况,当例行常规出现具有关键意义的中止时,行动者就会调动起自己的精力,集中自己的思维对问题做出能够减轻自身焦虑的回应,并最终促成社会变迁。"③

　　由上可见,吉登斯指出了社会行动者出于对"本体性安全"的维护而做出不同的社会行为。"社会再生产的持续涉及既有态度和认知观点的持续'再例行化',它在基本安全体系中压制潜在的焦虑源泉。在结构二重性的背景下,熟悉的社会情境因此不断通过人类能动性自身而得到创建和再创建。"④我们暂且不论社会行动者的社会行为是否仅出自维护"本体性安全"的需要。吉登斯此处的观点对本书也颇有启发。在人的一些决定性时刻(有些是可以预期的,有些则是毫无警兆的),或者我们称之为"命运时刻",人们会依据其所具有的社会能量在这种具体的时空情境中做出回应行为。只不过在本书中,重点探讨的是数字环境对其社会能量的或提升或降低的影响,并且直接影响了社

---

　　①　[英]安东尼·吉登斯:《社会理论中的核心问题:社会分析中的行动、结构与矛盾》,郭忠华、徐法寅译,上海:上海译文出版社,2015年,第232页。

　　②　[英]安东尼·吉登斯:《社会的构成:结构化理论大纲》,李康、李猛译,北京:生活·读书·新知三联书店,1998年,第138页。

　　③　[英]布赖恩·特纳编:《社会理论指南》(第2版),李康译,上海:上海人民出版社,2003年,第119页。

　　④　[英]安东尼·吉登斯:《社会理论中的核心问题:社会分析中的行动、结构与矛盾》,郭忠华、徐法寅译,上海:上海译文出版社,2015年,第140页。

会行动者在"命运时刻"下的选择行为。

(二)"结构"概念

"结构"概念是吉登斯结构化理论的核心概念之一。吉登斯认为,"'结构'指的是'结构的性质'或者更准确地说是'结构化的性质',或者将社会系统的时间和空间'束集'在一起。在我看来,这种性质可以被看作是社会系统再生产过程中反复使用到的规则和资源"①。可见,结构是聚合了时间和空间要素的结构,时空是结构的重要向度。而结构可以被看作是社会系统再生产过程中反复使用到的规则和资源。

首先,结构是一系列规则。这些规则是人们行动过程中必须涉及的"方法论程序",既包括正式的法律规则,也包括潜含在人们思想意识中的"共有知识"。每个行动者都是"方法论专家",都拥有大量有关社会生活的知识,都能根据自己所处情境而援用相应的规则,以达到维护自身本体安全的目的。

其次,结构是各种类型的资源。在吉登斯看来,资源可以划分为"配置性资源"和"权威性资源"。根据吉登斯的界定,"配置性资源:①环境的物质特征(原材料、物质能源),②物质生产/再生产的手段(生产工具、技术),③产品(由1和2的相互作用所创造的人造物)。权威性资源:①对社会时空的组织(路径和区域的时空构成),②身体的生产和再生产(人们在相互交往中形成的组织和关系),③对生活机会的组织(自我发展和自我表达的机会的构成)这些都不是固定不变的资源;它们在不同类型的社会中构成了权力的具有可扩展性的中介"②。因此,前者体现为物质性资源,如生产工具、原材料、自然资源等,后者则体现为隐含在社会关系网络中的非物质性资源,如宗教、传统、习俗、信

① [英]安东尼·吉登斯:《社会理论中的核心问题:社会分析中的行动、结构与矛盾》,郭忠华、徐法寅译,上海:上海译文出版社,2015年,第71页。
② [英]安东尼·吉登斯:《社会的构成:结构化理论纲要》,李康、李猛译,北京:中国人民大学出版社,2016年,第243页。

息等。

最后,结构是一套制度化的关系模式,它跨越悠远的时间范围和广袤的空间范围,被人们反复采用并再生产出来。①"我将权威性资源与配置性资源区分开来,意在在构成支配结构的两类主要资源之间做出区分,它们为互动过程中的权力关系所利用和再生产。我所说的'权威',指的是能够对人们形成支配的能力,'配置'指的则是能够对物质或者其他物质现象形成支配的能力。"②

虽然吉登斯将"结构"清晰地界定为规则和资源,但是他对"结构"的界定是比较独特的。吉登斯认为:"我们说结构是转换性关系的某种'虚拟秩序',是说社会系统作为被再生产出来的社会行为,并不具有什么'结构',只不过体现着'结构性特征',同时,作为时空在场的结构只是具体落实于这类实践,并作为记忆痕迹,导引着具有认知能力的人类行动者的行为。"③由此可以看见,吉登斯对"结构"的理解更偏重于意识层面,是某种"虚拟秩序",作为"记忆痕迹,导引着具有认知能量的人类行动者的行为",因此:

> 吉登斯将结构与能动性视为一种两重性,吉登斯想法的核心,是一个肯定人类主体主动性和创造性的模型。吉登斯认为我们需要把结构视为某种存在于个人内部而非外部的事物。他坚持认为,机构与社会系统(我们往往将它们视为结构)归根结底只不过是反思活动的总体产物,而进行反思的是处于实际情况之中的真实的人。对吉登斯而言,结构是思维模式和记忆痕迹之中的一种虚拟存在,它使人有能力去行动,而不是仅仅起

---

① 郭忠华:《主客体关系的对立与融通:诠释吉登斯的"结构化理论"》,《东方论坛》,2008年第2期。

② [英]安东尼·吉登斯:《社会理论中的核心问题:社会分析中的行动、结构与矛盾》,郭忠华、徐法寅译,上海:上海译文出版社,2015年,第110页。

③ [英]安东尼·吉登斯:《社会的构成:结构化理论纲要》,李康、李猛译,北京:中国人民大学出版社,2016年,第16页。

到限制的作用。他认为，结构包括人们在社会化过程中习得的规则和资源，大部分社会生活所围绕的都是日常生活中的实际行动，人们在行动中以反思的方式运用这些规则和资源。[1]

正如菲利普所言，吉登斯认为结构是思维模式和记忆痕迹之中的一种虚拟存在，包括人们在社会化过程中习得的规则和资源。人们在行动中以反思的方式运用这些规则和资源。正如吉登斯所言："在人的社会关系中，个体行动者是唯一的活动对象。他们有意无意地通过应用各种资源，来推动事情的发生。社会系统的结构性特征并不会以某种类似于自然力的方式作用于行动者，或者说对他们'施加影响''迫使'他们依某种特定方式行事。"[2]

（三）结构二重性

如果我们认为结构是静止的，制动的，显然这种理解是不准确的。以往研究者总是将一些社会条件视为"制约"因素，但是根据吉登斯的结构化理论，这些"规则和资源"不仅是制约因素，同时还起到某种使动因素的作用。对此，有研究者认为，"从具体内容上看，他回归了马克思，因为这个理论从本质上揭示了在现代性条件下，在人类实践基础上的使动性和制约性的统一、主体能动性和社会结构的统一"[3]。因此，吉登斯结构化理论的核心是社会行为，是一种能动和结构之间的关系。结构化理论的中心命题就是用二重性的、辩证的观点来看待能动和结构，二者不能割裂地来看，它们是一枚硬币的两面，它们是二

---

[1]　[英]菲利普·史密斯：《文化理论——导论》，张鲲译，北京：商务印书馆，2008年，第218页。

[2]　[英]安东尼·吉登斯：《社会的构成：结构化理论纲要》，李康、李猛译，北京：中国人民大学出版社，2016年，第171页。

[3]　郭强：《知识与行动的结构性关联——吉登斯结构化理论的改造性阐述》，上海大学博士学位论文，2004年。

重性的,它们是在人类的活动实践中不断地交织在一起的。如下图所示:①

图2-1 结构、能力与社会实践的关系

正如吉登斯所言:

　　结构化概念涉及结构二重性,结构二重性与社会生活循环往复的基本特征联系在一起,表明能动性与结构之间的相互依赖。结构兼具使动性和制约性。结构因此不应当被看作是行动的障碍,而是本质上包含在行动生产之中。行动者在互动的过程中使用规则和资源,同时它们也通过互动而得到再生产。②

由此可见,吉登斯在此指出了三点:

一是,吉登斯的"结构二重性"意味着认为结构兼具使动性和制约性。"首先,不管什么人,如果不是已经受到某种力量的'吸引',约束就不会'推动'他去做任何事情。其次,约束是五花八门的。最后,要研究结构性约束在不同的具体行动情境中的影响,就意味着要详细说明,究竟是哪些方面的因素限制了行动者的认知能力。"③由此可见,吉登斯认为,结构性约束既作为某种限制性因素,同时也会"推动"社会行动者去做事情,即具有某种使动性。"规则并不只

---

　　① 陆春萍、邓伟志:《社会实践:能动与结构的中介——吉登斯结构化理论阐释》,《学习与实践》,2006年第2期。

　　② [英]安东尼·吉登斯:《社会理论的核心问题:社会分析中的行动、结构与矛盾》,郭忠华、徐法寅译,上海:上海译文出版社,2015年,第77~78页。

　　③ [英]安东尼·吉登斯:《社会的构成:结构化理论纲要》,李康、李猛译,北京:中国人民大学出版社,2016年,第290页。

是冷冰冰的否定性禁令或限制,而是可资利用的建构性因素。"①正如有论者指出,"结构二重性指的是这样一个事实:为了再生产出一种有既定结构的实践,行动者必须借取此前已经获得的知识与资源"②。作为结构的"规则和资源"既作为某种制约因素,同时也是促动行动者行动的使动因素。

二是,接续上一点可知,结构化理论或结构二重性不同于以往结构概念的一点在于,既然结构二重性的结构兼具使动性和约束性,那么,显然结构化理论抵制共时与历时、动态与静态的二元划分,结构本质上包含在行动生产之中。正如吉登斯所言:"我所说的结构二重性指的是:社会系统的结构性特征既是构成这些系统的实践的媒介,又是其结果。"③亦如有论者指出的,"用结构二重性(duality of structure)代替二元论。所谓结构二重性,就是结构既作为自身反复不断地组织起来的行为的中介,又是这种行为的结果;社会系统的结构性特征并不外在于行动,而是反复不断地卷入行动的生产与再生产"④。

三是,由上述两点可知,既然结构本质上包含在行动生产之中,行动者在互动的过程中使用规则和资源即结构,同时它们(指规则和资源即结构)也通过互动而得到再生产。如此,结构二重性与社会生活循环往复的基本特征联系在一起。即吉登斯所谓的,"我们必须不断的开始'社会行为的循环'"⑤,"结构二重性以存在于社会行为中的社会生活的重复性为核心。"⑥"吉登斯认为,以一个个普普通通的工作日为代表的现代生活,是一种典型的例行化生活,鲜

① 杨善华、谢立中主编:《西方社会学理论》(下卷),北京:北京大学出版社,2006年,第98页。
② [英]布赖恩·特纳编:《社会理论指南》(第2版),李康译,上海:上海人民出版社,2003年,第117页。
③ [英]安东尼·吉登斯:《社会理论的核心问题:社会分析中的行动、结构与矛盾》,郭忠华、徐法寅译,上海:上海译文出版社,2015年,第77页。
④ 杨善华、谢立中主编:《西方社会学理论》(下卷),北京:北京大学出版社,2006年,第94页。
⑤ [英]安东尼·吉登斯:《社会的构成:结构化理论大纲》,李康、李猛译,北京:生活·读书·新知三联书店,1998年,第252页。
⑥ [英]安东尼·吉登斯:《社会理论的核心问题:社会分析中的行动、结构与矛盾》,郭忠华、徐法寅译,上海:上海译文出版社,2015年,第5页。

明地体现出周而复始的特性。"①"我们在日常生活中所做的一切，有很大一部分是由我所说的'实践意识'来指导的，这就是'不断地'重复社会生活的规则与惯例。"②

此外，作为结构的规则和资源能够在社会互动中而得到再生产，并不是要将研究视野局限在微观的互动层面，而是通过强调这种结构的再生产从而与社会系统的再生产联系在一起。即吉登斯所谓的，"结构二重性将最小形式的面对面行为与远为广泛的社会系统的属性联系在一起"③。因此，也有论者对此评论道：

> 具有认知能力的社会行动者在互动中权宜性地展现出自己的技能和成就，而社会系统又通过时间和空间不断地被再生产出来，结构二重性就是把这两种过程联系在一起。结构化理论强调社会再生产，并不是强调稳定不变，而是要注意二重性，注意到社会系统在时空中的构成过程，每一个时刻都蕴含着变迁。④

因此，结构二重性也强调变迁，这种变迁不仅是个体层面的，同时也是社会系统层面的。这一点对本书所探讨的"命运行为"也颇具意义。后面有详述，此处暂不展开。

（四）反思性监控

如上所述，吉登斯结构化理论的核心是社会行为。而社会行为的施动者

---

① 杨善华、谢立中主编：《西方社会学理论》(下卷)，北京：北京大学出版社，2006年，第96页。

② ［英］安东尼·吉登斯：《社会的构成：结构化理论大纲》，李康、李猛译，北京：生活·读书·新知三联书店，1998年，第42页。

③ ［英］安东尼·吉登斯：《社会理论的核心问题：社会分析中的行动、结构与矛盾》，郭忠华、徐法寅译，上海：上海译文出版社，2015年，第86页。

④ 杨善华、谢立中主编：《西方社会学理论》(下卷)，北京：北京大学出版社，2006年，第99~100页。

应是具有资格能力的社会行动者。这个"资格能力"指的便是对社会行为具有反思性监控的能力。对此,吉登斯指出:"行为的反思性监控指的是人类行动者能够做出'解释'的能力,即行动者能够就其为何如此行事而提供某些理由。行动的反思性监控还包括对互动场景的监控,而不仅仅是监控特定行动者的行为。"①因此,是否具有这种反思性监控能力也是评判一个人是否具备资格能力的主要标准,即"倘若他们问及行动者,或者一般总能对自己的大部分所为作出说明,这一点也是根据日常行为评判一个人是否具备资格能力的主要标准"②。

因此,吉登斯认为,一个具备反思性监控能力的人能够成为社会行动者,这一点对于上述的结构二重性非常重要,他还认为,"行动的反思性监控不仅使用而且重构了社会的制度安排。为了成为一个社会的('有能力的')成员,每个人都必须对该社会的运行拥有充分的了解,这一观点正是结构二重性概念的主要基础"③。如前所属,吉登斯对"结构"有着独特的理解,一个具有认知能力即反思性监控能力的社会行动者能够反思性地运用这些作为记忆痕迹的结构或结构性特征,导引社会行为。"行动者对自己在日常活动中的所作所为具有一定的知识,脱离了这些知识,结构并没有什么独立的存在。"④可见,吉登斯将反思性监控视为结构二重性概念的主要基础。

对此,也有论者指出:

　　吉登斯所谓的对行动的反思性监控,指的是在行动者的活动流中体

①　[英]安东尼·吉登斯:《社会理论的核心问题:社会分析中的行动、结构与矛盾》,郭忠华、徐法寅译,上海:上海译文出版社,2015年,第64页。
②　[英]安东尼·吉登斯:《社会的构成:结构化理论纲要》,李康、李猛译,北京:中国人民大学出版社,2016年,第5页。
③　[英]安东尼·吉登斯:《社会理论的核心问题:社会分析中的行动、结构与矛盾》,郭忠华、徐法寅译,上海:上海译文出版社,2015年,第265页。
④　同上,第24页。

现出来的人的行为的目的性或意图性。人的行动是作为一种绵延、一种行动流而发生的。这样的反思性监控又是以动态的理性化过程(rationalization of action)为基础的,即具有资格能力的行动者在行动的过程中始终保持着'通晓'行为根据的能力,当被问及时能够不太困难地提供自身活动的理由。[①]

虽然一个具有资格能力的社会行动者具有反思性监控能力,"行动者在互动过程中对于自身行为具有充分的认识,但同时又没有充分认识到自身行为的条件和后果,然而这些条件和后果却会影响到他们的行动。"[②]由此可知,也正是由于这种认识的有限性,即社会行动者在行动中"没有充分认识到自身行为的条件和后果",从而导致在社会生活的例行化或者说社会生活的循环往复之外,出现了"行动的意外后果"。

这种观点对于本书所探讨的数字环境下的命运行为颇有启发和借鉴价值。正是因为社会生活的例行性,这一点也体现了社会行动者命运行为的"趋势命运行为";但是也正是因为行为的意外后果的存在,也体现了命运行为中的"即刻命运行为"与"趋势命运行为"可能的差异性。

(五)时空情境

关于社会行为的时空情境,吉登斯认为,"社会系统的所有结构化特征,都同时是定位在情境之中的行动者权宜性完成的活动的中介和后果。在共同在场的情境下,对行动实施反思性监控,这是社会整合起到固着作用的主要特征,但就定位在情境中的互动而言,无论是它的条件还是后果,都远远超出了

---

① 杨善华、谢立中主编:《西方社会学理论》(下卷),北京:北京大学出版社,2006年,第95页。

② [英]安东尼·吉登斯:《社会理论的核心问题:社会分析中的行动、结构与矛盾》,郭忠华、徐法寅译,上海:上海译文出版社,2015年,第229页。

那些情境本身的范围"①。由此可以看出,社会行为的结构或结构化特性,如前所述,既是社会行为的中介,同时也是社会行为的后果,但是无论是中介还是后果,这种社会行为都是发生在"情境之中"。依据吉登斯的理解,上述结构二重性及社会行动者的反思性监控是嵌入在时空情境之中的。也就是说,社会行为是一种情境性实践。吉登斯在此突显了社会行为的时空特性。正如吉登斯所言:"我将在后文把后者(情境性实践)看作连接行动理论与结构分析的主要纽带。如果认为行动概念可以在活动的历史情景模式之外而得到解释,那就是一个错误。"②这显示出行动实践的情境性特征。

认识到社会行为是一种情境性实践很重要,因为"在吉登斯看来,不管是行为规则或者是社会制度,都不是作为一种外在于行为的客观条件,而是紧密地贯穿于行为的过程,并在行动的实现过程中,同行动相互交织在一起,并不断地生产与再生产"③。这意味着,在不同的时空情境下,有着不同的行为规则和社会制度,对于社会行动者而言,他们是否能够认识到这些行为规则,直接影响着其社会行为的后果。

吉登斯尤为强调了表现在日常生活经验、个人生活历程和制度运作历程中的三种不同的时间形式。吉登斯对这三种不同时间形式进行了比较研究,这也构成了他研究人类行为和一般实践性质的重要本体论基础。日常生活经验中的可逆性时间,表示人们每天所经历的各种日常生活事件具有无限的重复性。而个人的生活历程不仅是有限的,而且是不可逆的,是朝向死亡的。在第三种时间类型中,各种事件呈现出重复可循环的性质,这是制度的长时间延

---

① [英]安东尼·吉登斯:《社会的构成:结构化理论纲要》,李康、李猛译,北京:中国人民大学出版社,2016年,第180页。

② [英]安东尼·吉登斯:《社会理论的核心问题:社会分析中的行动、结构与矛盾》,郭忠华、徐法寅译,上海:上海译文出版社,2015年,第62页。

③ 高宣扬:《当代社会理论》,北京:中国人民大学出版社,2017年,第900页。

续存在的表现,也是"超个人"延续。①

此外,这种时间还可以分为例行常规行为的普通时刻,以及吉登斯所谓的"决定性时刻(fateful moments)",即"例行常规方面的崩溃,其中有些被吉登斯称之为决定性时刻(fateful moments),是需要付出反思与想象以便做出应对和变更的。"②

另外,关于社会行为的时空情境,尤其是时间性,还需要注意的是,这种时间问题,不仅涉及可逆性时间和不可逆性时间,普通时刻和决定性时刻,同时还涉及社会行动者的社会行为的过去、现在和将来等不同时间向度,正如有论者所言,"关于人的行动的时间问题,就不只是在现实呈现于经验中的各种现象,而是贯穿于行动者过去、现在和未来的各种经验总和及其不断发展的过程。包含了在过去、现在和将来由人的行动所关联的各种可能关系和事件,也包括实际的和人的主动意向所可能涉及的经验事物"③。

(六)制度分析和策略行为分析

吉登斯区分了制度分析和策略行为分析。在吉登斯看来,"研究作为策略行为的社会系统构成就是要研究行动者在其社会关系中利用结构性要素(规则与资源)的方式。另一方面,制度分析则悬置策略行为而把规则和资源看作是社会系统再生产的恒久性特征"④。因此,策略性行为分析则考察社会行动者在时空情境下反思性监控地利用规则和资源的行为,集中考察行动者是如何反思性地监控自身的行为,如何利用规则与资源构成互动;而制度分析则悬置策略性行为,集中考察规则和资源等结构性特征。

吉登斯的这种社会分析方法给研究者研究社会行动者的命运行为也提供

---

① 高宣扬:《当代社会理论》,北京:中国人民大学出版社,2017年,第894~895页。
② [英]布赖恩·特纳编:《社会理论指南》(第2版),李康译,上海:上海人民出版社,2003年,第115页。
③ 高宣扬:《当代社会理论》,北京:中国人民大学出版社,2017年,第895页。
④ [英]安东尼·吉登斯:《社会理论的核心问题:社会分析中的行动、结构与矛盾》,郭忠华、徐法寅译,上海:上海译文出版社,2015年,第88页。

了方法论,本书可能暂时聚焦于社会行动者的策略性行动分析,尤其是社会行动者在数字环境下的社会命运行为的影响。至于较为宏观的数字环境下社会行动者行为的制度分析,则留待以后进一步拓展。

正如吉登斯所言:

> 根据结构化理论的观点,我们在社会学的研究中,可以采取两类方法论置括。在制度分析中,结构性特征被视为社会系统周而复始再生产出来的特征。在对策略行为进行分析时,关注的焦点则是行动者在构成社会关系时,以哪些方式利用结构性特征。既然这里的差别仅仅是侧重点的不同,也就不存在什么将二者截然分开的明确界限。而且,关键还在于,原则上只有通过聚焦结构二重性,这两种分析方式才能充分完成各自的任务。对策略行为进行分析,意味着要赋予话语意识和实践意识以优先地位,并且注重分析行动者在明确的情境边界内所采取的控制策略。①

需要指出的是,这种区分体现在方法论意义上。因为"区分它们的意义在于表明社会科学中有关系统特性的研究可以通过以下两种主要方式来进行——但只有从方法论意义上才能将它们区分开来"②。

综上所述,本书主要从社会行为的社会心理背景、结构概念、结构二重性、反思性监控、时空情境以及制度分析和策略行为分析等方面对吉登斯的结构化理论进行了简要介绍。正如前所述,吉登斯社会理论的核心是社会行为,因为本书主要从社会行为所涉及的社会行动者的社会心理需求,社会行为的条

①　[英]安东尼·吉登斯:《社会的构成:结构化理论纲要》,李康、李猛译,北京:中国人民大学出版社,2016年,第272页。

②　[英]安东尼·吉登斯:《社会理论的核心问题:社会分析中的行动、结构与矛盾》,郭忠华、徐法寅译,上海:上海译文出版社,2015年,第88页。

件、特征、情境，社会行动者的反思性监控认知能力，社会行为的分析方法等方面简要介绍了吉登斯的结构化理论。下面，本书将结合吉登斯的结构化理论，对"命运"概念做一新的解释。

三、"命运"新论——作为社会行为的"命运"：结构化理论的视角

霍曼斯认为，人类的实际行为才是分析的重点，我们应该去解释人类的实际行为。[①]本书认为，"命运"便是这类实际行为。命运行为显然是人类行为中的一种，而且是非常重要的一种。因为这种行为给行动者及他人、环境带来了即刻和深远的影响。

在通常对"命"的理解中，往往将"命"理解为某种不可知论。无论这种"不可知物"是来自所谓的"神"，还是某种"社会存在"，还是自然界。还有一种相对较为极端的理解，认为"命"是某种社会行动者的自我意志，一种"唯意志论"。由上可见，无论是哪一种理解，都意味着非经验性地对"命""运"的理解。吉登斯在谈及构建结构化理论时曾言："我期望自己在构建结构化理论的时候，不要陷入客体主义和主体主义的二元论中去。"[②]本书在尝试基于结构化理论来探讨阐释"命运"时，亦是同样避免人们对于"命运"的惯常理解。恰如吉登斯所言："结构化理论如果无助于阐明经验研究中遇到的问题，其价值就不过尔尔了。"[③]

吉登斯认为："在结构化理论看来，社会科学研究的基本领域既不是个体行动者的经验，也不是任何形式的社会总体的存在，而是在时空向度上得到有

---

① ［德］汉斯·约阿斯、沃尔夫冈·克诺伯：《社会理论二十讲》，郑作彧译，上海：上海人民出版社，2021年，第96页。

② ［英］安东尼·吉登斯：《社会的构成：结构化理论纲要》，李康、李猛译，北京：中国人民大学出版社，2016年，第15页。

③ 同上，第17页。

序安排的各种社会实践。"①吉登斯的这一观点,为本书从结构化视角来探讨命运行为提供了可能性。本书将"命运"视为一种社会行为,一种社会行动者自己所认为的对自身具有重要的时刻的社会行为。将"命运"视为社会行为,这可以说是本书的总基调。具体而言,本书在此对"命运"做一界定如下:

所谓命运,是指具有认知能力的社会行动者在其认为对其具有重要意义的社会时刻,基于自身社会能量而做出个体选择的社会行为。

(一)命运是一种社会行为

第一,"命运"是一种行为,是社会行动者的一种生命实践。如前述,"命运"中"命"其中之一要义便指的是生命,生命的本质在于运动/行动。因此,"命"作为生命,无法脱离社会而持续存在,无论是物理还是社交剥夺实验都验证了这一点。因此,从这个角度而言,"命"恰恰指代的是社会行动。经验主义的视角将"命运"视为社会行动者的生命实践的产物。因此,从这一视角观之,"命运"是可知的,而不再意味着某种神秘的东西,对于社会行动者自我而言,也是可以通过其反思性监控,总体上把握自身发展的。人无时无刻不在行动之中。正如特纳所总结的,"结构化理论的出发点就是一个常识命题,即社会生活中发生或存在的任何事情,都是通过具体实施的行为形式产生的"②。对此,也有论者指出,命运是"在一定的自然和社会条件下,主体生存和活动的实际过程。说得简单一点,命运可以看作人生的具体境遇"③。由此可知,此种观点也将"命运"视为生存和活动的实际过程。

有一种观点认为,人们要面对命运,这种观点要么把命运视为某种外在于社会行动者的存在,要么把命运仅视为某种静态的结果。其实,如前所述,命

①　[英]安东尼·吉登斯:《社会的构成:结构化理论纲要》,李康、李猛译,北京:中国人民大学出版社,2016年,第2页。

②　[英]布赖恩·特纳编:《社会理论指南》(第2版),李康译,上海:上海人民出版社,2003年,第114页。

③　许万全:《"命运"范畴初探》,《华中师范大学学报》(哲学社会科学版),1990年第5期。

运不是独立于、外在于社会行动者的存在,而恰恰是由社会行动者自身的社会行为/行动相伴而生的。同时,命运也不仅仅是静态的结果,而是包括且主要是动态的行为,动态和静态的区分仅仅只是出于分析的必要,两者之间是一体的。命运即使从静态视角来看表现为社会行为的结果,也表现为社会行为时间连续性中的某个"快照",很快又作为某种结构性因素,进入下一个社会行为中。这是"命运"的行动本体论。

命运作为一种行为,既是作为行为过程,同时也是作为行为结果,这意味着行动者要为自己的行为负责。

第二,命运不仅是一种个人行为,同时还是一种社会行为。我们讨论的出发点既是单一的行动者,同时也是社会关系,"社会关系才是让社会行动得以可能的人类原初社会性"①。命运是社会性的,本质上是社会命运(非我们通常意义上所理解的作为整体的社会的命运),此处主要是指命运的社会性。涂尔干在《自杀论》中就已从社会的角度解释了传统意识中认为是个体生命事件的自杀行为本质上是社会失范的结果。

命运是种社会现象。作为社会现象,命运既是结果也是行为过程。将命运视为社会现象,避免了将命运看作是个体的"私事",即便它是由个体做出决定的行为过程和结果,但是这种决定过程却是社会的,会受到来自社会环境包括数字环境的影响(这也是本书的主题,接下来一章会从理论上探讨数字环境对命运行为的影响),而且结果也对社会产生了影响。这是从作为社会行动者的个体层面而言,从集体或群体层面更是如此。

第三,命运不仅是一种社会行为,同时这种社会行为还是一种"连绵不断的行为流"。正如吉登斯所言:

———————

① [德]汉斯·约阿斯、沃尔夫冈·克诺伯:《社会理论二十讲》,郑作彧译,上海:上海人民出版社,2021年,第53页。

我所使用的"行动"或者能动性并不是指结合在一起的一系列孤立的行为,而是指连绵不断的行为流。行动是作为肉体存在的人对世界中的事件过程进行的、实际的或想象的、因果性介入流。①

如上所述,命运作为一种行为,也是一种"行为流"。命运是由一系列行为构成的。在吉登斯看来,行动是一种带有目的性的、主观能动的行为,每一个行为都是一个现实的行为,是客观的、具体的、实实在在的人类行为的过程,因此应该把行动看作是一股绵延不断的流体,而不仅仅是间断的、分散的甚至是隔离的部分实体的组合,总而言之,在吉登斯看来,行动本来首先必须是一种运动。②

第四,命运行为不仅是一种"行为流",同时也不是孤立的,它是一种行为链,即命运行为与其他行为,例如数字技术使用行为之间的紧密关联。媒介技术影响社会行动者命运行为是一个序列性行为,或者称之为行为链。正如柏格森所言:

绵延不是事物一个跟随着另一个的连贯或联串,而是状态的连续。在连续关系中,分辨不出一个个彼此相连的事物,因为在这里不分彼此。连续出现的每一个状态都包含了过去,预示着未来,但又与另一状态有质的不同。③

需要指出的是,"命运行为"和社会行动者的例行性行为之间的差异性。

---

① ［英］安东尼·吉登斯:《社会理论的核心问题:社会分析中的行动、结构与矛盾》,郭忠华、徐法寅译,上海:上海译文出版社,2015年,第62页。

② 武晋维:《吉登斯结构化理论研究》,山西大学硕士学位论文,2012年。

③ 转引自赵敦华:《现代西方哲学新编》,北京:北京大学出版社,2001年,第31页。

例行性行为是循环往复的。正如有论者所指出的,"吉登斯分析的起点是行动与行动者。他指出,人类的社会活动虽然不是由作为个体的社会行动者一手塑成,但却由他们持续不断地一再创造出来。社会活动是循环往复的"①。如前所述,这也是能够满足人类的"本体性安全"的需要。例如:

> 试以一种例行性的实践为例。比如,平凡如在一处繁忙的十字路口指挥着车来人往的一位警察。警察向司机发出的手势迅捷、果断,也完全属于理性常规。一遍又一遍,不断重复的手势将前行的许可从一条车流转向另一条车流。单单通过观察工作中的警察,就能够充分地把握这些实践吗? 不能。在此之前,这位警察已经获得了相当的技能,可以安全地指挥司机,而不会威胁到他们的幸福乃至他自己的幸福。不仅如此,这些技能并非我们的交警的发明创造。自从有了交通控制,所有合格的交警就已经习得了实施(也就是再生产)类似做法的有关技能。②

此外,又如前述,从时间角度而言,例行性行为往往是普通时刻的社会行为,而命运行为则是社会行动者自认为的"决定性时刻"的社会行为。

第五,需要指出的是,命运和命运感是不一样的。命运是一种行为,一种社会行为;而命运感则是一种认知,一种对命运的想象评价。两者之间既可能是一致的,同时也可能是不一致的。在社会生活中,我们也常看到类似的情形,即自卑导致自己的命运感评价过低,或者说自大导致自己的命运感评价过高。显然,如果以这种过高或过低的评价感指导自己的社会行为,或者说这种过高或过低的评价本身便是作为结构的一部分,那么就会对社会行动者的命

---

① 杨善华、谢立中主编:《西方社会学理论》(下卷),北京:北京大学出版社,2006年,第94页。
② [英]布赖恩·特纳编:《社会理论指南》(第2版),李康译,上海:上海人民出版社,2003年,第117页。

运行为产生影响。

(二)"命运"行为的结构

对于吉登斯意义上的"结构"概念,前述已经做了介绍,即:

> 至于结构,指的是循环往复地卷入社会系统的生产和再生产的要素,包括各种规则和资源。吉登斯强调指出,结构化理论中的结构既不是外在于行动或行动者的实存的东西,也不是互动的模式或系统,它只作为记忆痕迹、作为人类认知能力的生物基础而存在,具体体现在行动的实践之中。认为结构与行动的关系就像语言与言说的关系。我们可以把结果落实到一系列的规则和资源来分析。[①]

因此,为了从结构化理论角度对命运行为进行分析,下面将从"一系列的规则和资源"来分析命运行为的结构。

"命"是资源,是社会能量,一种社会行动者已有的资源或社会能量;"运"是社会行动者在其认为的重要时刻所面对的规则及可能利用的社会能量资源,即这种能量资源,社会行动者有可能运用,也可能没法运用。

进一步而言,"命"既是指社会行动者的生命,具有时间不可逆性的。但是同时,基于生命基础的社会行动者的社会能量又不仅仅是生命生理能量,还应包括社会行动者所拥有的物理能量、心理能量、社会关系能量、符号能量等。充满着能量的个体,自然具有能动性。生命充满能量,作为社会行动者的结构中的"资源",既具有使动性,又具有制约性。社会行动者能够在头脑中意识到自身生命能量的状况。而"运",如前所指,"运"是社会行动者在其认为的重要时刻所面对的规则及可能利用的社会能量资源。在不同的社会时空情境下,

---

① 杨善华、谢立中主编:《西方社会学理论》(下卷),北京:北京大学出版社,2006年,第98~99页。

社会行动者所面临的规则和社会能量资源是不一样的。

本书在本章一开始探讨了"命""运"相分,"命""运"相连的观点,在此依据吉登斯的结构化理论,本书认为"命""运"相融。因为"运"里有"命"的因素,即"运"指社会行动者在某决定性时刻所面临的规则和资源,如果规则和资源能够为社会行动者所用,则这种外在的变化场景下的规则和资源便属于社会行动者的"命"即社会能量的组成部分。

如此,"命"和"运"结合在一起,组成了结构,即成为吉登斯结构化理论意义上的"结构",一种包括规则和资源的结构。在这种意义上而言,每个人都摆脱不了"结构",摆脱不了"命运"。

(三)"命运"具有结构二重性

如上所述,命运作为一种结构,可以落实到一系列的规则和资源来分析。社会行动者正是基于这种既有的资源和规则下的结构,或者说在这些既有的资源和规则的促动和制约下进行实践,"行为变成了'内化的'规范性规则驱使下的行为"①。这种实践或社会行为的结果反过来又带来了社会能量或命的变化。

结构二重性的核心要义便是指出结构兼具使动性和约束性,避免了传统观点过于偏向于制约性的不足。命运行为的结构也具有结构二重性,兼具使动性和约束性。例如,某位具有认知能力的社会行动者在其认为的对其具有重要意义的决定性时刻,会基于他/她所拥有的社会能量资源,以及所掌握的能够利用的规则来做出选择行为。因此,在这个意义来说,这位行动者自身所拥有的社会能量资源和能够利用的规则,既促动了他所做出的选择行为,同时也限制了他所能做出的选择行为。

正如有论者所指出的,"行动者的身体和生理能力也是行动的前提条件和

---

① [英]安东尼·吉登斯:《社会理论的核心问题:社会分析中的行动、结构与矛盾》,郭忠华、徐法寅译,上海:上海译文出版社,2015年,第64页。

局限,兼具能使和约束的属性"①。此处所谓的"行动者的身体和生理能力"恰恰是本书所谓的社会行动者的"命",这种"命"或者说社会行动者的包括身体和生理能力在内的社会能量,会随着社会行动者所处数字环境的影响而随之发生能量/能力的衰减或者提升。这种衰减或提升了的社会行动者的社会能量作为一种结构,作为社会行动者行为的前提条件,兼具能使和约束的属性。

有论者认为,"实践是一个展现结构的过程,结构只存在于实践行动的具体事例中,只存在于作为人类理解能力基础的记忆轨迹中,它是在具体情景中行动者的'组成部分',行动者使用它们来创造跨时空的社会关系模式"②。这也正是我们对"命运"的理解,如前所述,命运是生命行为。作为一种含有规则和资源的结构,命运行为是社会行动者在一些决定性时刻的具体时空背景中的社会行为活动,在这种行为活动中,社会行动者对社会规则和资源进行合理运用。也正是在这种运用中,体现了结构的二重性。它一方面展现了对社会行动者行动的制约(社会行动者已有的规则和资源),同时也是对行动的促动,体现了行动者的能动性。并且这种结果又作为下一次社会行动者实践行动的基础和结构得到了再生。

命运便是这样一种有既定结构的行为,命运并不是凭空而生在真空中,作为行为是有既定的资源和规则的结构,但是结构二重性的特点便在于,通过社会行动者的行为/能动性,作为资源的社会能量的命,可以或增加或减少。命运是社会行动者社会能量的表征。

此外,需要注意的是,除了社会行动者所拥有的社会能量资源及能够利用的规则等之外,"人的有意图的行动始终受到意外后果和未被认识到的行动条

① 杨善华、谢立中主编:《西方社会学理论》(下卷),北京:北京大学出版社,2006年,第95页。
② 陆春萍、邓伟志:《社会实践:能动与结构的中介——吉登斯结构化理论阐释》,《学习与实践》,2006年第2期。

件的制约"①。此处提到了"意外后果"和"未被认识到的行动条件",这意味着,即便行动者具有反思性监控能力,但是也会出现意外后果,也会有未被行动者认识到的行动条件,包括社会能量资源和规则。

每个社会行动者的命运便具有这种结构二重性,借助已有的资源和规则,再生产出有既定结构的行为/命运。"结构化理论认为,在社会生活日常展开的具体情境中,行动在其生产的一刻,也就同时被再生产出来。"②

(四)命运具有时空情境性

如前所述,命运作为一种行为,具有时空情境性,社会行动者也总是基于时空情境而做出命运行为选择,是在具体的时间和空间集合下的行为实践。这可以视为实用主义的思想。

从时间性角度而言,社会行动者的生命具有不同时刻,分为普通时刻和"决定性时刻"。从空间性角度而言,不同时刻必然是不同场景下的时刻,必然具有不同的社会规则和资源。由此,社会行动者的命运便具有了时空维度。

1.命运行为所发生的具体的空间或情境

这是命运的时空情境性的要义之一。即命运行为总是发生在特定的具体的情境中。在这一具体环境下,行动者所遭遇的规则,所拥有的资源是具体的,同时,在不同的环境下,这种规则和资源也是有差异性的。这种实践是具体情境内所进行的实践,同样,作为行为的命运是在具体情境内的行为,在不同的社会情境内有着不同的规则和资源,即"运"。本书所探讨的便是数字环境下这一情境对行动者命运行为的影响。

---

① 杨善华、谢立中主编:《西方社会学理论》(下卷),北京:北京大学出版社,2006年,第95页。

② [英]安东尼·吉登斯:《社会的构成:结构化理论纲要》,李康、李猛译,北京:中国人民大学出版社,2016年,第24页。

2.关于命运行为的时间性

（1）命运行为中的"决定性时刻"

时刻是某种连续统，从最一般的时刻或普通时刻到"决定性时刻"。我们需要着重指出的是命运行为中的"决定性时刻"。综合动物行为学的研究成果，动物行为学认为动物的行为包括觅食行为、生殖行为、时空行为、学习行为、社会生活和通信行为等，我们认为社会行动者的行为应该同样包括这些方面。每一种行为中都有普通时刻和决定性时刻之分。"例行常规方面的崩溃，其中有些被吉登斯称之为决定性时刻（fateful moments），是需要付出反思与想像以便做出应对和变更的。"①吉登斯所谓的"决定性时刻"，从其英文中便可以看出，这种"决定性"往往是跟社会行动者"命运"相关的。在这些决定性时刻的社会行为应该是命运行为。

命运作为一种行为，是一种特殊的行为，这种特殊性在于命运行为是决定性时刻的行为。具体什么是决定性时刻，谁来认定，显然，这种认定的权力在于社会行动者自身。即对于社会行动者而言，他/她会开展很多行为/行为流，但那些他/她自己认为对自身的社会能量具有重要价值的行为/行为流则属于命运行为。要注意的是，这里的社会能量包括社会物理、心理、生理、社会关系、符号能量等社会行动者各个方面的社会能量。

正如前述，每一命运行为总是发生在行动者认为对其具有重要意义的"决定性时刻"。因为对社会个体而言，每个人所认为的对自己的重要时刻是有差异的。马斯洛的需要层次论指出了不同的社会行动者个体在"命"/生命的不同阶段，需要的差异性，这些不同的需要也决定了社会行动者"决定性时刻"的差异。所以，命运的决定性时刻，是指社会行动者自己认为对自己很重要的决定性时刻。虽然每个人的"决定性时刻"都有差异，但是总的来说，我们也不否

---

① ［英］布赖恩·特纳编：《社会理论指南》（第2版），李康译，上海：上海人民出版社，2003年，第115页。

认有一些时刻是同一文化背景下行动者共通的，认为是重要的时刻。例如一些人生中的重要时刻，升学、入职、结婚、生子、生病，等等。"这种时刻往往和人生道路、情感关系，或是健康与疾病的问题联系在一起。个人在遇到这些情况时会面临不确定性，必须选出一条途径。"①

显然，不同的人，除了一些共性的命运时刻的行为之外，还具有一些特殊的，即他/她自己认为对自己很重要的命运时刻的行为。这种对命运行为的处理显然既考虑了共性，同时也考虑了相对性问题。

这种命运时刻，如前所述，会发生在社会行动者的各种行为类型中，例如饮食行为、交通行为等。例如，即便看起来很平常的交通行为，但是在前进的路上有个没有盖的窨井或者是个水坑，如果社会行动者恰好行进在路上，那么这个时刻应该就是他/她的命运时刻，他所做出的行为能够决定他的命运，是成功地避开它，还是不幸掉进了窨井或者水坑，从而导致轻则伤身，重则伤命的结果。这个在现实中已有多起案例。

（2）命运时间是一种不可逆时间

根据吉登斯的观点，生命的时间这种基于生理的时间是不可逆的，社会行动者是"向死而生"的。命运时间/时刻，总体上而言，也是不可逆的。社会行动者的命运行为是发生在个体生活历程中，这是一种不可逆时间，正是这种不可逆时间，也才更加赋予了社会行动者采取选择行为的重要性。正如齐美尔所言："只有当偶然性事件与主体相遇，并对生命的进程有重大转折作用，亦或者对生命进程有产生重大影响时，命运才由此诞生。"②

命运时刻和命运行为不同，两者不是一个层面上的概念。虽然命运时刻是不可逆的，但是命运行为可能存在着部分重复性；命运时刻可能具有某种偶然性，例如前述，社会行动者在路上遇到窨井或者水坑，这个具有偶然性，但是

---

① [英]菲利普·史密斯：《文化理论——导论》，张鲲译，北京：商务印书馆，2008年，第222页。
② 转引自郭馨：《齐美尔的命运观浅析》，《文化创新比较研究》，2019年第13期。

命运行为,或者说社会行动者在面对这种情境时的选择行为,在数字环境的影响下,可能会受到数字环境的影响。

(3)基于时间维度的命运分类学

在日常生活中,人们常常扪心自问或者询问他人:命运如何? 或者自评评人:命运好或不好。从时间维度来说,这便涉及对命运的分类。询问"命运如何?"实际上意味着认为命运指的是一种未来的发展趋向/趋势;谈论"命运好或不好"则意味着认为命运指的是过去的一种基于评价的状态。前者指涉未来,后者关乎过去。而恰恰缺少的是对当下时间的关注,或者换句话说,是对当下时间下命运行为的关注。吉登斯曾言:"这里的缺陷正是体现在'静态稳定'的假设上。事实上,这种快照根本不能揭示什么模式,因为任何互动模式都存在于时间的情境中,只有进行历史性考察它们才会表现出某些'模式'。"①我们在此便从历时维度对命运行为进行分类考察。

《存在与时间》的主题是:存在的意义在于时间。海德格尔建立了时间性与"此在"的存在状态之间的联系。时间性的三部分,过去、现在和将来,分别对应于"此在"存在的三种方式:沉沦态、抛置态和生存态。②海德格尔用一个专有的词组表示"此在"的全部的存在过程,即,"先行于自身的—已经寓于的—在世之在"。词组表达了三联式:第一式是将来式,第二式是过去式,第三式是现在式。每一式都依附于其他两式,三者相互依存,联成一个完整的过程,表示"此在"的完整的存在状态。③人或者海德格尔所说的"此在"在时间中存在。按照海德格尔的理解,人的命运便是"此在"的全部过程,包含着过去、现在和将来的存在状态。

---

① ［英］安东尼·吉登斯:《社会理论的核心问题:社会分析中的行动、结构与矛盾》,郭忠华、徐法寅译,上海:上海译文出版社,2015年,第216页。

② 赵敦华:《现代西方哲学新编》,北京:北京大学出版社,2001年,第110页。

③ 同上,第111页。

本书中,研究者对命运的理解类似于海德格尔"此在"的全部的存在过程。由此,我们借鉴海德格尔对此在的时间存在的三种划分,可以将人的"命运"划分为评价命运、即刻命运和趋势命运。即分别对应着沉沦态、抛置态和生存态。按照海德格尔的理解,沉沦态是"此在"的既定的状态;抛置态是"此在"现有的存在状态;而生存态指"此在"设计并实现自己的可能性的面向未来的生活状态。对此,有论者曾经指出:

> 命运是在一定的自然和社会条件下,主体生存和活动的实际过程。说得简单一点,命运可以看作人生的具体境遇。主体的生存、活动过程从时间上看有过去、现在和将来,相对应的运动状况则有以往的结果、现在的遭遇和未来的趋向。……在一定意义上说,人生的轨迹就是命运。[1]

这种对命运的理解对本书也颇具启发意义,一是命运的时空情境特征;二是命运是一种生存和活动过程;三是具有时间维度,从过去、现在和将来,将命运视为以往的结果、现在的遭遇和未来的趋向。当然,在此,这种即时/过去/未来的时间划分更多地是出于分析的目的,并不代表着研究者采用的是一种线性的时间观念。

因此,基于上述时间维度,我们在此将命运分为即刻命运、评价命运和趋势命运。

①即刻命运

即刻命运指的是社会行动者在某一特定时间点即自认为对其具有重要意义的"决定性时刻"的命运,这个体现的是当下的命运,是以社会行为为核心的命运。社会行动者没有意识到的是,恰恰是当下的社会行为,当然是结合了过

---

[1] 许万全:《"命运"范畴初探》,《华中师范大学学报》(哲学社会科学版),1990年第5期。

去时间下的实践规则和已有资源的当下社会行为,构成了社会行动者的命运。本书旨在通过这种分析和阐释,让人们意识到注重当下实践的重要性。正是这种当下实践,或者说即刻命运,不断地影响着评价命运和趋势命运。因此,我们不得不更为慎重地重视当下的社会行为。

需要注意的是,当社会行动者的即刻命运行为已经做出,无论是否有对方做出即刻反应,这种即刻命运行为都已经产生了结果,即对双方的关系产生了影响。

②评价命运

评价命运即正如前述,指的是社会行动者对过去命运行为的整体评价,比如说命运是好还是不好等。评价命运是对即刻命运的总结。基于定量的或定性的评价,对社会行动者的命运行为及结果做一阶段性的评价。冯友兰在《论命运》中论及:"命和运不同:运是一个人在某一时期的遭遇,命是一个人在一生中的遭遇……在一时期中幸的遭遇比不幸的遭遇多,是运好。在一生中幸的遭遇比不幸的遭遇多,是命好。"①冯友兰在此便认为命运的可评价性、可计算性,至少是就评价命运而言。又如一论者所指出的,"一个人在他一生中的所作所为,决定了他是一个什么样的人。人也不像其他事物那样,有一个事先预定的本质决定他的存在;相反,一切取决于他自己,取决于他的选择、他的努力"②。"一个什么样的人"便是一个人的评价命运,而这种评价并不是凭空而来的(当然有的别有用心的人会捏造),而是基于被评价人的即刻命运行为而来的。

③趋势命运

趋势命运指的是对未来命运行为的一种趋势的预期。前文花了大量精力从人的生命的多个面向讨论了即时命运,并在此基础上探讨了评价命运。同

---

① 冯友兰:《哲学的精神》,西安:陕西师范大学出版社,2008年,第189页。
② 赵敦华:《现代西方哲学新编》,北京:北京大学出版社,2001年,第107页。

样,趋势命运也是建立在社会行为之上。正如上述,无论是即时命运,还是评价命运,抑或趋势命运,命运始终应是一种社会行为,都是以社会行为为基础的。即刻命运自不待言;评价命运,显然是对过往的命运行为结果的一种评价;即便是趋势命运,也是以当下和过往的命运行为为基础的一种对未来命运行为发展趋势的判断,而不是凭空臆测出来的。如此,以实践/行为为中心链接过去、现在和未来。我们便将对"命运"的研究建立在坚实的唯物主义基础之上。

即刻命运行为、评价命运行为、趋势命运行为,是一种从时间角度对行为的分类。我们在探讨时可以仅概论"行为"即可。例如,社会行动者的越轨行为,既可以是即刻行为,也可以是一段时间后对社会行动者行为的总体性评价,即评价性行为,同时也可以是对未来社会行动者行为趋势的一种推断用语。

本书将即刻命运、评价命运、趋势命运视为从微观行为、中观到宏观的一个不同层次的现象。即三者分别对应着一个行为、一件事、一类事的不同层次上的命运现象。一件事包含着多个行为;而社会行动者在过去多个事情上的稳定的行为,又可以以此来预测社会行动者未来在这一类事上的行为,即一种趋势命运。

切忌将"命运"仅仅理解为类似一锤定音的一个事件,恰恰相反,正如上述,命运是由一系列的社会行为/行动构成的。每一次社会行动都意味着一次即时/即刻命运。一个行为及其结果便构成了即刻命运;在一个时空范畴下的行为及其结果便构成了评价命运;人们在此基础上,判定社会行动者的趋势命运。命运作为社会行为,本质上是由一系列社会行为组成的。这一系列社会行为之间是行为链,一个行为的结果(社会行动者社会能量的变化)作为下一个行为的基础(结构)。

例如,咨询面试行业的基于过去事实的面试方法。这是较为科学的"算命"。即基于社会行动者过去的行为表现,来预测该行动者的一些品质,总结其行为模式,预测其未来类似工作场景下的工作行为表现。事实表明,这是具有相当可信度的一种方法。因为,根据吉登斯的结构化理论,社会行动者的实践有相当部分是重复的。这便给基于过去社会行为结果的"预测"提供了现实基础。正如有论者所言:

> 行为面试关注被面试者过去实际发生过的行为。结构化行为面试的前提假设是:一个人过去的行为能预测其未来的行为。一个人的行为模式是相对稳定的,不会在较短时间内发生大的变化,特别是遇到类似情景时,人的行为反应倾向于重复过去的方式。①

不过,此处的"结构化面试"中的"结构化",指的是一种遵循标准化的流程而进行的面试,而非与本书中"结构化理论"中的"结构化"同义。

当然,既有较为科学的了解趋势命运的方法,同时,社会上也有一些不法分子打着"AI算命"的旗号坑蒙拐骗,诱导部分人上当受骗。人们始终存着对未来命运的好奇和渴求,人们渴求某种稳定性,这似乎也是回应了吉登斯前述所谓的"本体性安全"的需求。例如,各种算命App扎堆出现。根据深燃公众号提供的数据显示,关于算命、星座、风水、紫微斗数、姓名预测等的App多达227款。随着短视频流量兴起,B站、抖音、快手也成为玄学App的引流之地。在B站,关于占卜的视频前5000个,最高点击量超300万,最低点击量也近6万;抖音话题"塔罗测试"累计播放量22.8亿次,累计视频10.7万个。②媒体中也不时有报道受害者的案例,例如:

---

① 田效勋、柯学民、张登印:《过去预测未来:行为面试法》,北京:中国轻工业出版社,2008年,第3~9页。

② 《央视揭秘AI算命圈钱套路:抓住部分人的心理需求　算命结果全靠编》,新浪财经,https://baijiahao.baidu.com/s?id=1685682548429789315&wfr=spider&for=pc。

近日，鄂尔多斯市准格尔旗人民检察院披露了一起利用迷信手段实施诈骗犯罪的重大案件，并依法对该案提起公诉。2019年3月至7月初期间，王某女因长时间患病导致感情、事业均不顺利，其精神陷入消沉；闲来无事在某网络社交平台上看到了被告人刘某某在直播卜卦、算命内容。王某女添加被告人刘某某为微信好友并咨询占卜、算卦问题，被告人刘某某以能够帮助王某女破除灾难、去病保平安等封建迷信手段，骗取王某女的信任。刘某某多次要求王某女高价购买"驱邪符"（"和合符""考试符""去病符""婚姻符""桃木剑"）及"安置仙家"，并向王某女提供其本人建设银行账户让王某女转账支付购买"驱邪符"的款项，王某女深陷其中，其间先后共计被骗250多万元。近日，刘某某以涉嫌诈骗罪，且犯罪数额特别巨大，被准格尔旗人民检察院依法提起公诉。[①]

在此，我们可以看到，一方面，数字技术网络作为一个平台，为传统的算命活动提供了新的渠道和空间。另一方面，数字技术本身作为算命的工具。但是正如上述，趋势命运不是"算"出来的，而是一种社会行为，是"干"出来的。即便是去预测未来的命运行为，也是基于前述的行动者的过往即刻行为而做出的。

从吉登斯所谓的时间绵延的角度，过去和现在的实践或命运行为及结果不断构成了趋势命运的"结构"，影响着社会行动者的未来命运。这么说，并不意味着社会行动者的未来命运便仅仅是过去和现在命运的简单无限循环，根据吉登斯的结构化理论，正是社会行动者的"能动"以及"意外的后果"，带来了社会行动者的命运的变化。

在本书中，我们将命运理解为具有过去、现在和未来时间向度的行动者的

---

① 准格尔旗人民检察院：《内蒙古一女子网上算命，结果……》，搜狐网，https://www.sohu.com/a/433629898_120509501。

行为,是一种动态的生命实践过程。

因此,本书的一个重要现实价值,便在于能够启发当下的社会行动者抓住现在,不再纠缠于过往,而旨在通过注重当下的社会生命实践,去开创未来,同时也在为未来社会打下良好的规则和资源基础。

3.时间总是与空间连在一起的

不同的时间/时刻总是对应着不同的空间/情境。不同的情境具有不同的规则。我们不能将时间和空间分开,除非是出于分析的必要。

社会时刻,既是时间,也是空间,同时也是社会文化。人的一生中有很多"时刻",在时刻面前,人们不得不做出选择,这实际上是在涂尔干的"分类"上做出选择。而当时所做的选择,是受到头脑中内化后的规范影响的,但有时也受到临场因素的影响,如饮酒后情绪不受控制。这种"时刻"下的选择,应是在一种矩阵下做出的。

"命运"/命运行为本源性地包含着时间维度,意味着流续的时间,鉴于此,将"命运"视为一种状态,所谓命好、命不好,除非是作为一种分析的角度,"快照"式地截取生命的一段,否则,这种评价是没有意义的,是一种静止的命运观。此外,将"命运"视为某一点,例如在生命的终点,由外在于社会行动者的力量对其命运做一个盖棺之论,也是不妥当的,一方面,这种做法简约化了社会行动者基于时间连续性的丰富的生命体验,另一方面,将会忽略社会行动者基于将来时间的未来的影响。因此,这种命运观也是有不足的。

我们在此,倡导一种基于时间和空间的命运观。将社会行动者的"命运"视为一种社会行为,将"命运"视为社会行动者基于时空的一种社会行为,具有结构二重性的社会行为,一种结构化生产和再生产的过程。这种"命运"观强调规则和资源即结构性要素对社会行动者的命运行为的制约作用,同时也指出这种规则和资源同时也具有使动作用。这便打破了传统的要么是神秘主义的命运观,要么是悲观主义的命定论,要么是唯意志的命运观,以及各种蹩脚的折中观点。

这种"命运"观不再区分动态和静态,除非是处于分析的目的。这种命运观给普通社会行动者带来的,不是沉重的命定的压抑感,也不是轻浮的空头理想主义色彩的虚幻感,而是一种基于时间和空间,基于理性和感性,基于过去、现在和未来的对社会行动者自我命运的责任感和希望感。一方面,满足了社会存续的需要,另一方面,给了社会行动者创生的希望,能够满足社会行动者活在当下的需要。

(五)命运具有变化性

吉登斯指出:"社会生活很重要的部分内容是社会复制。"①但他同时也指出:"在社会生活的每时每刻,变革的可能性都是存在的。"②但是这是怎么实现的呢? 有论者指出:

> 吉登斯用行动者行动产生的意外后果来解释社会的进步和能动作用的实质。因为虽然人们可以通过反思性监控自己的活动,但是人的认知能力始终是有限的,会产生意图之外的后果,而正是存在着意外后果,才使得社会的再生产与系统的再生产有了存在的意义,保证了社会与系统生产的非复制性,同时也可以解释人类历史的不断演进与社会的变迁。③

我们可以尝试着用吉登斯的这一理论来解释社会行动者的命运,作为社会行为的命运,无论是即时命运,还是评价命运,正如吉登斯所言,"社会生活很重要的部分内容是社会复制",因此,社会行动者的命运有些部分也是"复

---

①② [英]安东尼·吉登斯:《社会的构成:结构化理论大纲》,李康、李猛译,上海:上海三联书店,1998年,第164页。

③ 陆春萍、邓伟志:《社会实践:能动与结构的中介——吉登斯结构化理论阐释》,《学习与实践》,2006年第2期。

制"的。但是无论是从个体亲身体验,还是从理论分析而言,变革都是存在的,这种新的非复制的部分,正是吉登斯所谓的"意外后果"。也正是这种"意外后果和未被认识到的行动条件"的存在,也使得命运具有变化性,从而与例行性行为的循环性相区别。如此,社会行动者的命运才会不是一成不变的,而是充满着变化的,才能体现出在社会行动者能动选择的作用下,命运的变化性。乃至于生命的多彩性、流动性,而非所谓的阶层固化,给社会行动者以生活的希望。

根据吉登斯对行为/行动的理解:

> 行动取决于个体对事件过程或对事情的先前状态"造成差异"的能力。一位行动者,一旦失去了"造成差异"的能力,亦即一旦失去了运作某种权力的能力,他就不再是行动者了。①

由上可知,作为行动或行为的命运也是意味着社会行动者在事件过程或对事情的先前状态造成差异性的能力和差异性的结果。这种"差异性"便体现出了命运的变化性。

由此,"运"和"命"组合在一起,便构成了"命运"这样一个具有"结构—能动性"的二重性,构成了一个能够完成维续和变迁的结构化总体。

"维续"比较好理解,其实,在日常生活中,大量发生着的便是"系统的自我平衡的因果循环",例如,我们每天经过路口时,遵守交通规则,类似于"惯习",在遵守交通规则的同时,也实现了交通规则的再生产。也即是吉登斯所谓的"例行化"。正如吉登斯所言:"'习惯'或者'惯例'意味着活动或者活动各个方

---

① ［德］汉斯·约阿斯、沃尔夫冈·克诺伯:《社会理论二十讲》,郑作彧译,上海:上海人民出版社,2021年,第267页。

面的相对非动机性。"①

对于社会行动者而言，变迁是绝对的，即便是有如上述"系统的自我平衡的因果循环"，时空也发生了变化。社会行动者通过对行动的反思性监控，经过理性的选择，无论是"通过反馈而形成的自我调节"还是"反思性调节"，都意味着"命"的变化。当然，在这种新的变化的同时，新的规则和资源即结构也创生而出，从而进入下一步的社会行动。

高宣扬指出："日常生活是人在世界上和社会中生存的重要内容和基本结构。日常生活在人生在世的时间结构中，占据了大半的部分。日常生活的重要表现就是它的日复一日的重复性。这决定了人们对它的习惯性。日常生活的日复一日的重复性，显示了日常生活的节奏性。节奏性可以产生固定的生活方式、生活模式和生活态度，也可以决定不同的人和群体的行为方式。"②当然，正如上述，命运行为虽然作为行为的一种，但是与日常行为也有不同。如果说，日常行为往往偏于重复性、节奏性，那么，命运行为则偏于变化性。虽然也会有重复，但是至少我们会偏于追求命运行为的变化性。

命运不是一次性的，也不是一成不变的，而是变动的，命运是变化的，不仅是从字面意义上而言，而且从其行为本质上而言更是如此。"命"作为生命，作为一种生命实践，充斥着生命能量，作为社会能量，自然是变化着的；而"运"作为生命实践所发生的时空情境中的规则和资源，自然也是在发生着变化，充斥着偶然时刻。这就否定了命定论。这也给人们以希望，即便一次没有达到自己的预期，但也可以追求未来的命运。

当然，命运行为的变化性并不只是由于偶然时刻的存在，并不只是由于"意外后果和未被认识到的行动条件"的存在。本书认为，这种命运行为的变

---

① ［英］安东尼·吉登斯：《社会理论的核心问题：社会分析中的行动、结构与矛盾》，郭忠华、徐法寅译，上海：上海译文出版社，2015年，第231页。

② 高宣扬：《当代社会理论》，北京：中国人民大学出版社，2017年，第146页。

化性还在于社会行动者的选择。

(六)命运行为是选择过程

根据前述理解,"命运"中的"命"指的是生命,具有生命能量,是一种生命实践,包括家庭、出行、教育、工作、休闲、医疗等在内的多样化的生命实践。"运"应该指的是社会行动者在生命实践中所遭遇到的情境,显然,不同的社会行动者所遭遇到的情境是不一样的,即便是同一个社会行动者在不同的社会时刻,所遭遇到的情境也是不一样的。在这些情境中,行动者能够利用的规则和资源也是不一样的。

"运"并不是像通常所理解的,社会行动者所无能为力的,恰恰相反,从吉登斯的结构化理论来看,社会行动者在不同的情境下的生命实践中,来自社会结构性制约的规则和资源,一方面对社会行动者的生命实践给予了制约,另一方面也是一种促动因素。我们应该着重看到这一点,否则便会悲观地认为人的"运"单纯地来自外界的制约,不受个人的反思性监控的影响。对于社会行动者而言,命运不是被动的,而是主动可为的。虽然有时这种可为的限度有限。

命运行为的选择具有一些特征:

1.命运行为选择依社会行动者认知能力的不同而不同

社会行动者的反思性调节应该是一个选择的过程。"人也不像其他事物那样,有一个事先预定的本质决定他的存在;相反,一切取决于他自己,取决于他的选择、他的努力。"[①]在本书看来,命运本质上是一种社会行为,以及基于社会行为的状态和结果,具体而言,是一种具有认知能力的、充满着生命能量的社会行动者在其认为具有重要意义的决定性时刻做出选择的社会行为及基于社会行为的状态和结果。命运包括好的结果和不好的结果,千万不要一提命运,

---

① 赵敦华:《现代西方哲学新编》,北京:北京大学出版社,2001年,第107页。

仅仅指不好的结果。

如此,命运是由社会行动者选择的,即便这种选择是在既有的能量资源和规则等结构性条件约束下进行的,但毕竟是社会行动者的选择。

在此主要指出的是,对作为结构的资源和规则的认识或诠释,则依社会行动者的认知能力的不同而不同。正如有论者所指出的:

> 帕森斯没有真的考虑到行动者面对行动情境时认知的能力与局限。对帕森斯来说,行动者似乎总是清楚看到行动的手段和条件,仿佛行动的手段和条件就明明白白摆在那里、客观地摆在那里一样。但行动者对他的行动状况有多了解,是因人而异的。……因为一个社会的规范和价值不是明明白白就摆在那里,或是本就如此的,而是总是被行动者所诠释的。[①]

这一评论对于吉登斯的结构化理论应该也是适用的,尤其是我们将结构化理论用来分析社会行动者的"命运"行为时。对于社会行动者而言,限于其认知能力,那么他/她对于行动的时空情境下的结构即规则和资源并不是了解得清清楚楚、明明白白,这种认知要视行动者的认知能力而定。而这种认知的局限性显然会影响行动者所做出的选择行为。

2.命运行为选择是理性和情感结合的过程

从新功利主义视角出发,社会行动者会对自身在重要时刻的社会能量资源和规则进行考量和权衡,正如,有论者所指出的:

> 对功利导向行动进行分析,应仅旨在了解目的与目标在实际上的可

---

① [德]汉斯·约阿斯、沃尔夫冈·克诺伯:《社会理论二十讲》,郑作彧译,上海:上海人民出版社,2021年,第52页。

及性,应仅在于给行动者带来启发,让行动者知道在达成目标的路上可能会遇到哪些阻碍,应为行动者指出贯彻目的的最佳道路。[①]

当然,这种考量不仅仅是所谓的经济资源及所可能带来的经济收益。这种考量是多维度的,即我们前述社会能量的多个维度,包括生理、心理、社会关系等方面。

我们在研究中还发现,社会行动者在考量中,即对社会能量资源的现有资源和可能收益的权衡中,情感或心理能量在其中特殊的价值或作用。即有些决定看似是理性的,实则是情感偏向的,但社会行动者往往会采取一些策略或措施努力说服自己或他人相信这种决定是理性的。

也就是说社会行动者会认真地做权衡和考量,但是所做出的决定或决策结果并不一定是理性的决策。即决策或做决定的过程是理性的,权衡利弊的,但是最终所做出的决定不一定是理性分析或选择的结果。我们需要看到情感心理能量的作用。

由此,社会行动者在做出命运行为的选择时,正如前述,会进行权衡和考量,而这种权衡和考量自身在当下情境中的社会能量资源和规则条件,以便了解做出命运行为的选择应该是什么。

由上分析可知,我们在社会行动者的"命运行为"中,看出了功利趋向,同时也看到了情感的影响。

3.命运行为选择的多次性

通过研究,我们想让人们意识到,"命运"作为社会行为,是具有结构能动二重性的。行动者即便受到大的社会氛围环境、社会文化、规则、资源等结构因素的影响,但是个体经由反思性监控的能动性也不能忽视。当然也需要认

---

① [德]汉斯·约阿斯、沃尔夫冈·克诺伯:《社会理论二十讲》,郑作彧译,上海:上海人民出版社,2021年,第93页。

识到,个体的这种能动性是有局限性的。

此处,个体的能动性不是表现在一次性的决策或选择上,其实,这种决策和选择背后反映出前期多次的互动选择,最后才导致这最后的选择或抉择上。

因此,这个"命"看似是由一次选择决定的,但是进一步分析后会发现,它其实是一系列选择导致的最后的大的选择的结果。古语云:冰冻三尺非一日之寒。命运亦是如此。从结果上来看,可能个体的一次选择,最终决定了自己的命运,但是如果从过程来看,这其实是一个包含多个选择的生命过程,才最终汇成最后一次的选择。例如,闯红灯出事故,可能某一次闯红灯出了事故,但是从过程来看,这是个体多次闯红灯的结果。

那么,从这个来看,如果个体在日常的选择上、互动上做出改变,那么,最后的命运也不是一成不变的,意味着命运是可以改变的。这也回应了上述命运的变化性特征。

4.命运行为选择的多样性

有些时刻,是一种常规性的选择,以几乎不需要思考的方式进行。这有些类似于"常识"了,符号互动论传统中的常人方法论中讲到的常识,也类似于惯习。

在一些时刻,可能社会行动者根本没有思考的时间,一种类似于下意识的反应。例如,撞车的瞬间。而这些后果显然会带来不一样的人生命运。

在一些时刻,是经过深思熟虑的,例如,有报道称某人在小区内下药毒死了小区20多只狗。对于个体而言,先前并无此类经验或结构影响,个体在基于先前结构影响的基础上,自己做出了这一选择,这影响了个体的命运结果。

如上所述,在社会生活中,有的时刻,是基于先前的结构影响而做出的下意识的惯性反应,在这种情况下,是结构决定了命,但是即便如此,我们也无需悲观。例如上述的一些案例中,结构的规则等仅仅只是起到了参考性作用,最终是个体做出影响"命运"的选择。这反映了结构和能动性之间的关系。

5.命运行为选择的多元性

也正是每个人在做事/社会行为的差异、变动性,也才给不同个体的生命带来了多样化色彩。

如上所述,这种对"命运"的认识,既考虑到了那些来自行动者自身和外界的影响因素,又同时赋予了社会行动者对自己行为/命运行为的主动选择性,面对各种决定性时刻,社会行动者且只有社会行动者做出选择。作为社会行动者,我们不能回避自身的责任,不能将责任推卸给其他社会因素。但是我们需要认识到的是,这种面临决定性时刻的主动选择,并不是任性的、任意的,它是受到各种因素制约的。

关于"命运",其实有两种视角,一种是所谓的"命定论",一种是所谓的"变命论"。本书结合吉登斯的结构化理论,较为系统地阐述了"构命论",即从结构化理论视角对传统的"命运"概念做了新的界定和阐释。正如前述,本书将视角转向过程,转向社会行为/行动,将对命运的理解从结果导向,转向过程导向,在社会行动者的社会行为中去分析和阐释社会行动者的命运。命运是一种具有认知能力的、充满着生命能量的,社会行动者在其认为具有重要意义的决定性时刻做出选择的社会行为,以及基于社会行为的状态和结果。本书认为命运是一种社会行为,具有时空情境性,命运行为的结构具有结构能动二重性,命运具有变化性,命运行为是个选择过程等。

当然,本书并不是单纯地对命运做出新的阐释,而是嵌入了"数字技术"或"数字环境"这一变量,进而考察在这种数字环境下,社会行动者命运行为的变化。

在传统社会,个体的命运与他人紧密相连,但是在现代社会,命运作为社会行为,在"脱嵌"的时代背景下,命运也越来越由个体所负责,当命运行为选择的权利越来越由个体掌握的话,那么,后果也越来越由个体所承担。尤其是在数字技术日益渗透的背景/基础之上,各种个体问题和社会问题接踵而至,更有必要去探讨在这种背景下人的命运问题。

难道我们就只能陷入数字技术所罗织的技术之网中束手待毙吗？显然，研究者的答案是否定的。我们还是应该看到社会行动者在数字技术的氛围/萦绕中自主能动性的存在。就本书的主题而言，本书探讨的是数字环境对人的命运行为的影响。不仅数字技术作为环境，数字技术—人及数字技术—社会都作为数字环境的角色而出现，这种数字技术及环境的规则和资源结合社会行动者自身的资源及认识到的规则，影响了行动者的命运行为。但是本书并不秉持一种技术决定论的视角，同时虽然从吉登斯的结构化理论出发去思考命运问题，但是也并不认同结构决定论的观点，而是既指出了命运作为社会行为的结构能动二重性，同时也指出了具有"资格能力"的行动者的反身性的存在，指出了行动者的行为是结合了理性和情感下的选择。

第三章　理解"数字环境—命运行为"研究

一、何谓"数字环境—命运行为"

正如前述,本书的创意在直接受到媒介环境学及环境行为学的影响外,还受传统和现代风水学的启发,因此在明确数字环境对社会行动者命运行为的影响之前,研究者需要先简要介绍下"风水"概念。

(一)"风水"概念

历史上最先给"风水"下定义的被广泛认为是晋代的郭璞,他在《葬书》中说:"葬者,生气也。气乘风则散,界水则止。古人聚之使不散,行之使有止,故谓之风水。"风水,又称堪舆、形法、地理、青囊、青乌、卜宅、相宅、阴阳等,明代乔项在《风水辨》中解释"风水"云:"所谓风者,取其山势之藏纳,土色之坚厚,不冲冒四面之风与无所谓地风者也。所谓水者,取其地势之高燥,无使水近夫亲肤而已;若水势曲屈而环向之,又其第二义也。"①有论者认为,在本源意义

① 王其亨等:《风水理论研究》(第2版),天津:天津大学出版社,2005年,第16页。

上,指的便是以自然环境中的"山"和"水"来指称整个自然环境,包括山、水、土、气候等。①千百年来,风水已经成为中国人探讨与人类事生事死活动相关的时空之"宜—忌""吉—凶"的一种术数。②

由此可见,风水从本源意义上的山、水、土、气候等自然环境因素,到逐渐指代一种探讨自然环境对人的行为、命运影响的学问。

显然,不同的自然环境对人的行为、命运也会带来具有差异性的影响。例如,地方病与水土、地形及地质构成的关系。而把大量的调查结果同传统风水理论比较,则可发现,如果按照风水关于相土尝水、地形地貌、水文地质各方面选择标准来权衡,其吉利者,恰恰在非病区;而病区,尤其是重病区居住基地的水土环境条件,却也正是风水视为诸多不吉之处。③地理环境决定论认为,地理环境影响人种体质、民族性格、社会生活,乃至国家形式。人类社会受地理环境影响的思想可以追溯到古希腊时期。希波克拉底谈到过气候和季节变换可以影响人类的肉体和心灵。修昔底德和色诺芬还强调了地区的水平和垂直构造及土质肥沃程度对生活方式的影响。亚里士多德认为地理位置、气候、土壤等因素影响到个别民族特征和社会性质。④

当然,不同论者、业者虽思考探讨的大体都是环境尤其是自然环境对人的行为、命运的影响,但是所依循的路径方法不一,也有着真伪之别。

(二)风水作为一种知识象征体系

上述提及,千百年来,在风水学说及其实践的发展过程中,风水已经发展成为一种断"吉—凶"、判"宜—忌"的术数,风水学说逐渐演变成一门完整的知识体系,产生了不同的流派,形成了不同的知识象征体系。例如,有论者将传统风水从应用范围分为形势派和理气派。形势派着眼于对山水形势的观察,

---

①③ 王其亨等:《风水理论研究》(第2版),天津:天津大学出版社,2005年,第6页。

② 吴红娟:《转型时期风水现象盛行的社会学探析》,华中师范大学硕士学位论文,2009年。

④ 冯雷:《理解空间:20世纪空间观念的激变》,北京:中央编译出版社,2017年,第66页。

山川形胜和建筑外部自然环境的选择,特别看重分析地表、地势、地物、地气、土壤及方向。理气则偏重于确定室内外的方位格局。①

因此,可以说,风水实质上是对位置的分类,是关于位置的分类系统的象征意义和价值,以此与社会行动者的社会心理、社会行为发生关联,从而成为一种社会文化现象。本质上,"风"和"水"是一种自然物质,但是当其与人相触合,便具有了社会意义和价值。"风"已经不是原来意义上的"风","水"也不是原来意义上的"水",便通过象征具有了社会影响。在社会文化研究中,"分类是一个至关重要的主题,尼达姆因此称之为'社会人类学首要的、根本的关注所在'"②。社会学家涂尔干和莫斯甚至"没有简单地把分类系统视为一种知识活动,而是强调了分类的规范性与宗教性特征。他们写道'对事物的分类,首先是神圣的或世俗的,纯洁的或不纯洁的,朋友或敌人,有利的或不利的……正是这种情感上的价值判断……决定了人们看法的联系或是分野。它是分类的主要特点'"③。如上所述,风水学说实质上便是一种对位置的分类学说,往往宣称某种位置的好坏这种常常夹杂着情感的经验判断,与某种行为相关联。例如,有论者指出,得风过甚,则有风寒之虞;离水过近,则有洪涝之险。唯有避风近水而地势略高的地方,也就是前人所说的"藏纳"和"高燥"之处才是上佳之地。风水之说不是简单地讲风和水,而是讲与居处要求有关的地形,它的建立正是基于风和水与地形关系认识之上的。④当然,需要指出的是,这种认识往往是一种素朴的观察、经验而得知的。

基于此,有论者认为,风水学说,或者说堪舆文化,它是在自然万物全息同构、整体有机的生态系统观下,以阴阳、五行、八卦等思想为其哲学基础和元理

---

① 郑同编著:《一本书弄懂风水》,北京:华龄出版社,2010年,第51~52页。

② [英]菲利普·史密斯:《文化理论——导论》,张鲲译,北京:商务印书馆,2008年,第117页。

③ 同上,第117~118页。

④ 郑同编著:《一本书弄懂风水》,北京:华龄出版社,2010年,第2页。

论;以传统地理学、传统医学(尤其是人体科学)、天文历法等古代自然科学的成果为基本的知识构架和具体的技术手段;以传统社会的道德伦理为其价值取向;以民间俗信以及相应的仪式、象征符号等为其话语方式,并呈现为最具广泛性的民间信仰形式。[①]

国外的风水研究成就较为突出的是日本和美国,多采取象征—文化研究视角。濑川昌久主张研究风水应该超越风水知识原有的既定框架(即二元论,认为风水或者是科学或者是迷信),去关注"风水的社会性存在方式",即"风水的服务对象是以何种态度参与风水活动的,并藉此理解风水在整个社会性联系中所具有的意义"。[②]由此可见,这种研究路径悬置对"风水"的二元论评判,而是将其作为一种社会文化事实进行梳理和研究。而这也是本书的基本立场,即究其实质,论其要义,鉴其思想。正如埃文斯–普里查德所认为的,"人类学家的任务应该是努力去理解信仰系统的逻辑和意义,而不是简单地将它解释为基础社会结构的反映"[③]。

(三)风水影响社会行动者命运行为的机制

前述,风水学说作为一种基于位置分类的知识象征系统,断定不同的位置有着吉凶之别,对于人的祸福等命运具有直接的、对应的影响。古人通过这种分类方式,解释、预测了他们基于当时知识限度而无法把握的社会现象。就像象征、仪式及巫术等实践"是个人追求自身福利和消除不确定感的行为,它们的功能在于没有科学技术的状态下人们赖以满足自己的基本生物需要的手段"[④]。

在解释作为自然环境的"风""水"如何影响人的行为、命运时,即风水产生影响的机制时,传统风水学说引入了"生气"概念。有论者认为,只有在引入

---

① 吴宗友:《堪舆文化:基于中国传统社会的深层生态学》,《江淮论坛》,2011年第1期。
② 转引自陈进国:《信仰、仪式和乡土社会》,北京:中国社会科学出版社,2005年,第12页。
③ 转引自[英]菲利普·史密斯:《文化理论——导论》,张鲲译,北京:商务印书馆,2008年,第123页。
④ 王铭铭:《社会人类学与中国研究》,桂林:广西师范大学出版社,2005年,第145页。

"生气"这一概念之后,"风水"才被进一步抽象化,并成为相地择葬术法的代名词。[①]风水学中的"生气"并不是我们平常所说的空气,也不是任何实有的气体,它只是一种抽象而强大的力量。因此,所谓的"看风水",其实关键是看生气。有土斯有气,土肥则气壮,相地而后知生气。[②]而怎么看生气呢? 明朝徐善继、徐善述论道:

> 而生气何以察之? 曰:气之来有水以导之,气之止有水以界之,气之聚无风以散之,故曰要得水,要藏风。……总而言之,无风则气聚,得水则气融,此所以有风水知名。循名思义,风水之法无余蕴矣。[③]

"生气"的一个特点便是,"气乘风则散,界水则止"。而山能藏风,水能界气,得水藏风之地乃有生气,由此可以看出,传统风水学说中有关山、水等自然环境对"气"的影响,进而认为会影响居于此地之人的行为和命运,后人通过风水学说建阴阳宅,其实就是探求人和环境的结合。

因此,传统风水学说认为风水作为自然环境通过"生气"影响人的行为命运,即自然环境影响"生气",进而影响人的命运。这种观点将"生气"视为"一种抽象而强大的力量",对本书也颇有启发。由此视之,"生气"类似于某种"能量"。传统风水学说,指出了风水即环境对生气即能量的影响,进而影响人的命运。风水学说本质上可谓是风水行为学,或者说环境行为学,即探讨风水如何影响人的命运(行为),探讨环境与人的关系。

就如有的论者所指出的,堪舆说在一定程度上带有强烈的"心理暗示"色

---

① 郑同编著:《一本书弄懂风水》,北京:华龄出版社,2010年,第4页。
② 同上,第3页。
③ [明]徐善继、徐善述:《绘图地理人子须知》,郑同点校,北京:华龄出版社,2011年,第16页。

彩,很多理论来源生活现实,与西方科技暗合。①总体而言,"由于社会发展水平和科学水平的限制,风水理论也同一切传统学术一样,没有也不可能摆脱迷信的桎梏和羁绊,没有也不可能发展成为完全科学的理论体系。重要的是,我们应当尊重古人而不苛求古人,以今天的科学认识论为武器,去发掘和揭示传统建筑文化的奥秘,去粗取精,去伪存真"②。可以说,传统风水学对环境主要是自然环境如何影响人的行为并没有做出科学的解释。但是传统风水学说中所蕴含的环境对行为影响的认识值得我们借鉴和学习。

风水学说中的三个核心概念,即风水、生气和命运,其分别对应着环境—行为研究中的环境、社会能量以及行为。本书便是围绕这三个核心概念来组织建构内容的。环境影响人的能量,包括生理、心理、社会关系能量等;能量又作为结构性因素影响人的行为即命运。就像前述风水影响生气进而影响人的命运一样,能量是环境和行为(命运)的中介环节。

研究"风水",便是研究人在与以自然"风"和"水"为代表的环境相触合的过程中,自身社会能量的变化过程,以及这种变化过程对作为社会行为的社会行动者命运的影响。由此,借鉴传统风水学说有关环境主要是自然环境对人的命运的影响的理念,研究者将研究目光聚焦数字环境对人的命运行为的影响。可以说,这一研究主题既来自传统风水学说的启发,同时又来自研究者对现实社会生活的观察和思考,即数字技术日益渗透进日常生活中,不仅技术本身,而且技术作为生活要素之一成为环境的因子。

因此,探讨"数字环境—命运行为"研究,便是研究人在与以数字技术为代表的数字环境相触合的过程中,自身社会能量的变化过程,以及这种变化过程对作为社会行为的社会行动者命运的影响。

传统风水学虽然启发了研究者去思考数字环境对人的行为的影响,但并

---

① 张耀天、崔瑞:《堪舆名考及理论溯源初探》,《常州大学学报》(社会科学版),2012年第4期。

② 王其亨等:《风水理论研究》(第2版),天津:天津大学出版社,2005年,第14页。

没有科学阐释风水影响命运的机理。因此,本书的一个主要的目标便是尝试着去探讨数字环境影响人的命运行为的机理在哪里?

二、"数字环境—命运行为"研究的理论框架

上述,从传统风水学的角度,探讨了风水即自然环境对人的行为的影响。同理,社会文化环境对人的行为也会带来影响。举个例子,学校环境,这是一种社会文化环境,关于学校环境对人的行为的影响已多有研究,此处不再赘述。包括学校的校园环境、制度环境、人文环境等对青少年的身心会带来即刻和长远的影响。有的人一生的许多习惯,便是在学校中养成的。再如,家庭环境对人的行为的影响。我们常常提到家风,家风便是一种家庭环境,不同家庭环境出身的人,他的行为方式、生活方式等都会有差异。

风水强调了环境对人的行为的影响,以及如何通过人和环境的改变达致人和环境的协调。因此,从这个意义而言,研究数字环境对人的行为的影响,以及在数字社会如何达到人和数字环境的和谐,过上美好数字生活,便应成为"数字环境—命运行为"研究的内涵了。传统风水探讨"山"和"水"等对人的命运行为的影响,探讨环境尤其是自然环境与人的关系。"数字环境—命运行为"研究探讨数字技术等数字环境对人的命运行为的影响,探讨环境尤其是数字环境与人的关系。

由此,我们便尝试着去分析数字环境对人的行为,尤其是命运行为的影响,以及这种影响的机理是什么。

(一)相关研究文献回顾

1.环境—行为研究

首先,环境行为学探讨的是人与环境的相互作用与关联,如何使环境设计

对人的行为产生正面影响。①

拉普卜特在《建成环境的意义:非语言表达法》中提出了人—环境设计的三个基本问题:①人类如何塑造环境;②物理环境如何以及在多大程度上对人类造成影响;③是什么机制将这种双向互动中联系起来。他认为在环境行为学领域任何问题都可以归结为以上三个问题的一部分。其中最为重要的是第三个问题:联系人和环境的机制是研究"意义"的关键。②正如拉普卜特所言,联系人和环境的机制到底是什么？对此,本书认为,是社会能量。本书认为数字环境对人的命运行为的影响的机制是通过影响人的社会能量,进而影响人的命运行为。既包括已被人化的所谓的社会物理能量,同时也包括作为文化的社会符号能量。环境行为学者乔恩·朗总结了以"人性"为核心的环境行为学框架,如表3-1所示。

其次,不仅环境行为学具体探讨环境—行为的关系,环境心理学中也涉及环境对行为的影响研究。

1947年,美国堪萨斯大学的两位心理学家卫巴克和H.赖特在堪萨斯州的托皮卡建立的一个有800人的心理学研究机构,对于物理环境如何影响人的行为,特别是如何影响儿童的行为和发展所做的研究,被称为心理学领域的一个重要革新。③

---

① 冷欣:《数字环境下公共空间及相关行为的研究》,南昌大学硕士学位论文,2008年。
② 赵航疆:《浅析拉普卜特的环境行为学研究——从宅形到城市》,《建筑与文化》,2020年第10期。
③ 朱冰:《环境—行为学的发生和发展》,《新建筑》,1987年第1期。

表3-1　乔恩·朗以"人性"为核心的环境行为学框架

理论分类	行为阶段	理论归纳	
宏观视角	微观视角	理论研究	理论家
环境和人类行为的基本概念	环境"供给"	环境"供给"	詹姆斯·吉布森
	动机	人类需求等级	亚伯拉罕·马斯洛
活动模式和构建环境	感知与认知	认知地图	凯文·林奇
	空间行为	行为场所	罗杰·巴克
		可防御空间隐私，领土个人空间	奥斯卡·纽曼欧文·奥特曼罗伯特·萨默
		社会互动社会组织	弗莱·奥斯蒙德西蒙·戈特沙尔克
	个人差异	能力差异文化差异	阿莫斯·拉普卜特
审美价值和建筑环境	感受	格式塔理论	格式塔学派
		平衡理论	H.海德

　　环境心理学研究具有多学科交叉性,不仅涉及建筑学、环境科学,而且与人类学、社会学、地理学等联系密切。①它被认为是一门研究人和他们所处环境之间的相互作用和关系的学科。②即环境心理学研究物质环境、社会环境和信息环境(如虚拟环境)与行为之间的关系。③以真实环境为研究现场,以解决实际问题为取向,旨在改善环境、提高人类的福祉和身心健康。研究内容包括:知觉、认知、情感、偏爱、态度、评价、活动规律等,还包括物质环境对行为的影响及其社会文化差异。④美国著名心理学家杜·舒尔茨说过:"我们全部工作和生活在多种不同的环境之中,这些环境全部会影响我们的感觉,影响我们的行为,有时这种影响是明显的,直接的;有的则是微妙的,间接的。在21世纪,

---

①　房慧聪:《环境心理学:心理、行为与环境》,上海:上海教育出版社,2019年,第4页。

②　杨玲、樊召锋:《当代环境心理学研究的新进展》,《甘肃社会科学》,2006年第2期。

③④　胡正凡、林玉莲编著:《环境心理学:环境—行为研究及其设计应用》,北京:中国建筑工业出版社,2018年版,第3页。

人类已经破坏和污染了许多自己的环境,土地、水源、空气都遭到破坏。结果导致了这种环境对人类行为的消极影响,成为环境心理学家们的研究对象。"[1]

有论者对人类行为的产生过程进行了图示分析,如图3-1所示。

显然,在此模型中,"数字技术"被包含在"外界因素"中,并没有单独做出强调。本书则对此进行了重点研究,旨在揭示数字技术本身作为环境对社会行动者命运行为的影响。

人的行为是从"感觉"到"知觉"到"认知"再回到"行为"的一系列经过人对环境的精神加工过程,而不是简单的外显行为。[2]如同探讨环境对人的攻击性行为、利他行为等行为的影响,本书旨在探讨数字环境对命运行为的影响。

此外,行为地理学也被认为涉及研究环境与人的关系,行为空间作为行为地理学的关键部分,研究对象则是人对环境的感应以及行为发展形成过程,将人的主观情感作为研究主体。[3]

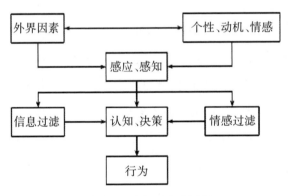

图3-1　人类行为产生过程

2.媒介环境学的有关研究

在媒介与传播研究领域中,研究者对媒介环境对人的行为的影响研究可

① 转引自杨玲、樊召锋:《当代环境心理学研究的新进展》,《甘肃社会科学》,2006年第2期。

② 鲍越:《基于环境行为学的城市街道空间互动性研究》,江南大学硕士学位论文,2013年。

③ 陈琴、周欣雨:《地理学与行为学的交叉研究》,《重庆师范大学学报》(自然科学版),2016年第3期。

以说伴随着传播学的学科史,传播学的传播效果研究便是探讨媒介信息环境对人的行为的各种短期、长期的影响。例如,研究者对电视暴力对青少年影响的研究等。媒介环境学被视为是传播研究的一个重要流派。媒介环境学的一个重要特点便是它的泛媒介论,如论者所言,"凡是人类创造的一切、凡是人类加工的一切、凡是经过人为干扰的一切都是技术、环境、媒介和文化。质言之,技术、环境、媒介、文化是近义词,甚至是等值词。这是媒介环境学派有别于其他传播学派的最重要的理念。"①媒介环境学派代表性人物包括麦克卢汉、波兹曼、梅罗维茨、苏珊·朗格等。国内已有一些研究者,如林文刚、陈怡等对媒介环境学的先驱和代表性人物的观点做了较为详细的介绍。

斯特雷特认为,不管是在生物环境中,还是在技术环境中,环境都会对人类行为施加一些约束。②媒介环境学将媒介视为环境,作为感知环境的媒介、作为符号环境的媒介、单一媒介环境或多种媒介环境③,探讨媒介对人和社会的影响。媒介环境学关注的是将媒介理解为物质的、感性的、象征性的环境或结构,并认为人们通过使用媒介技术建构意义。媒介环境学试图阐明传播技术的变化如何促进了社会和文化的变迁,反之亦然。④"具体对媒介环境学家而言,社会科学的目的是'讲述技术后果的不是;是告诉人们,媒介环境如何创造语境,这样的语境如何改变我们的思维方式或组织社会生活的方式,如何使我们的境遇更好或更坏,使我们更加聪明或更加迟钝,使我们更加自由或更加受奴役'。"⑤

综上所述,本书对环境行为学以及媒介环境学的相关研究做了简要综述。

---

① ［美］林文刚:《媒介环境学:思想沿革与多维视野》,何道宽译,北京:中国大百科全书出版社,2019年,第1~2页。

② 梁颐:《理解媒介环境学》,北京:北京大学出版社,2020年,第137页。

③ ［美］林文刚:《媒介环境学:思想沿革与多维视野》,何道宽译,北京:中国大百科全书出版社,2019年,第51页。

④ ［美］林文刚:《谈谈媒介环境学》,网易网,https://www.163.com/dy/article/FQOI1ASQ052182I6.html。

⑤ ［美］林文刚:《媒介环境学:思想沿革与多维视野》,何道宽译,北京:中国大百科全书出版社,2019年,第331页。

需要指出的是,环境行为学主要探讨的是人的外显行为与环境之间的关系;媒介环境学虽然将媒介视为某种环境,但往往是探讨媒介的可供性特征对社会、文化、心理的长效而深层的影响,正如有论者所言,媒介环境学派的显著特点是:①拥有深厚的历史视野,关注技术、环境、媒介、知识、传播、文明的演进,跨度大;②主张泛技术论、泛媒介论、泛环境论,关注重点是媒介而不是狭隘的媒体;③重视媒介长效而深层的社会、文化和心理影响;④深切的人文关怀和现实关怀,带有强烈的批判色彩。[1]有论者便指出媒介环境学派的"六个规定性特点",其中便包括认为媒介环境学派立论的中心和原点是媒介,侧重研究的是媒介本身,考察的媒介效果和可能影响发生在长远的时期和广大的范围。[2]

而本书则侧重于探讨数字技术作为环境对社会行动者命运行为的影响。传统媒介效果/传播效果研究,强调媒介对人的认知、态度、行为等不同层面的影响。在本书中,研究者聚焦数字环境对人的行为的影响,如此,一方面强调了媒介/数字技术所搭建的环境,另一方面强调了效果研究中行为的一面。不过,这也凸显出了本书与传统传播/媒介研究的连续性。

(二)数字环境—命运行为研究的理论框架

数字技术已经成为当今社会行动者的栖息环境。据统计显示,截至2024年6月,我国网民的人均每周上网时长为29个小时。[3]截至2024年6月,我国的网民总体规模已达11亿。互联网普及率达78%。10亿多网民构成了全球最大的数字社会。[4]本书在研究思路上与媒介环境学以及环境行为学整体上保持一致。即旨在探讨将数字技术视为环境,探讨数字环境对社会行动者命运行为的影响。

---

① [美]林文刚:《媒介环境学:思想沿革与多维视野》,何道宽译,北京:中国大百科全书出版社,2019年,第1~2页。

② 李明伟:《媒介形态理论研究》,中国社会科学院研究生院博士学位论文,2005年。

③④ 中国互联网信息中心:《第54次中国互联网络发展状况统计报告》,2024年8月。

1.数字环境影响社会行动者命运行为的机制

如表3-2所示,本书旨在构建数字环境下,环境影响行为的机制,当然主要是数字环境影响命运行为的机制。本书将数字环境分为作为地点、作为场所和作为空间三种类型,然后逐一探讨在这些数字环境下,数字环境对社会行动者命运行为的影响。数字环境,显然不同于纯粹的自然环境,数字环境从一开始就是人化环境,因此数字环境必然包含着人这个要素。无论是哪种层面上的数字环境,无论是其作为场所、地点还是空间,都包括数字技术、人和意义。

借鉴现代环境行为学/环境心理学的相关研究成果,我们认为数字环境通过影响社会行动者的社会能量,进而对社会行动者的命运行为产生影响。在本书中,研究者通过对不同数字环境下,数字环境如何影响社会行动者的行为做了具体的阐述。

表3-2　数字环境影响社会行动者命运行为的机制

		数字环境4					
		数字地址技术	智能环境	数字游戏空间			
数字环境1	物质环境	数字环境			数字环境影响命运行为的机制	即刻行为 评价行为 趋势行为	命运行为
	非物质环境						
		地点	场所	空间	数字技术	数字技术—人	数字技术—社会	物理	生理	心理	社会关系	符号		
		数字环境3			数字环境2			社会能量						

从表3-2中我们可以看到,在整个"数字环境—命运行为"的理论框架下,数字环境、社会能量以及命运,是构建"数字环境—命运行为"框架的三个基本的核心概念。"数字环境—命运行为",本质上是研究数字环境对社会行动者命运行为的影响。

如果说传统风水学更多地是基于经验性总结。那么,本书更多基于经验性研究对数字环境对人的行为的影响做出梳理和总结。为了更好地阐释本书中所提及的数字环境影响社会行动者命运行为的观点和理论,研究者将在本章对数字环境—命运行为研究的理论框架和"数字环境的唤醒理论"做一介绍。

2.数字环境—行为研究的研究进路

关于"数字环境"概念,本书在第一章便做了较为详细的探讨,如上所述,对"数字环境"有至少两种不同理解:一种是依据媒介环境学的理论视野,将数字技术本身视为环境;一种是认为数字环境是人化环境,数字技术和人一起构成数字环境。意大利技术哲学学者曾提及"信息圈"的概念,这个词是由生物圈一词发展而来。"狭义信息圈是指由所有信息化的实体及其属性、交互界面、处理进程以及相互关系组成的整个信息化环境。这是一个与网络空间相似但又不完全相同的环境,因为网络空间只是信息圈的次级区域。除了网络空间之外,信息圈还包括信息的线下空间和模拟空间。广义信息圈是与现实同义的概念,前提是用信息化的方式来解读现实。这时,现实是信息化的,信息化的也是现实。"①卢西亚诺的狭义和广义信息圈的概念有些类似本书上述对"数字环境"的两种理解,狭义信息圈类似于数字技术构成的信息环境;广义信息圈则包括数字技术与人一起构成的数字环境。

显然,这种对数字环境的不同理解也影响了研究的路径、方向的差异性。本书将数字环境—行为研究的研究路径分为如下三种:

---

① [意]卢西亚诺·弗洛里迪:《第四次革命:人工智能如何重塑人类现实》,王文革译,杭州:浙江人民出版社,2016年,第8页。

（1）数字环境—行为研究1

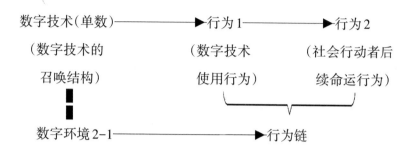

或者

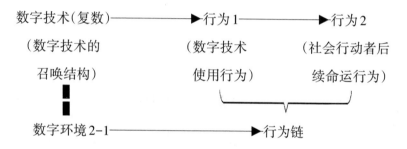

注：此处的"数字环境2"即表3-2中"数字环境2"，"数字环境2-1"即指表3-2中数字技术作为环境。

第一种理路探讨数字环境对社会行动者行为的研究，即数字环境—行为研究1，这种理路是将数字技术自身视作环境，考察数字技术的内在结构对社会行动者行为的影响。此处社会行动者的行为是一种行为链，包括从时空上接续的两种行为，一种是社会行动者对数字技术的使用行为，一种是社会行动者在使用数字技术后，社会能量发生变化时/后的后续行为。因此，这种研究理路主要考察数字技术自身作为环境对社会行动者命运行为的影响。如上所述,这种研究理路下的数字技术既包括单数的也包括复数的数字技术。基于此来探讨数字环境对社会行动者命运行为的影响。

(2)数字环境—行为研究2

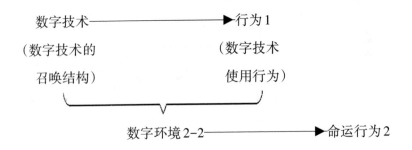

或者

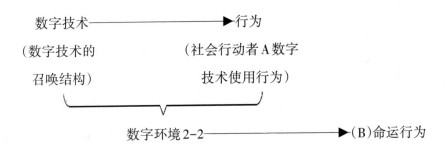

第二种理路即数字环境—行为研究2,是将数字技术和人一起视作数字环境,这种理路又可以分为两种情况:①考察这种数字环境对社会行动者自身行为包括媒介使用行为和命运行为的影响,这两种行为往往并不是即刻接续发生的,而是两种行为之间有着时空延后性。这种情况下,媒介技术使用者和命运行为的施动者是同一人。②这种数字环境虽然仍然是由数字技术和人一起构成,但是与①不同的是,在这种情况下,数字技术的使用者和命运行为的施动者并非同一个人,为了方便介绍,在此将其分为A、B两人。假设A是数字技术使用者,B为命运行为施动者。在这种情况下,数字环境是A使用数字技术形成数字环境,然后考察这种数字环境对社会行动者B命运行为的影响。这种理路根据前述对数字环境的理解,属于数字技术—人的结合这个角度去思考数字环境。例如:

> 从2006年开始,拉面哥的面就是3块钱一碗,直到今天,15年过去了,一直没有涨价,一碗面他只能挣几毛钱而已。……自从他红了之后,不少人专程来到这里拍摄视频或者做直播。起初,拉面哥并没什么感觉,还很开心地和大家互动,他也没想过这件事会对他的生活造成很大的影响。
>
> 如今,来拍摄的人越来越多,有的时候,小小摊位周围围得水泄不通,来吃拉面的客人都没有位置坐,没出摊的时候就有人在等着。拉面哥回家时,还有人跟到他的家里。拉面哥无奈通过媒体发声,他说,只想回到正常的生活,不想被人打扰,平平淡淡地过自己的日子,他也希望网友不要再来拍了。[1]

在上述这个案例中,我们可以看到拉面哥受到了那些专程过来拍他的网友媒介使用行为的影响。这些网友使用媒介技术,构成了数字技术—人组合的数字环境,这种数字环境对拉面哥的命运行为带来影响。正如案例中所述,拉面哥"只想回到正常的生活,不想被人打扰,平平淡淡地过自己的日子"。

---

①《网红拉面哥只想过平静日子,却依旧被众人围观,围得水泄不通》,《海峡消费报》,https://baijia-hao.baidu.com/s?id=1693175346158227902&wfr=spider&for=pc。

(3)数字环境—行为研究3

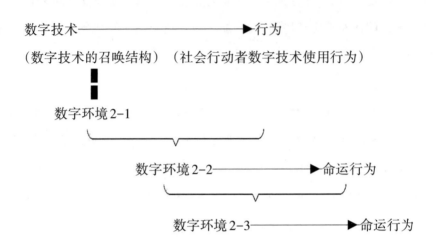

第三种理路是一种更为宏观地对数字环境理解的视角,将数字技术—社会视为一种数字环境,即将前述数字环境2-1和数字环境2-2对社会行动者命运行为的影响结果作为一种宏观意义上的数字环境,考察这种数字环境对社会行动者命运行为的影响。例如：

> 新华网发布了《95后就业观》一文,调查结果令人瞠目结舌……有54%的95后最向往的职业竟是网红、主播。而相关机构在北京各区小学做的抽样调查结果更加惊人。结果显示,有近80%的小学生长大后的理想是成为一名网红! [①]

在这种整体的数字环境下,有些人靠着做网红而收入颇丰,这种数字环境甚至影响了小学生的价值选择。这其实便是我们此处所谓的整体的宏观的数

---

① 《80%的小学生想当网红,3年级就成"美妆达人"……我们的孩子怎么了?》,搜狐网,https://www.sohu.com/a/239837097_519692。

字环境对社会行动者命运行为的影响。

总体而言,数字环境既包括技术等物的环境,也包括使用者在内的人的环境。数字环境2-1即数字技术本身作为环境是前提,数字环境2-2即社会行动者对数字技术的使用是基础,是一种数字生态环境。在考查数字环境对社会行动者行为的影响时,需要将这两种环境考虑进去。因此,本书在后面两章会分别从这两个层面对社会行动者命运行为的影响进行理论和经验层面探讨。

从上述三种研究理路的介绍中,我们可以看到,本书主要是以个体社会行动者为研究对象,分别考察数字技术(单复数)作为环境以及数字技术—人作为环境对社会行动者命运行为的影响。上述,一方面是数字技术作为数字环境,另一方面,数字技术—人或者说数字环境—人实质上构成了数字生态系统,因此,上述数字环境2-2,2-3实际上可以视为数字生态系统,即数字环境作为数字生态系统。这种研究理路也构成了本书"下编专题应用"章节的研究框架。

如上所述,本书结合行为链的概念,将数字环境/数字技术对人的命运行为的影响,分为两个部分:一个是直接行为,也即社会行动者在数字技术的召唤结构下使用数字技术的行为,这种行为使得社会行动者的社会能量发生了变化。例如,近期,安东尼的研究团队在《自然》杂志上发表了一项和媒体多任务行为相关的研究。他们发现,那些具有较重的媒体多任务行为的参与者,其工作记忆和情景记忆的能力会降低。文章的主要作者、斯坦福大学心理学系的博士后凯文·马多尔说:"那些经常一心多用的人,记忆力通常会比较差,因为他们维持持续注意力的能力很低。"这一结论在其他一些研究中也得到了验证。一项发表于2016年的文章研究了149位参与者(包括13~24岁的青少年和成年人)在边听演讲边阅读时的大脑活动。结果显示,这种一心多用的方式,不仅加重了参与者大脑中前扣带脑区的神经活动,也会导致记忆效果变差。一心多用让大脑更倾向于探索而非记忆。①另一个是间接行为,也即社会行动者在社会能量变化的状态下参与社会互动的行为,这种行为及其引发的社会行动者社会能量的变化结果,研究者将其视为人的命运,包括即刻命运、评价命运和趋势命运。

当然,鉴于社会行动者行为的复杂性,这种对直接行为和间接行为的划分只能是相对的。无论是直接行为,还是间接行为,其本身是一种行为流。例如,社会行动者使用数字技术,便会经历关注、拿起、开机等行为。而这种直接行为和间接行为连在一起,则构成了社会行动者在数字环境/数字技术影响下的社会性行为链,揭示了数字环境/数字技术如何影响社会行动者的命运行为。而这也是"数字环境—命运行为"研究的基本核心要义。

此外,媒介环境学者朗格提出了社会行为形式的四阶段概念,如下图3-2所示。

朗格认为,一切有机体过程都呈现出这种形式,行为的四阶段结构是一切有机体过程的基本单位。②如图3-2所示,此模型中的行为,应当考虑行为的背景、行为的理由、行为的过程、行为的结果等环节。数字技术/媒介/环境对上述行为的各个环节都会产生影响。例如,社会行动者使用媒介后,自身社会能量受到影响,而这成为社会行动者命运行为的背景;社会行动者在采取行动时,往往有时会学习借鉴媒介中的案例,包括经验和教训等,这成为其采取行动的理由之一;在社会行动者行动的过程中,也许会利用媒介作为工具,这体

---

① 《玩电脑时刷手机或改变大脑结构 可能让你记忆衰退》,今日头条,https://www.toutiao.com/i6893325515042587149/?tt_from=weixin&utm_campaign=client_share&wxshare_count=1&timestamp=1612665977&app=news_article&utm_source=weixin&utm_medium=toutiao_ios&use_new_style=1&req_id=202102071046170101351572171D2AF333&share_token=91DD5A2D-6127-4ED7-BF8B-7939A9B9D60&group_id=6893325515042587149。

② 转引自[美]林文刚:《媒介环境学:思想沿革与多维视野》,何道宽译,北京:中国大百科全书出版社,2019年,第444~445页。

现出媒介环境对社会行动者行为过程的影响。同时,在时间维度的社会命运行为中,社会行为的展开的不同阶段也会受到数字环境的影响。

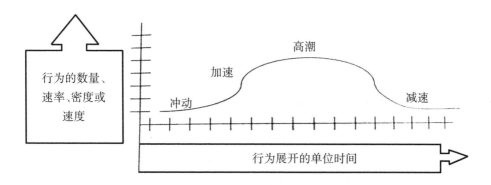

图3-2　朗格行为形式四阶段概念示意图
说明:根据朗格的行为形式概念,一切有机体活动都呈现出四个阶段。

　　总而言之,在本书中,研究者按照数字环境分类3,将数字环境分别视为地点、场所、空间,将本书分为三章;进而按照数字环境分类2,分别将数字技术自身视作数字环境,将数字环境视作数字技术和人的结合,将数字环境视为数字技术—社会的结合,去思考数字环境对社会行动者命运行为的影响。在数字环境—行为研究理路中,要注意的是,数字环境影响社会行动者的命运行为,在数字环境下,借鉴环境行为学研究,此处的环境应该是指一些特定的环境,如私密性、个人空间、领域性、拥挤、潜在环境、噪声等。那么,在数字环境下,这些环境是不是还存在,或者是以一种什么样式存在,这个需要进一步研究。我们可以将数字环境视作虚拟环境、媒介环境、匿名环境、虚假环境、拟人环境、智能环境、私密环境等,即数字环境4,考察这些数字环境对社会行动者行为的影响。

　　本书的一个总的思路便是考察上述数字环境对社会行动者命运行为的影响。本书认为数字环境影响了社会行动者的社会能量,在这种生命能量变化的基础上,社会行动者通过自我反思性监控能力,意识到自身内在已有和外在的能量资源状况,以及意识到规则的状况,这种资源和规则作为结构因素影响了其后续的行为,一方面起到了限制作用,另一方面也有促动作用。于这种情况下在一些具有重要意义的决定性时刻做出的行为便是数字环境的影响下的命运行为。由此,本书提出了数字环境–行为研究的数字环境的唤醒理论。

三、数字环境的唤醒理论

我们在上述从机制和研究进路两个方面概述了本书探讨数字环境——行为研究的理论框架,认真梳理了不同类型的数字环境对人的命运行为的影响的可能情况。在此,还需要进一步明确的是,这种数字环境对社会行动者命运行为的影响,它的机理是什么? 为此,本书提出了"数字环境的唤醒理论"。

(一)相关理论回顾

唤醒理论认为,个体在面对环境刺激时,个体的唤醒程度会发生改变,唤醒水平被认为是环境对个体行为产生影响的重要中介过程。不同程度的唤醒水平,对个体的行为会产生不同的影响。唤醒水平增强主要体现在自主性活动等生理反应增强,例如心跳加快、血压升高、呼吸频率加速、肾上腺分泌增多等,此外还可表现为肌肉运动等行为反应增强,或者个体自我报告唤醒水平有所提高。[1]

从社会能量视角来看,上述唤醒理论论及环境对个体生理、心理能量的唤醒作用,但是并未明确论及对个体其他社会能量的影响。借用此环境唤醒理论,我们认为数字环境对个体/社会行动者同样具有唤醒作用,但并不仅仅局限于生理、心理能量。例如:

---

[1]　房慧聪:《环境心理学:心理、行为与环境》,上海:上海教育出版社,2019年,第35页。

美国一项研究表明,花在社交媒体上的时间越多,感觉与社会隔绝的可能性越高。为了检视社交媒体的使用与社会隔绝感之间的关联性,美国匹兹堡大学(University of Pittsburgh)的研究人员,招募了1787名年龄介于19至32岁之间的成年人,并询问他们使用脸书、推特、Instagram、YouTube、Reddit等11个常见社交媒体的时间和频率。他们采用一种自评系统,让参与者报告自己的心理状态,并借此来测量其社会隔绝感。结果发现,这些参与者每天平均花费61分钟在社交媒体上,而其每周使用社交媒体次数的中位数为30次。在所有参与者中,有27%的人认为自己有高度的社会隔绝感。就整体而言,使用社交媒体越频繁的人,其社会隔绝感越高。[①]

从上述研究结果可以看出,社交媒体使用越频繁,就会使使用者越呈现出与社会隔绝的社会能量状态,这个便涉及对行动者的社会关系能量水平的影响。

数字技术的一个显著影响在于对社会行动者生命本身的影响,而不是像有的观点所认为的"命运"中的"命"是确定的。在数字技术的赋能下,"命"也变得具有不确定性。例如,据报道,可穿戴健康监测设备能克服患者管理的时空限制,对患者进行实时跟踪管理。而且,基于监测数据,可穿戴设备能够自动预警,提醒存在健康风险的患者及时就诊,避免严重并发症的发生。[②]因此,数字技术通过提升生命质量,延长生命时长,提升了社会行动者的生命能量。

---

① 《研究显示使用社交媒体越频繁　越与社会隔绝》,爱运营网,https://www.iyunying.org/seo/dataanalysis/100373.html。

② 《可穿戴设备助力慢病防控》,今日头条,https://www.toutiao.com/w/i1677697560417288/。

(二)数字环境的唤醒理论

1.理论内容

正如前述,数字环境实质上是一种人化环境,数字技术及数字技术和人构成了数字环境。一方面,数字技术是由研发人员开发,由此数字技术自身便内嵌着人的因素,另一方面,数字技术的指向是人,是社会,是由人来使用的,因此,数字技术和人一起构成了数字环境。

因此,数字环境的唤醒理论应为:基于数字技术的召唤结构,以及社会行动者对数字技术的使用需求,在由数字技术及数字技术和人构成的数字环境中,数字环境唤醒了社会行动者的社会能量水平,进而影响了社会行动者的行为,这种行为包括对数字技术的使用行为和社会行动者的后续命运行为,即数字环境影响了社会行动者作为行为和结果的命运。

本书将社会行动者的行为分为一阶行为和二阶行为等,或者如前述的直接行为和间接行为。基于数字技术的召唤结构,以及社会行动者对数字技术的使用需求,数字环境唤醒了社会行动者的社会能量水平,影响了社会行动者对数字技术的使用行为,在这种使用行为下,社会行动者的使用后果又可以分为两个不同的层面,一种是提升了其自身的社会能量;一种是降低了自身的社会能量总量,正是在这个社会能量变化的基础上,继续影响了社会行动者的后续或者二阶行为。因此,这种影响可以是正向的也可以是负向的。例如,据媒体报道,2019年4月30日下午贵阳市某建筑工地发生塔吊倒塌事故,导致一人死亡,据事后调查,塔吊司机在起吊过程中使用手机视频聊天,从而造成违章违规操作,导致塔机倾覆。①

从上述案例中,结合前述的数字环境唤醒理论,我们可以看到,作为数字技术的手机,此处作为一种数字环境,在这种数字环境下,基于手机的召唤以

---

① 《塔吊司机接听手机从20米高坠落,又是因为施工时玩手机导致死亡事故!》,百度网,2021-02-06,https://baijiahao.baidu.com/s?id=1690877490027015608&wfr=spider&for=pc。

及塔吊司机的使用需求,这种数字环境唤醒了塔吊司机的社会能量,通过"使用手机视频聊天",导致在机器操作中分心,做出违章违规操作,导致塔机倾覆,造成事故。显然,并非手机导致这一悲剧性结果,而是玩手机或者说使用手机视频聊天这一媒介的使用行为引发了塔吊司机在后续关键操作中的不当行为,进而导致这一悲剧性命运结果。因此,认识到这一点,能够帮助人们正确认识到数字技术——此处指手机的作用。

需要注意的是,社会行动者社会能量总量的变化。虽然使用数字技术,一个共同点都是消耗了其自身的生理能量和心理能量及物理能量等,但是就使用后的社会能量总量而言,却是不同的,有的总量提升了,有的总量却下降了,这最终影响了其后续或二阶行为。

因此,这便涉及社会行动者对数字技术的使用是否适宜的数字技术伦理问题。可以说,不适宜的对数字技术的使用,会使社会行动者的社会能量总量下降,适宜的使用行为则会提升其社会能量总量,进而都会影响其后续的行为及其结果或者说命运。对于这一点,研究者在结语部分会进行探讨,此处暂时先不展开。

2.理论框架

依据前述理论内容,本书将其理论框架呈现为如图3-3所示形式。

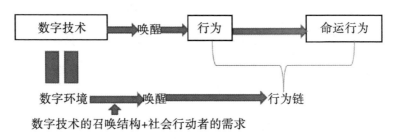

图3-3 数字环境的唤醒理论

如图3-3所示,数字技术本身作为环境,无论是作为单数的还是作为复数的数字技术,例如数字游戏等技术,其精致的画面及声音等来自视听觉的刺激,能够唤醒社会行动者或者说潜在使用者的社会能量水平,这种唤醒的机制是通过数字技术的"召唤结构"和社会行动者的使用需求共同起作用的。潜在使用者进而在这种唤醒的社会能量状态下决定是否使用数字技术,第一,因为没有这种需求,虽然受到了数字技术的召唤,但是也没有使用数字技术。第二,在数字技术的召唤下,社会行动者也有这种使用需求,继而使用数字技术,这种使用又会进一步提升或降低使用者的社会能量水平,并最终影响使用者的后续命运行为。例如:

> 湖南41岁的陶女士从事微商工作,大量使用手机导致她两年前患上了视神经炎,可由于忙于工作,未谨遵医嘱按时规范化治疗,使得旧疾复发,近日,她入院治疗,但无法再完全康复。……目前,陶女士想要完全恢复视力已是不可能的,只能定期治疗保证不再恶化。[①]

在此案例中,陶女士因为大量使用手机,从而导致患上了视神经炎,无法完全恢复原先的视力水平,即影响了她自身的生理能量水平。

又如,一位程序员自述了其"编程久了",即使用数字技术时间长了之后,对其思维方式的影响:

> 本人曾经是程序员,编程久了,多少都会改变人的说话和思维方式。比如,有段时间,我会经常观察别人说话到底是什么结构的,是顺序结构、选择结构还是循环结构;又比如,我跟教务办的人说,以后我的课默认在实训室上;思考问题的方式容易公式化吧,比如if … then… else …算法的形成,编写代码的过程,或多或少会影响他们的思维方式。至于性格,他

---

① 《女子每天盯手机10小时,右眼视力骤降,无法再完全康复》,百度网,https://baijiahao.baidu.com/s?id=1695738129933936002&wfr=spider&for=pc。

们也不是都一样,各种性格特点的都有。[①]

上述这些例子指出了社会行动者使用数字技术后,这种使用行为对其包括生理能量、心理能量以及社会关系能量等社会能量状态的影响。

依据前述,社会行动者的数字技术使用行为和命运行为之间有两种可能:一种是即刻的接续;一种是时空延后的情况。

例如,新近研究显示,暴力游戏和攻击行为之间存在直接关系。一些研究者还指出,电子游戏激发的脑暴力反应模式与真实攻击行为的模式是相同的。德国蒂宾根大学的拜尔博默(Birbaumer)指出,人们玩电子游戏的时候,这些神经回路通常都会得到强化,因此当人们面对类似的真实情境时,攻击性就会被启动。[②]

再如一个反面的例子:

> 近日,河南信阳一所中学组织学生砸手机的视频在网上热传,这条新闻也迅速登上微博热搜。4月11日,针对网友的质疑,该校校长表示,"就砸了两个学生的手机,是配合家长要求"。至于为什么砸,校长解释,快中考了,有家长管不住自己的孩子玩手机,家长为了教育孩子而让学校砸手机,还写了承诺书,学生也赞成。[③]

上述这个例子从反面说明了学生的手机使用行为已经对学生学习行为产

① 《编程真的能改变人的思维方式吗?》,今日头条,https://www.toutiao.com/answer/683881561220 8021767/。

② 经济合作与发展组织编:《理解脑——新的学习科学的诞生》,周加仙等译,北京:教育科学出版社,2014年,第83页。

③ 《学校组织学生集体砸手机明志?"迁怒式"教育不可取》,澎湃网,https://www.thepaper.cn/newsDetail_forward_12175269。

生了重要影响。

从媒介环境学视角来看，媒介是一种社会环境，在某种程度上界定了人的互动和文化的生产。[①]这是数字技术本身作为数字环境，是本书思考数字环境对社会行动者命运行为影响的最基础的一种。如前所述，在此基础上，又派生出了两种形式。

（1）数字技术—人作为数字环境

数字技术—人作为数字环境，即在上述数字技术（单数或复数）对社会行动者的社会能量水平唤醒，进而影响其使用数字技术行为和后续命运行为基础上，将这种社会行动者使用数字技术作为一种综合体，即数字技术—人作为数字环境。

在数字技术的召唤结构和社会行动者（A）自身的社会需求作用下，社会行动者（A）使用数字技术，这种数字技术—人构成数字环境，本书认为这种数字环境也能唤醒其他社会行动者（B）的社会能量水平，并最终影响使用者（B）的后续命运行为。

这种情况又可以继续分为两种，依据数字技术—人这一综合体的行为是否指向其他人，一种是数字技术—人，即A使用者使用数字技术的行为指向了B，或者说与B有关联，在这种情况下，考虑数字技术—人作为数字环境对B命运行为的影响。例如，前述"拉面哥"的案例所示。那些网友使用各种数字设备构成了数字环境，他们使用这些数字设备跟踪拍摄拉面哥，即这些网友的数字技术使用行为指向了拉面哥，给拉面哥的生意带来了直接的影响，最终影响了拉面哥的命运行为。对此，莱文森曾以手机为例论及手机使用对人际关系的影响。他认为："手机铃声和打电话的声音越是近，就越是带有侵犯性，无论那家饭店的烹饪术和文化品位是多么高尚。打电话对同桌朋友的侵犯，比对

---

① Simon Lindgren, *Digital Media and Society*, SAGE Publications Ltd, 2017, p.30.

邻桌顾客的侵犯更加严重,其原因就在这里。"①

另一种是数字技术—人即 A 使用者使用数字技术,但是并没有明确的指向对象,在其周围的人却有可能会受到其使用行为的影响,进而影响到在其周围的人的命运行为。例如:

据了解,这名男子是一名医生,当时他与同伴三人去了这家游泳馆游泳,可没想到男子刚下水 20 分钟,就发生了意外。最让人意想不到的是,他趴在水中 50 多秒,竟然没有人去施救,而当时游泳馆的工作人员离他仅仅只有几米,但一直都没有发现男子的异状。

从现场的监控中可以看到,当时男子游到岸边后,便一直趴在水池边上,在他的身边一名工作人员当时一直低着头玩手机,全程没有抬头,渐渐男子体力不支后,直接整个身体进入水中,大概 50 秒的时间后,一位同伴游到男子身边,发现男子不对劲后,立马呼喊了工作人员,可两人将男子抬到地上施救时,男子却已经没有了呼吸。②

在上述案例中,游泳馆的工作人员当时"一直低着头玩手机",这便是我们此处所谓的由数字技术—人构成的数字环境,在这种数字环境下,工作人员对手机的使用行为并没有明显的指向性,但是从这个案例中我们可以看到,溺水的男子的命运却受到了工作人员"一直低着头玩手机"这种数字技术使用行为

---

① 　[美]保罗·莱文森:《手机:挡不住的呼唤》,何道宽译,北京:中国人民大学出版社,2004年,第73页。

② 　《31岁男医生游泳馆溺亡,工作人员玩手机未发现,家属:就几米距离》,今日头条,https://www.toutiao.com/i6978357205934424583/?tt_from=weixin&utm_campaign=client_share&wxshare_count=1&timestamp=1625110459&app=news_article&utm_source=weixin&utm_medium=toutiao_ios&use_new_style=1&req_id=20210701113419010135163079060F66A&share_token=8C24D06C-8157-4672-868A-55F3033C23DB&group_id=6978357205934424583。

的影响。

依据前述，在上述两种情况下，数字技术—人这种数字环境会对社会行动者 B 的命运行为产生影响，即可能会提升或降低 B 的社会能量水平，并进而影响其后续的命运行为。

(2)数字技术—社会作为数字环境

也即上述数字技术—人的复数形式。社会行动者能够感知到社会上对于数字技术或者某种数字技术的使用，在数字技术的召唤结构和其自身的社会需求作用下，这种数字环境也能唤醒社会行动者的社会能量水平，并最终影响使用者的后续命运行为。例如，据媒体报道，家住咸阳市的王某某今年 59 岁，他在为其爱人办理社保卡激活手续时，是在办事大厅的智能机上办理的，但需要工作人员协助，据他说，如果没有智能手机就特别难办。他表示，数字化时代来临，很多老年人跑不过网络，但老人们还是很想融入社会潮流。希望社会多给老年人一些适应期，尽可能帮帮他们。①

如这个案例所示，数字社会、智能社会的建设，更多的人使用数字技术，但是对于那些老年群体而言，是个很大的挑战。对此，我们不仅在上述案例中，在新冠疫情防控期间也可以看到许多类似案例，某些老年人因为不会使用数字技术而在自己的生活中遭遇到各种各样的困难，可以说这已经影响到这些人的命运。

从上述分析可以看出，数字技术自身作为数字环境对社会行动者的影响是一个基本单元。然后数字技术—人作为一种综合体数字环境继续对其他社会行动者产生影响，像一个连环锁一样，一环套着一环。但最基础的便是数字技术自身作为数字环境对社会行动者的影响。这是一个基本因子，由此派生了数字技术—人及数字技术—社会这两种数字环境。

---

① 《请等等"跑"不过网络的老年人》，百度网，https://baijiahao.baidu.com/s?id=16823008594249691 34&wfr=spider&for=pc。

本书将聚焦数字技术以及数字技术—人这两种数字环境对社会行动者命运行为的影响进行探讨。

从上述分析中可以看到,在数字环境的唤醒理论中社会能量所起到的作用。也就是说,无论是数字技术作为环境,还是以此为基础而派生出的数字技术—人及数字技术—社会这种数字环境,都唤醒了社会行动者的社会能量水平的变化,或高或低,或提升或降低,社会行动者正是在这种因为数字环境而带来的社会能量水平状态下,做出命运行为的选择。

如上述,强调或者指出数字技术的唤醒理论,可能会有一种危险,就是可能有人会过于强调数字环境/数字技术的影响,从而弱化了或者说忽视了来自其他社会因素对使用者使用数字技术/产品行为的影响,进而不恰当地将社会行动者的后续行为都归因于数字技术/数字环境,这显然是不妥当的,是需要避免的。正如有论者所言:"不同于技术决定论,我们必须认识到技术仅仅是工具而非能动体,既然作为工具,技术则可以被用来达到好的或不好的目的。我们要认识到社会行动者实际使用技术用来做什么。"[①]本书探讨数字环境对社会行动者命运行为的影响,如前述,便是强调社会行动者的数字技术使用行为对后续命运行为的影响。

需要注意的是,本书虽然探讨的是数字环境对社会行动者命运行为的影响,但并不是环境决定论的,或技术决定论的,本书指出了社会行动者是自己"做"出了这个行为,是在经过理性考量,综合考虑到当时当地其所能利用的规则及所能支配的资源或能量而做出的行为选择。在这一点上,本书又是与新功利主义所强调个体的功利主义考量不完全一致。例如,新功利主义的代表人物奥尔森便提到,个体是独自、独立地做决定的,并且做出什么决定,仅取决

---

① Simon Lindgren, *Digital Media and Society*, London: SAGE Publications Ltd, 2007, p.62.

于这个个体对集体财物是不是有所贡献。①

本书认为，社会行动者在做出命运行为时，一方面是自己做出这个选择行为，但是另一方面，这种选择却是受到数字环境的影响的，这种环境一方面是技术的，另一方面则是社会的。

本书探讨数字环境对社会行动者命运行为的影响，并没有"环境决定论"的主张，同时，在论及规则和资源在对社会行动者行为的影响时，也没有"规则决定论"的主张。实证主义者往往强调环境和遗传天赋的决定性影响，而帕森斯主义者则凸显了规则和价值的决定性影响，加芬克尔却认为：

> 帕森斯的行动模式和实证主义的行动模式根本没有不同，因为实证主义的环境和遗传天赋，与帕森斯的规范和价值根本没两样。实证主义和帕森斯都忽略了行动者的反思能力与再三思考的能力。②

本书则需要在面对数字环境的影响时，看到社会行动者，看到人的选择，即便这种选择是"戴着枷锁的"，当然，这种限定性的条件或规则资源，既可以是枷锁，同时也未尝不可以成为有利的能量。

社会行动者的行动能力虽然是有限的，但需要指出的是，这毕竟是社会行动者自己做出的选择，而不是由环境或规则或他人替他做出的。尤其是在一些决定性时刻，这些决定性时刻的选择决定了社会行动者的即刻命运。

吉登斯认为，需要个体的反思性努力，他强调了个体的反思性。这其实是与其在结构化理论中对结构的理解，即认为结构是某种存在于个体内部而非

---

① 转引自［德］汉斯·约阿斯、沃尔夫冈·克诺伯：《社会理论二十讲》，郑作彧译，上海：上海人民出版社，2021年，第110页。

② 同上，第144页。

外部的事物,与思维模式和记忆痕迹之中的一种虚拟存在是一脉相承的。[①]

如前所述,在数字技术使用的影响下,社会行动者的社会能量发生变化,结合在一些决定性时刻社会行动者所能利用的规则和资源,社会行动者的生命能量总量发生变化,正如前述,本书认为"命""运"相融,因为"运"里有"命"的因素,即"运"指社会行动者在某决定性时刻所面临的规则和资源,如果规则和资源能够为社会行动者所用,则这种外在的变化场景下的规则和资源便属于社会行动者的"命",即社会能量的组成部分。如此,"命"和"运"结合在一起,即对于社会行动者而言,已有的规则和资源和外在的能够为己所用的规则和资源与那些不能为己所用的规则和资源构成了"命运",组成了结构,即成为吉登斯结构化理论意义上的"结构",一种包括规则和资源的结构。

因此,对于作为结构的规则和资源,一方面,结构具有结构使动和制约二重性,即结构本身即具有使动性;另一方面,面对结构的制约性,社会行动者也不是被动的存在,实际上,作为人的行动者在面对这些"规则"和资源的制约时,根据萨特的说法,人的任何存在状态都是人的自由选择:

> 人除了他自己认为的那样以外,什么都不是,这是存在主义的第一原则。……人首先是存在——人在谈得上别的一切之前,首先是一个把自己推向未来的东西,并且感到自己在这样做。[②]

也就是说,人行动者在面对社会场域下"规则"和资源的制约和约束,例如面对数字技术的"召唤"时,人行动者仍然是具有自主选择的。正如前述,对于社会行动者而言,生命能量/社会能量作为资源,对社会行动者形成某种约束,但是社会能量又作为能"力"而存在的,因此,它又推动着社会行动者的下一步

[①]　转引自[英]菲利普·史密斯:《文化理论——导论》,张鲲译,北京:商务印书馆,2008年,第218页。

[②]　转引自赵敦华:《现代西方哲学新编》,北京:北京大学出版社,2001年,第127页。

的行为。当然,这仅仅是指出了人行动者选择的可能性,至于具体选择的现实,则还要视不同的人行动者的社会能量状态而定,即视人行动者所拥有的社会能量资源而定。正如有论者所指出的:"必须将萨特和帕森斯的思想总和起来。必须在强调人类行动的自由与创造性的同时,承认规范与价值的存在,因为唯有如此,他才能解释社会关系的稳定性。"①

我们指出了人行动者的自主选择的可能性,也为我们其后指出人行动者在依赖数字技术时,断离的可能性。

---

① ［德］汉斯·约阿斯、沃尔夫冈·克诺伯:《社会理论二十讲》,郑作彧译,上海:上海人民出版社,2021年,第374页。

第四章　数字技术召唤结构与社会行动者命运行为

一、数字技术的"召唤结构"

正如上述,数字环境具有多个不同层次,既可以是指单数或复数的数字产品,又可以是指人—数字产品的组合。本章在这个层面上探讨数字技术的召唤结构。

(一)"召唤结构"释义

关于"召唤结构",德国著名文论家伊瑟尔提出:"文学作品中包含着意义空白与意义未定性,它是联结创造意识和接受意识的桥梁,是前者向后者转换的必不可少的条件。它促使读者去寻找作品的意义,从而赋予他参与作品意义构成的权利。正是意义未定性与意义空白才构成了作品的基础结构,此即'召唤结构'。"①伊瑟尔在文中明确地指出文学作品的"意义未定性和意义空白"构成了作品的"召唤结构"。这意味着作家所创作的文本,只是"一种存在

---

① ［德］沃尔夫冈·伊瑟尔:《阅读活动——审美反应理论》,金元浦、周宁译,北京:中国社会科学出版社,1991年,第11页。

着意义可能性的图示化结构或潜在结构,有着不确定性"①。

伊瑟尔这一对文学作品"召唤结构"的界定,对研究者研究数字技术也颇具启发价值。我们可以将数字技术视作某种由技术研发人员完成的类似文学作品的"作品",这一作品凝聚着数字技术研发人员的知识,但是仍然具有不确定性,需要用户在使用中参与创造。也就是说,原先研发人员所设计的或者说所预期的能否实现,这个还是要视用户的使用而定。因此,从接受美学的角度而言,研发人员和用户一起才能完成一个完整的"文本"或"作品"。例如,收音机一开始并不是为了大众传播而研发的,恰恰相反,收音机一开始是面向窄播的,是期待着一对一对话的。正如伊瑟尔所说:"作品的意义只有在阅读过程中才能产生,它是作品和读者相互作用的产物,而不是隐藏在作品之中,等待阐释学去发现的神秘之物。"②

对于社会行动者而言,数字技术作为文本,具有"作品的未定性和意义空白",这些因素召唤社会行动者去使用数字技术/产品。

(二)数字技术的"召唤结构"

1.数字技术召唤结构的"结构"

如上所述,伊瑟尔指出文学作品的"召唤结构"由作品的"意义未定性和意义空白"构成,伊瑟尔把这种结构潜能称为"隐含的读者"。正是这意义未定性和空白,使得文本在面对读者时具有无限潜在性,感召、激发和促使读者参与到与文本的互动中,参与到意义的创造中,体现出文本对读者的召唤和影响。当然,在这种互动中,读者会将自身的生活经历、文化修养、文学趣味等因素带入其中,从而影响他/她对文本的接受。正如伽达默尔所言:"一个有历史修养的解释学家虽然将传统的视界与其自己的时间视界相区别,但是其理解实际上也含有两个视界的交互作用。在理解中对历史视界的规划,这一视界与当

---

① 龙柳萍:《试论召唤结构与期待视野》,《柳州师专学报》,2005年第2期。
② 胡经之、张首映:《西方二十世纪文论史》,北京:中国社会科学出版社,1988年,第275页。

前的视界不同,是无效的;理解意味着一个新的历史视界的获得。"①这种阅读的过程,既是视界融合的过程,同时也是读者在结构召唤下参与文本意义创造的过程。

如果我们将数字技术视作某种"作品",一种含有"意义未定性和空白性"的作品,那么,这种"技术作品"便类似文学作品,具有一种结构潜能,召唤用户接受、使用,进而完成"技术作品"的创作。显然,技术用户在使用过程中会将自身过往的经验及对技术的期待带入其中,技术用户会带着自身的期待视野将文本中的"空洞"都填补好,把技术文本的结构真正完善,进而使"第一文本"成为一个完善的技术产品。当然,正如伊瑟尔所言:"每一部文学作品在原则上都是未完成的,总有待于进一步的补充,而且从文本的图式化结构来看,这一补充是永远不能完成的。"②对于技术作品而言也是如此。

因此,我们在此将作为技术作品的数字技术的召唤结构分为两个方面:意义未定性和意义空白。

(1)意义未定性

正如前述,文本的读者参与到文本意义的创造中来,与文本进行对话,读者自然会将自身的期待视野带入对话中,由于读者的期待视野不同,对作品的解读,所阐释出的文本意义也是多变的,因而作品的意义便具有很多"未定性"。这对于数字技术作品而言,也是如此,例如:

　　阅后即焚对于许多移动互联网用户来说都不陌生。在色拉布(Snap-chat),分享者可将图片预先设置0~10秒中任意的显示时间,时间一到图

---

① 　[德]伽达默尔、杜特:《解释学 美学 实践哲学:伽达默尔与杜特对谈录》,金慧敏译,北京:商务印书馆,2005年,第20页。

② 　[德]沃尔夫冈·伊瑟尔:《阅读活动——审美反应理论》,金元浦、周宁译,北京:中国社会科学出版社,1991年,第205页。

片即消失。这个功能吸引了许多用户，也让 Snapchat 在美国迅速火爆。我们看到了陌陌、支付宝等应用中纷纷加入阅后即焚功能，也出现了"来往""咔嚓"这样主打阅后即焚的应用。

然而奇怪的是，Snapchat 在国外越来越受宠，这一点从财报中增长的营收就能够感受得到。而在中国，阅后即焚应用出现也已有六七年的时间，却没一个成为爆款。实际上，除了考虑人性需求的共通之处，中国的互联网从业者还应当考虑到中国与外国文化环境及用户思维之间存在的差异。①

在上述这个例子中，我们可以看到，由于中美两国用户思维等方面的差异，使得同一款技术产品有着不同的结果。

（2）意义空白

伊瑟尔指出："未定性这一术语用来指在意向性客体的确定性或图式化相关的序列中的空缺；而空白，则指文本整体系统中的空白之处。对空白的填充带来了文本模型的相互作用。"②"文本和读者的相会使文学作品真正进入存在，但这种相会绝不可能被准确地定位，当它既不等于文本的实现，又不等于读者的个别意向时，它总会留下有待填补的空白部分。"③因此，空白是一种动力因素，是"一种寻求缺失的连接的无言邀请"④。数字技术的召唤结构也具有空白性，等待着用户去填补完成。例如，无论是从市场因素，还是从社会因素

---

① 《阅后即焚应用Snapchat海外受宠，它的"中国门徒"为啥不温不火？》，百度网，https://mbd.baidu.com/newspage/data/landingsuper?context=%7B%22nid%22%3A%22news_9260594259183501267%22%7D&n_type=-1&p_from=-1。

② ［德］沃尔夫冈·伊瑟尔：《阅读活动——审美反应理论》，金元浦、周宁译，北京：中国社会科学出版社，1991年，第220页。

③ 蒋孔阳：《西方美学通史》（第7卷），上海：上海文艺出版社，1999年，第309页。

④ 张廷琛：《接受理论》，成都：四川文艺出版社，1989年，第52页。

而言,机器人都是指向社会的,或者说它需要召唤它的使用者。

显然,根据伊瑟尔的观点,文本中的"意义未定性和空白性"作为召唤结构,是作者和读者的联系纽带,同样,技术文本中的召唤结构也是研发者和用户的联系纽带。"能充分发挥读者的积极的能动性作用,填补文本的种种意义空白并给予其一个稳定的意义。"①正是数字技术在结构上所具有的"意义未定性"和"空白",吸引、召唤着使用者使用数字技术。这种数字技术使用活动显然是一种主客体交流作用的过程,使用者在使用中在其可能的范围内发挥着再创造的才能。例如:

入手自己的第一部4G手机是魅蓝note3,从此之后便跟手机结下了不解之缘。聊天看电影打游戏逛知乎淘宝,一天的生活里眼睛的视线就在那一小块屏幕上,无论是吃饭睡觉还是学习运动,总是在不经意间把手机拿出来点亮屏幕,本来也没有什么事,却总是以为有什么手机上的通知会被我忽略。手机似乎在不经意的日常生活里慢慢腐蚀着我,而我也病态地成为众多手机依赖症患者中的一位,我们似乎在奉行着这样一个原则:有手机,才能活下去。

尔后的日子里,当我静下心想要学习的时候,若是手机在旁边,那必定是一次失败的学习,对于查找资料、搜题等学习上的事,那手机更是不可或缺,人们依赖手机,有时候并非是需要他,而是觉得有手机在旁边就会觉得心安,就像冰箱里的食物,这一顿你并不需要,但冰箱里必须有它,没有,那也会去超市里买来补齐。更不用说玩游戏的时间,于我而言,手游的诱惑性比其他任何东西的诱惑性都要大得多,游戏会弥补生活中的无聊与空虚,在游戏胜利或者通关时会有极大的成就感……自从上了大

---

① 刘涛:《解读伊瑟尔的"召唤结构"》,《文艺评论》,2016年第3期。

学,已经不会再有人限制我玩手机的时间,就连游戏的防沉迷系统都不能再限制我,我每天会有八九个小时的时间是花在手机上的,但是与此同时,焦虑、烦躁也在无时无刻地侵扰着我,在放下手机的那一刻会对自己玩了很久手机而感到难过和自责,手机依赖会严重打扰到我的日常生活。①

从上述案例中,我们可以看到这位使用者对手机的依赖,而如果从数字技术这个层面而言,也正是数字技术所具有"意义未定性和意义空白"召唤着使用者使用手机。手机中的一切,手机的形式、内容(包括电影、游戏、学习等)似乎都在等着使用者去"填补"。

需要指出的是,这种数字技术的召唤结构,或"意义未定性和空白",并不能被视为是技术的故障,不是技术本身出现的某种缺憾和弊端,而是为用户的潜在使用和介入后的再创造留下的空间。正如有论者所指出的,"召唤结构"的不稳定性特点不是一种偶然性存在,而是一种不可避免的必然性存在,更非作品本身出现的某种缺憾和弊端。②

2.数字技术召唤结构的层次

我们借鉴文艺理论中的"召唤结构"理论,阐释了作为作品的数字技术的"召唤结构"同样具有"意义未定性和空白"。下面,本章继续探讨数字技术召唤结构的"层次"。

有论者指出文学作品的本文层次总体上可以分为三个方面:即文学话语层面、文学形象层面和文学意蕴层面。即:

具体而言,文学话语层面,指文学本文首先呈现于读者面前、供其阅

---

① 李汶泉:《"手机依赖症"》,课程作业,北京邮电大学,2020年。
② 刘涛:《解读伊瑟尔的"召唤结构"》,《文艺评论》,2016年第3期。

读的具体话语系统。由文学话语构成的层面,还处于文学作品表层。读者在这种文学话语的感染下,经过想象和联想,便可在头脑中唤起一系列相应的具体可感的文学形象,构成一个动人心弦的艺术世界。这便是文学形象层面。文学形象,是读者在阅读文学话语系统过程中,经过想象和联想而在头脑中唤起的具体可感的动人的生活图景。文学意蕴层面,是指本文所蕴含的思想、感情等各种内容,属于本文结构的纵深层次。①

由此,文学作品的本文从外到内,从文学话语层面到文学形象层面再到文学意蕴层面,共同形成了它的"召唤结构"。

借鉴文学理论中对文学作品本文层次/召唤结构的分析,研究者对数字技术的召唤结构进行了研究和探讨。研究者认为,我们不妨将数字技术视作某种形式的"作品",如此看来,作为作品的数字技术的召唤结构也便具有了三种层面,即数字技术召唤结构的层次1,分为数字技术话语层面、数字技术形象层面和数字技术社会层面。如表4-1所示。

表4-1 数字技术召唤结构的层次

数字技术召唤结构的层次1	层次2	层次3
数字技术话语层面	数字技术形式	硬特征
		软特征
	数字技术内容	功能性
		形式性
		实质性
数字技术形象层面	技术自身	对技术自身的期待形象
		技术实际的形象
	技术使用	想象中的使用技术时的形象
		看到实际技术后想象使用的形象

① 童庆炳主编:《文学理论教程》,北京:高等教育出版社,1998年,第178~184页。

续表

数字技术召唤结构的层次1	层次2	层次3
数字技术社会层面	社会关系	社会伙伴
		角色伙伴
	社会问题	回避问题
		解决问题
		探索社会

(1)数字技术话语层面

数字技术话语层面是指数字技术以其产品或技巧等呈现于用户面前、供用户使用的具体话语系统。这可以说是数字技术召唤结构的表层。

在这个层面上，本书又进一步从"数字技术形式"和"数字技术内容"两个层面进行划分。进而将"数字技术形式"又分为数字技术的"硬"特征和"软"特征两个维度。其中，硬特征更多指的是数字技术设备所具有的固有特征。例如，互联网/移动互联网所具有的时刻在线的特征等。而数字技术"软"特征是相对于"硬"特征而言，技术的含义之一便指的是某种无形的技巧或方法，在此，我们可以将这种无形的技巧和方法视为数字技术的"软"特征。例如，一位学生在论及手机App对其的影响时，谈道：

首先，腾讯新闻作为手机App，可以在各种零散的时间中查阅新闻，并不需要单独拿出大量的时间内的新闻。其次，手机App程序行为本身具有智能推送功能，也就是智能推送系统，它会根据我以前看过的新闻推送新闻及大事件，在通知栏中显示。另外，腾讯新闻界面中具有很多栏目，可以在各种不同的分区中寻找自己感兴趣的方面进行阅览分类，可以按照很多个维度进行搜索和查询。这样我不仅可以了解到我感兴趣的最

116

新新闻,同时可以看到我所在地区专门的地区新闻。①

由此,我们可以看到,对于这位学生而言,手机App这个数字技术形式的硬特征,如便捷"可以在各种零散的时间中查阅新闻",以及软特征"智能推送系统"能够吸引或者说召唤了他使用这种数字技术。

本书将"数字技术内容"层面进一步分为"功能性""形式性"和"实质性"三个方面。即数字技术内容对于用户而言,在内容的功能、内容的形式和内容的情节等方面对于用户的召唤。例如,对于动画片而言,"有经验的导演便会解除这些人为的钩连,让观众散落在莽莽苍苍的情节野地里,充分发挥和调动观众的想象力,这就是情节召唤结构"②。除了这种源自内容情节的实质性之外,还包括动画片对于用户娱乐等需求的功能性满足及动画片具有视听多媒体刺激等内容的形式的召唤。

(2)数字技术形象层面

数字技术形象层面是指用户在使用数字技术之前和之后,经过想象和联想,在头脑中所唤起的一系列的数字技术形象。

在这个层面上,本书又从"技术自身"形象和"技术使用"形象将之继续分为两个层面。对于"技术自身"形象层面,本书又从期待和实际两个方面将之分为用户"对技术自身的期待形象"和用户看到的"技术实际的形象"两个方面。对技术自身的期待想象,指的是听到这个技术名称本身,便会产生一种头脑中的想象。

对于"技术使用"形象层面,本书又继续将其分为用户"想象中的使用技术时的形象"和用户"看到实际技术后想象使用的形象"。

---

① 万志逸:《手机App浏览新闻》,课程作业,北京邮电大学,2021年。
② 刘渐郡、李明:《论动画片的召唤结构》,《新闻界》,2014年第17期。

（3）数字技术社会层面

数字技术社会层面是指数字技术所蕴含的社会等各种内容,属于数字技术召唤结构的纵深层次。

在这个层面,本书又从"社会关系"和"社会问题"两个维度将其继续分为两个层面。对于"社会关系"层面,本书认为用户利用数字技术既可以充当社会伙伴,同时又可以利用数字技术进行社会伙伴的维护,而且用户还可以对数字产品中角色伙伴进行维护,由此本书将"社会关系"层面分为"社会伙伴"和"角色伙伴"两个层面。例如,有学生在自我报告中提及:

> 智能助手现在已经越发智能。例如,我手机上的小爱同学——小米手机上的智能助手。当我无聊的时候,点开她,即使是在嘈杂的环境中,依旧可以辨别出我的声音。智能助手,也越来越人性化。真的就如同一个真人一样,在你的面前。一般下了课,或者在晚上无聊的时候,对着小爱同学说"来一个笑话",它就开始说各种各样的笑话,完事了还反问一句"这笑话讲得咋样?"除此之外,有时候还能给予人一种被需要感,有时候发一句"在?"回给我一句"你说"。还有很多时候都会自己说一句"会等你回来"。这让我感觉到,少了一些孤独。我个人特别喜欢玩象棋,但找不到人来一起玩,所以,象棋AI便进入了我的视线中。[①]

由上述案例,我们可以看出,智能助手技术已经越发智能,可以在使用者无聊的时候充当聊天对象,甚至可以和使用者玩对弈游戏,这其实正是上述数字技术召唤结构在社会关系维持方面对使用者的召唤,或者说,正是在这方面的召唤下,结合使用者的使用需求,影响了使用者对智能助手的使用行为。

---

① 杨佳杭:《智能助手——未来的帮手》,课程作业,北京邮电大学,2019年。

对于"社会问题"层面,本书从用户可以利用数字技术"回避社会问题""解决社会问题"和"探索社会"进一步分为三个层面。例如,就"解决社会问题"层面而言,据媒体报道,一个国外的机器人研发团队引入了一个名为Robota的社交机器人,据研发人员说,有特殊需要的孩子经常遇到与老师和学校其他成年人沟通的挑战。这些孩子有时可能对判断特别敏感,或者对令人失望的权威人物感到焦虑。团队开发Robota的初衷是,机器人是非判断性的人物,孩子们可能更愿意与他们交流,并且更轻松地这样做。因此,越来越多的机器人被用于心理健康教育。①

如上所述,本书借鉴文学作品的召唤结构理论,将数字技术视作具有召唤结构的文本,认为数字技术的召唤结构包括"意义未定性和意义空白"两个方面。同时,数字技术的召唤结构包括意义未定性和意义空白,又具有从外到内三个层面,即召唤结构的话语层面、形象层面和社会层面,每一层面又进一步按照形式/内容、使用前/后、技术内/外社会因素等细分为不同的二级和三级层次。总体而言,如表4-2所示。

表4-2　数字技术召唤结构的"结构"和层次

结构		数字技术召唤结构的层次		
		数字技术召唤结构的层次1	层次2	层次3
数字技术召唤结构的"结构"	意义未定性和意义空白	话语层面	数字技术形式	硬特征
				软特征
			数字技术内容	功能性
				形式性
				实质性

①This Robot Helps Kids with Special Needs to Communicate, techcrunch, https://techcrunch.com/2017/05/14/this-robot-helps-kids-with-special-needs-to-communicate/。

续表

结构		数字技术召唤结构的层次		
		数字技术召唤结构的层次1	层次2	层次3
数字技术召唤结构的"结构"	意义未定性和意义空白	形象层面	技术自身	对技术自身的期待形象
				技术实际的形象
			技术使用	想象中的使用技术时的形象
				看到实际技术后想象使用的形象
		社会层面	社会关系	社会伙伴
				角色伙伴
			问题解决	回避问题
				解决问题
				探索社会

由上述分析可以看出，数字技术的召唤结构，虽然借鉴自文学作品的召唤结构，但是其与文学作品的召唤结构的层次因其数字技术的自身特点而产生明显的差异性。

由上可见，数字技术的召唤结构为研究者分析数字技术用户的使用行为提供了一个分析框架。正是在数字技术这些不同层面的"召唤"之下，结合用户的需求，产生了用户对数字技术的使用行为。使用与满足理论认为，社会行动者往往是基于自身的需求出发使用媒介/数字技术。正如有论者所指出的，传播学中的使用与满足理论，认为受众"使用"大众媒介的动机和需求，可以包括"实用性"或"有用性""意向性"等概念。其中，"实用性"顾名思义，指受众理性地知道自己的需要，从而导致媒介使用以满足需求；而"意向性"则更多地表示由受众个人的动机、个性、个人认知处理结构等导向媒介使用行为。①当然，这种需求来自个体和社会的因素，在这种使用中，自身的需求或得到满足或者没有得到满足。显然，使用与满足理论强调了来自受众的主观能动性，来自受众的个体需求对导向媒介使用行为的影响，这一点是里程碑式的。但是导向媒介使用行为的因素并非只有受众的需求因素，从某种程度而言，这一理论忽视了媒介技术本身对社会行动者使用行为的影响。而这也恰恰是本书所尝试做的。

正如前述，数字技术本身具有某种召唤结构，"召唤"着受众/社会行动者参与到媒介使用中来。例如，现在市场上出现的各种类型的社会机器人，它们有一个共同的特征便是可爱。这种设计本身便指向、召唤使用者购买并使用。

　　有一年寒假，我们一家人去广州过年。当然必需要去游览年味十足的广州花市，还记得当时每一个摊位都摆满了各式各样的鲜花，价格款式种类均不同。然而有一个摊位却十分吸引我，也受到了广大游客的欢迎。这个摊位与众不同的地方在于在有一至两个看守的人之外，有一台忙前忙后但有条不紊的机器人。我径直走过去，它会非常有礼貌地冲我用粤语打招呼，然后我如果对着它说出花的名字，它便会用标准且清晰的普通话向你介绍它的各个方面的详细信息，如怎样养、花期长短，甚至还有象征意义等。当我听完解释后，它的屏幕上会自动弹出"买下"和"退出"的按键，我点了"退出"，它便继续热情饱满的接待下一位来客。但如若点了"买下"，它便会将头扭向工作人员，对他说花的名字，并会询问你需要的数量，而工作人员只是根据机器人的描述将花拿给顾客，完成交易。交易完成后，机器人还会将双手摆成作揖状，对你说"新年快乐！恭喜发财！"

---

① 周葆华：《效果研究：人类传受观念与行为的变迁》，上海：复旦大学出版社，2008年，第170~171页。

真是一场有意思的花市体验。

> 在这个过程中，我深深地体会到了机器人越来越深入地进入了我们每一个人的生活中。在整个体验互动的历程中，我对于机器人的印象，就感觉它好像是一个无所不知且永远懂礼貌不厌其烦的人，让我感觉到舒适且十分友好。①

在上述案例中，我们可以看到，"吸引我"的，正是"一台忙前忙后但有条不紊的机器人"。这台机器人所具有的软特征，如"非常有礼貌的冲我用粤语打招呼"，此外，还可以具有介绍花的名称、详细信息等功能，可以说，正是机器人技术的这些结构和层次召唤着这名使用者使用这项技术产品。

当然，数字环境显然无法直接决定人们的行为，否则便陷入刺激—反应论的窠臼了。本章虽旨在凸显数字技术的"召唤结构"对社会行动者的结构性影响，但也并非单单在结构—能动性矛盾中强调结构性因素，社会行动者的能动性也不容忽视。在数字环境的刺激和社会行动者的反应之间需要有一个社会行动者的中介。本书则从数字技术自身角度，借鉴接受理论，认为数字技术本身具有某种召唤结构，正是这种召唤结构的存在，吸引着社会行动者使用数字技术/产品。数字环境对这个社会行动者中介会产生召唤性质的影响。由此，数字技术在场本身便存在着影响。因此，社会行动者使用数字技术，这种需求除了来自个体和社会的因素外，数字技术的影响因素也不容忽视，而本书着重强调了这一点。这也成为本书分析数字环境对社会行动者命运行为影响的一个基本前提。

要注意的是，不同的数字技术，有着不同的召唤结构。召唤结构总是就数字技术的用户而言的。也就是说，召唤结构总是联结着数字技术和用户。

---

① 岳天媛：《我与机器人的互动体验》，课程作业，北京邮电大学，2019年。

从行动者—网络理论而言,数字技术和使用者用户构成了动态的行动者网络。我们往往要么过于强调了数字技术的影响,陷入技术决定论;要么有意无意地忽略了数字技术,独独强调人的作用;而我们从行动者—网络视角出发,则重视数字技术召唤结构对用户的影响。

在这种影响下,数字技术用户的社会能量状态发生变化,从而对数字技术用户行为链的行为产生或正面或负面的影响,进而影响到数字技术用户的即刻命运。

二、数字技术使用行为、社会行动者社会能量的变化与命运行为

在上一章,我们就数字环境—行为研究的研究进路,提出了数字环境—行为研究的三种类型。本节将重点就数字环境—行为研究1做进一步介绍,即作为数字环境的数字技术(单数和复数)如何通过召唤结构对社会行动者的社会能量状态产生影响,进而通过影响社会行动者对数字技术的使用行为,最终影响其后续的命运行为。下面,我们需要就"社会能量"概念做一简要介绍。

(一)"社会能量"概念简介

研究者已经在《信息传播技术与社会能量》一书中对"社会能量"一词进行过较为系统地阐述。在本章,研究者将提纲挈领地对"社会能量"这一"数字环境—命运行为"研究的核心概念做一介绍,以便读者更便捷地了解。

"社会能量"是指社会行动者充分利用所拥有的做事情所需的资源去做事情的能力。[①]需要注意的是,作为社会行动者的社会能量的主体可以是个人,也可以是群体或社会组织等。"社会能量"是人的能量。社会能量不仅包括社会中的主体所具有的生理能量和心理能量,社会中的主体所影响的物理能量,

---

① 高崇:《信息传播技术与社会能量》,天津:天津人民出版社,2022年,第8页。

同时也包括社会关系中的关系能量及符号能量。由此,社会能量具有物质态和符号态。

社会能量具有一体两面的结构。资源和能力是能量的一体两面。即能量既可以是作为资源的潜能,也可以是利用资源去做事情的能力。即我们探讨"能量",将不得不涉及"资源"和"能力"两个方面。社会能量具有物质性、社会性、结构能动双重性、流动性、可传输性、变化性、守恒性、可体验性、可表现性、可比较性以及相对独立性等特征。

需要注意的是,使用数字媒介不仅会消耗社会能量,同时也能提升社会能量。这种社会能量基于人行动者的身体,如身体/肉体所具有的生理能量,这也使得社会能量多了身体的这一视角,更具有"具身性"。对于人行动者而言,基于身体的社会能量,既具有接受性能力,同时也具有生产性能力,按照前述,这其实本身也是能量的一体两面的构成。

(二)数字技术使用影响社会行动者社会能量变化

根据前述,社会行动者在数字技术使用过程中,无论是拿起,还是点开、浏览等使用行为,均会带来社会行动者社会能量的释放、吸收和转化,导致社会行动者社会能量状态的变化。例如:

据报道,有国外研究人员发现,每天花30分钟浏览社交媒体,就能影响年轻网民的心理健康。在社交媒体上花费3小时或更长时间,可能会显著增加一个人出现焦虑和抑郁等心理健康问题的风险。

研究人员对居住在美国的6500多名年龄在12—15岁之间的参与者的心理健康和社交媒体使用情况进行了评估。参与者报告了他们每天上网的频率和时长,以及他们是否有心理健康问题。研究显示,与完全不使用社交媒体的青少年相比,每天花3小时在社交媒体上的青少年患精神疾病的风险要高出60%。那些登录在线账户超过6小时的人,其患病风险增加78%。

　　研究还发现，约9%的参与者有内在心理问题，如社交退缩、难以应对焦虑或抑郁，或将情感封存于内心。约14%的人表示，他们有外在心理问题，包括做出攻击性行为和不服从。超过1000名青少年表示，他们不仅有内在心理问题，也会有外在的心理问题。[①]

　　如上述案例所示，研究人员对美国年龄在12—15岁的青少年使用社交媒体的行为与影响进行了调研，研究发现在社交媒体上花费3小时或更长时间，可能会显著增加青少年出现焦虑和抑郁等心理健康问题的风险。从社会能量角度而言，在社交媒体上花费较长时间，会影响使用者的心理能量，部分使用者可能会存在"心理问题，如社交退缩、难以应对焦虑或抑郁，或将情感封存于内心"等。研究虽然是针对青少年做出的，但是研究结论对于我们思考人们使用数字技术的行为及其后果具有借鉴意义。尼古拉斯·卡尔（Nicholas Carr）在其著作《浅薄》（*Shallows*）中，认为人们的大脑和意识会被网络内容以一种负面的方式影响，我们的注意力变窄，更易分心，进而更少地体验诸如爱、恨、同情以及快乐等实际的东西。[②]

　　不仅社交媒体，其他数字技术如人工智能的发展与推广应用，也将影响到人类的思维方式和传统观念。社会行动者在智能技术召唤结构的"召唤"下使用智能技术，进而有可能会产生AI依赖现象，正是在这种依赖性使用中/后，使用者的社会能量状态也在发生变化。例如：

----

　　① 《刷出心理问题？每天花3小时在社交媒体可能更易患精神疾病》，封面新闻，汤晨编译，https://mbd. baidu. com/newspage/data/landingshare? pageType=1&isBdboxFrom=1&context= %7B% 22nid% 22%3A%22news_9490723258375285543%22%2C%22sourceFrom%22%3A%22bjh%22%7D。

　　② 转引自Simon Lindgren，*Digital Media and Society*，London：SAGE Publications Ltd，2007，p.71.

在日常生活中，我可能接触最多的就是手机上的拍照搜题技术。在应用商店可以找到很多款类似的拍照搜题App。它们大多采用了光学字符识别技术结合机器学习中的匹配检索算法，实现了对着题目拍一张照片就能得出答案的功能。起初在我上初中的时候，一些拍照搜题软件通过广告宣传进入了我的视线，其强大简洁的功能也迅速地在市场中获得青睐。刚开始听说身边的同学用它们搜题，我其实是略微有些鄙夷的，一方面初中时的习题难度让我认为自己并不需要用到这些App，另一方面我将这些App看作是所谓"学渣"们的福音，是不费吹灰之力获取题目答案的"捷径"，为了"不堕入深渊"，我排斥使用它们。

可是，学习过程中难免会出现标准答案错误或者没有题目答案，老师也不进行讲解的情况，由于我本身是一个比较害羞不善于问老师问题的人，这时拍照搜题就变成了快速简单获取习题答案的方式。可以说这个时候此类软件就充当了一个裁判的角色，判定我的答案是否正确。而我也在搜题的过程中，发现这些软件大多会提供详细的解答过程，通过对照解题步骤，我也往往能发现自己在哪一步出错，而有的时候也能不经意间发现更简便更优化的解法，对我的学习产生了很大的帮助。

随着我深入了解到这些软件齐全的功能，慢慢地也就对它产生了依赖。随着年级的升高，每当我遇到无法解决的难题时，我就会拿出手机打开软件拍照搜索。开始时还会仔细看一下给出的解题步骤，但随着题目难度的加深，很多理科难题甚至连步骤都看不懂，只好将上面的答案和步骤直接抄在作业本上。而上交以后的作业由于答案的正确，老师打勾，也就不会再去纠结题目的解答。不会做的题和其他题目混在一起被埋没在了题海里，从始至终我都没有掌握。而从短暂的结果上看这种方式看似给我带来了收益，慢慢地，拍照搜题软件成为我学习过程中不可缺少的"伴侣"，很多题目一眼看去没有头绪，我就选择拍照搜题，看似节约了时间,却失去了最重要的思考的过程,以至于老师讲解时我对这道题都没有印象。由于不同软件题库的覆盖面不尽相同,我甚至同时下载了几个同类App,以此增加搜索到答案的概率。试问这样的学习方式怎么会有效果呢,不会的题依旧不会,又怎么可能有所进步呢?

可以看到,拍照搜题是为学生答疑解惑的最高效方式之一,但对拍照搜题的过度依赖会让这些软件从学习的帮手变成了帮凶,使得学生独立思考的过程被跳过,渐渐丧失了独立思考的能力。①

如上述案例所示,对于拍照搜题技术的使用者而言,这种技术产品非常便捷,能够解决使用者的问题,正是具有这样一些召唤结构,能够满足使用者的使用需求,因而导致使用者频繁使用,进而产生依赖现象,使用者在这种依赖性使用过程中,由于"独立思考的过程被跳过",进而"渐渐丧失了独立思考的能力",由此可以看到,这种数字技术使用行为对使用者社会能量所带来的影响。

正如上述,无论是社交媒体,还是智能技术产品等,其具有的召唤结构,加之使用者的使用需求,两者相结合,促使社会行动者使用数字技术,这便是前述我们所谓的一阶行为,社会行动者在使用数字技术中经历社会能量的消耗、吸收、转化等过程,带来社会能量状态的变化,有如上述案例中所显示的生理能量、心理能量、社会关系能量甚至符号能量的变化。

面对数字技术的召唤,有些使用者为了避免受到这种技术召唤的影响,甚至决定主动回归自然,回避某种数字技术。例如,据媒体报道,硅谷的精英父母们却把他们的孩子送到私立学校,硅谷最受欢迎的华德福学校承诺提供一种回归自然、几乎不会用到屏幕的教育。另外,这些父母都在限制甚至禁止自

---

① 詹祎:《从拍照搜题体验到人工智能依赖的思考》,课程作业,北京邮电大学,2020年。

己孩子的屏幕使用时间。他们不给孩子买手机,只让孩子在自己的手机上玩一会游戏,甚至在下班后会把手机放在门口,避免在孩子面前使用这些电子设备。正因为生活在湾区,或者是通过自己的工作,家长们对科技影响孩子的心理、社会发展表示严重关切,一些高管甚至公开谴责让人上瘾的科技产品。①

在上述案例中,有些父母会限制其孩子们使用手机等数字技术产品,从社会能量视角而言,这其实是对能量资源的他者管理,之所以这么做,恰恰是认识到这种使用行为对使用者社会能量所带来的负面影响。

(三)社会行动者社会能量变化下的命运行为

如前所述,数字技术使用者在数字技术的召唤结构影响下,结合自身的数字技术使用需求,从而产生数字技术使用行为这种一阶行为,在使用中,社会行动者的社会能量发生了变化——有可能产生或正向或负向的变化,这种变化的社会能量状态会进一步影响社会行动者在一些"决定性时刻"所做出的命运行为,即二阶行为。例如:

> 山东曹县安才楼镇一直以来有加工影楼摄影需要的服装和背景的传统。当地青年FJ,在2006—2007年于上海打工期间,接触到了淘宝,他听说做淘宝能挣钱,于是自那时起,他便在网上开设了自己也是当地的第一家淘宝店,销售家乡既有的影楼产品。一开始,周围的乡里乡亲对他的行为不甚理解,认为他在家不外出打工,天天就是上网,是不务正业。那个时候,影楼服装等的销售主要还是线下渠道,由于做网上销售的人很少,因此FJ的淘宝生意几乎没有竞争,利润也很高,卖出一件就有几十元的利润。在销售实践中,FJ逐渐找到了电商销售门路,慢慢地打开了销售市

---

① 《屏幕占据了穷人的生活,富人却对它们说不》,百度网,https://mbd.baidu.com/newspage/data/landingshare?pageType=1&isBdboxFrom=1&context=%7B%22nid%22%3A%22news_944483377906795301 3%22%2C%22sourceFrom%22%3A%22bjh%22%7D。

场,也逐渐找到了适合的产品,营业额增长很快。看到这一切之后,当地的乡亲才意识到,FJ不是不务正业,而是利用电脑技术走在了他人前面,改变了生活命运。[①]

正如我们从上述案例中所看到的,山东曹县安才楼镇青年FJ在当地是最早使用互联网等数字技术的人,也正是因为使用互联网络,进而增强了自身的社会能量,因此,在面对"生计选择"这一人生"决定性时刻"时,他能够整合利用身边的"规则和资源",将其整合进自身的生命能量之中,使得FJ在生计选择这一命运行为上做出了具有前瞻性的选择,"在网上开设了当地的第一家淘宝店","利用电脑技术走在了他人前面,改变了生活命运"。

如上所述,我们在本节通过案例的形式,分别阐释了在数字技术的召唤结构下,社会行动者对数字技术的使用后社会能量所发生的或正向或负向的变化,以及在这种变化后的社会能量状态下所做出的命运行为。正如一位学生在报告中所述:

> 如今我的绝大部分生活都在网络上进行,其中绝大部分时间在B站看视频(也包括看公开课)。有的时候我就看一个视频,然后紧接着就点进相关推荐的另一个视频,循环往复几个小时就过去了。这其实也是我对AI的一种依赖,只不过是一种被动的,被推荐算法控制的依赖。我看到的大多数视频,都非常有趣,比如生活区的趣味视频,或者对社会经验、时政、科学的一些科普视频。看完内心十分的激动、喜悦,有一种兴奋感,所以就会下意识地点进其他的视频。有的时候,视频看入迷了会导致我忘记处理现实中的一些事务,或者听不到别人和我说的一些话,导致生活

---

① 邱泽奇:《菏泽电商:3+3》,外唐网,https://www.waitang.com/report/15475.html。

中的一些麻烦。看完之后,又会因为看了好几个小时的视频,感觉自己浪费了时间而后悔,甚至有的时候,一看视频就看到凌晨三四点。想到这件事情,内心就总处于纠结的状态,短暂的看视频确实有利于调整思路,放松大脑,但推荐算法的出现点燃了我的兴趣,加之我毅力不足,使得我平时想就看几个视频,花十分钟,结果花费了几个小时。想解决,但每次又都忍不住。最终影响了我的学习效率。[①]

正如前述,智能推荐算法可以视为智能技术的软特征,在这一技术的召唤下,这位学生"看完内心十分的激动、喜悦,有一种兴奋感",因此,在这种社会能量状态下,"会导致我忘记处理现实中的一些事务,或者听不到别人和我说的一些话,导致生活中的一些麻烦",最终影响了自己的学业等命运行为。

当然,我们探讨数字技术的召唤结构,并不是提倡一种数字技术决定论,毕竟是否使用数字技术产品,还是由使用者/用户基于用户需要做出决定。本书只是客观研究数字技术的内在结构。正如有论者所言,"虽然我们将所有的注意力都投向了新的技术和设备;但是,技术并不能决定人们的行为,相反,是人决定了如何使用技术"[②]。本书也认同威尔曼教授的这一观点:是人们决定了如何使用技术,技术并不能决定人们的行为。因此,需要注意的是,正是人们对技术/环境的使用,决定了人们的命运行为。同时,技术虽然并不能决定人们的行为,但是从文学接受研究的角度,数字技术自身及由各种数字技术而生成的数字环境,能够对社会行动者产生一种召唤。

其实,接受美学中的效应理论跟传播学中的传播效果研究指向应该是一致的,即都是关注和研究文本或内容的效果或效应。正如有论者所言,"接受

---

① 傅大源:《我生活中的 AI 及其利弊》,课程作业,北京邮电大学,2020年。
② [美]李·雷尼、巴里·威尔曼:《超越孤独:移动互联时代的生存之道》,杨伯溆、高崇等译,北京:中国传媒大学出版社,2015年,"前言"第1页。

美学随着理论的发展逐渐形成了接受理论和效应理论研究,接受理论关注于文学文本的内容,而效应的相关研究更加着重文本所发挥的效应潜能"①。传播学中的使用与满足理论,便不仅关注用户的使用行为,同时也关注这种使用行为的效果问题。

在本书中,研究者主要探讨数字技术和数字环境对社会行动者行为的影响,其中,根据前述理论框架,社会行动者的行为1,即社会行动者的技术使用行为会带来其社会能量的变化,而这种社会能量的变化自身便可以被视为行为的效果。因此,本书在这方面的研究理路是与前述的接受美学中的效应理论和使用与满足理论是一致的。

当然,本书又并不仅仅止步于此,而是在此基础上进一步去探讨这种结果所带来或促发的另一行为及结果(在前述研究框架中即是行为2)。这也是本书在理论上的学术创新之一。

本书在强调数字技术影响的同时,也认可和强调社会行动者自身的影响。例如,我们提出数字技术的召唤结构,但是也提出数字技术的召唤结构与社会行动者的个人需求相结合,决定了社会行动者对数字技术的使用。此外,本书突出研究数字技术作为环境对社会行动者命运行为的影响,但是也强调这种影响是在社会行动者自身社会能量的变化基础上,在"决定性时刻"做出选择的结果。

社会行动者在一些决定性时刻即命运时刻的情境中,在这种具体的时空情境下,会思考分析当下其自身所拥有的能量资源等,这种能量资源既是他/她行动的资源基础,也同时限定了他/她能够开展的行动。当然,"只有当日常生活中几乎可以说是自然而然的行动之流被问题打破的时候,之前被视为理所当然的情境构成部分才会被重新分析。如果行动者发现了解决方法,那么

---

① 赵宪宇:《文学类文本阅读教学中审美鉴赏力的培养》,《中学语文教学》,2019年第10期。

这个解决方法就会被行动者记起来,未来如果遇到类似的情况,就会拿出来用"①。

我们常谓教师的人格魅力会影响学生,如果把无论是教师还是数字技术都视为某种文本,学生或者使用者作为"读者",会受到文本召唤结构的影响。人与技术的互动就像人与教师的互动一样。这是一种技术的人格化思维。在数字技术的召唤下,社会行动者使用数字技术,这不仅会影响其自身的社会能量,同时也会对其他社会行动者的社会能量带来变化,进而在社会行动者社会能量的变化下,影响社会行动者的命运行为。例如,有学生报告称:"有一天看见她们五个人一起开黑打《王者荣耀》,我忽然感到,我似乎被排除在外了,于是我也下载了这个游戏,并且迅速着迷。"②这也是本书在下一章将探讨的主要内容,即作为数字生态系统的数字环境对社会行动者命运行为的影响。

① [德]汉斯·约阿斯、沃尔夫冈·克诺伯:《社会理论二十讲》,郑作彧译,上海:上海人民出版社,2021年,第120页。

② 贺培娟:《我如何走出网络游戏沉迷》,课程作业,北京邮电大学,2022年。

第五章 数字生态系统与社会行动者命运行为

　　在上一章，我们探讨了作为数字环境的数字技术的"召唤结构"、社会行动者使用数字技术后社会能量的变化及在这种社会能量状态变化下的命运行为。就第三章所提出的数字环境—行为研究的研究进路而言，这其实探讨的是数字环境—行为研究进路1。在本章，研究者将从生态系统和行动者—网络视角，进一步分析数字环境—行为研究进路2和3，即将数字技术—人组合体视为数字环境，从数字生态系统视角探讨社会行动者使用数字技术对其他社会行动者命运行为的影响。正如有论者所言，"我们赞成社会科学家改变他们的研究方法，通过引入生物学思想来补充他们常用的工具包"①。

　　当然，不仅是从生物生态系统视角思考会发现这种影响的存在，从关系社会学的视角考虑，人本身便是作为关系性的存在，人作为社会性动物，正如意大利社会学者多纳蒂所言，"社会指代的是主体之间的'关系'"，社会在漫长的发展过程中，是作为一种独特的实在而出现的，它越来越区别于其他类型的实在。主体之间以不同的方式互动，社会指代的是主体之间的"关系"，在这个特

---

　　① ［美］彼得·里克森、罗伯特·博伊德：《基因之外：文化如何改变人类演化》，陈姝、吴楠译，杭州：浙江大学出版社，2017年，第115页。

定的关系视角下，社会最终被看成是具有"社会性"的。社会关系指的是人与人之间的非物质实在。换言之，社会关系是那些保持在能动者——主体之间的关系，这些关系本身"构成"了他们的互动取向和行动，它们不同于单个行动者（不论是社会行动者，还是群体行动者）的特征。①肯尼思·J.格根认为：

> 事实上，所有可理解的行动都是在持续不断的关系过程中产生、维持和/或消亡的。从这一立场出发，没有孤立的自我或完全私有的经验。相反，我们生活在一个相互构成（co-constitution）的世界。我们已然由关系中产生，不可能摆脱关系。即便在最私有的时刻，我们也并非独自一人。②

正如格根所言，我们由关系中产生，不可能摆脱关系，即便在最私有的时刻，我们也并非独自一人。肯尼思对"关系性存在"的探讨，给本书探讨数字环境-命运行为研究提供了理论基础之一。社会世界是一种关系性存在，不同的社会行动者处于不同的社会关系网络之中，人的社会能量便也贮存和流动在社会关系网络之中。社会关系是人类行动的产物，同时又是作为涌现的现象的实在，拥有独立的特性和权力，影响着它的创造者。③

正是在这种将社会视为"关系性存在"的社会学思想下，研究者在数字环境—行为研究中同时引入生物生态系统思想，以此来考察数字环境下，社会行动者使用数字技术对其他社会行动者命运行为所产生的影响。

---

① ③ ［意］皮耶尔保罗·多纳蒂：《关系社会学：社会科学研究的新范式》，刘军、朱晓文译，上海：上海人民出版社，2018年，第72~73页。

② ［美］肯尼思·J.格根：《关系性存在：超越自我与共同体》，杨莉萍译，上海：上海教育出版社，2017年，"序言"第3页。

一、"数字生态系统"概说

（一）"数字生态系统"概念释义

本章所谓的"数字生态系统"概念借鉴自"生态系统"概念。所谓"生态系统"，就是在一定区域中共同栖居着的所有生物与其环境之间由于不断进行物质循环和能量流动过程而形成的统一整体。[①]一方面强调生物与非生物的相互作用，另一方面强调物种间相互作用。本书借鉴生态系统思想，以此思考数字技术作为环境，以及这种数字环境与人之间所构成的数字生态系统，并以此为基础去考察数字生态系统内，社会行动者使用数字技术对其他社会行动者的命运行为所带来的影响。

（二）数字生态系统内数字技术与人的相互作用

如上所述，在生态系统内，生物与非生物之间相互作用，生物与其环境之间不断进行物质循环和能量流动过程。基于此，借鉴拉图尔的行动者—网络理论，本书认为在数字生态系统内，数字技术作为非人行动者，与人行动者之间也形成了数字环境与人之间的互相作用关系。关于数字技术与人的社会能量之间的关系，感兴趣的读者可以进一步参阅研究者的《信息传播技术与社会能量》一书，书中有较为系统的介绍。

可以说，从拉图尔的行动者—网络理论出发，数字生态系统内社会行动者与环境即数字技术间具有互动关系。行动者—网络理论是在20世纪80年代中期，主要由法国社会学家米歇尔·卡隆、布鲁诺·拉图尔和英国社会学家约翰·劳等提出的。这一理论主张将参与科学知识建构的各种异质因素都看作

---

① ［美］奥德姆（Odum, E.P.）、巴雷特（Barrett, G.W.）：《生态学基础》（第5版），陆健健、王伟、王天慧等译，北京：高等教育出版社，2009年，第15页。

地位平等的行动者。拉图尔认为："社会的本质在于联系(association)。"①需要注意的是,在拉图尔看来,行动者不仅指人,同时也包括非人行动者;此处的联系不仅指的是人与人的联系,同时也包括人与物(非人行动者)的联系。"网络在拉图尔这里是一系列的行动(a string of actions),所有的行动者,包括人的(actor)非人的(object),都是成熟的转义者,他们在行动,也就是在不断地产生运转的效果。"②人与人,人与物在这种联系中形成生态系统,对其他人或物通过行动进而产生效果。

由此可以看出,行动者网络理论追求的是"人的去中心化",相对于人类行动者而言,非人类行动者的作用同样不可忽视。因为行动者—网络理论强调非人元素的能动性,人的能动性和优越性被相对降低,行动者—网络理论赋予非人元素以与人平等的地位,试图重新联结自然与社会之间被人为制造出来的分野。③"在网络中人类的力量与非人类的力量相互交织并在网络中共同进化。在行动者—网络理论的途径中,人类力量与非人类力量是对称的,二者互不相逊。"④这一理论给我们的启示便是改变传统的将数字技术仅仅视为某种被动的存在,将其视为能够对人产生影响的一种非人行动者,强调了其作为行动者的能动性。

当然,对于拉图尔此种将非人行动者提升为与人行动者同等地位的观点,有的研究者提出了不同的观点甚至是批评,对此,有的研究者建议弱化对行动者—网络理论中的非人行动者能动性的强调,"即人与非人之间的强对称性做一个弱化的处理,即在科学研究中保持一种对待人与非人元素的弱对称性态度。弱对称性承认人在科学活动中的中心地位,但拒绝将这种中心地位绝对

---

①② 吴莹、卢雨霞、陈家建、王一鸽：《跟随行动者重组社会——读拉图尔的〈重组社会：行动者网络理论〉》,《社会学研究》,2008年第2期。

③ 刘鹏主编：《行动者网络理论：理论、方法与实践》,北京：中国社会科学出版社,2020年,第74页。

④ ［美］安德鲁·皮克林：《实践的冲撞——时间、力量与科学》,邢冬梅译,南京：南京大学出版社,2004年,第11页。

化;认同非人元素在科学活动中不可忽视的地位和作用,但不主张将其与人类的能动性完全等同"①。虽然拉图尔的这种赋予非人因素以能动性的观点或视角被一些人视为是"后人类主义的"的"强对称性",但是在本书中,我们仍然可以看到这种视角或观点对于我们分析数字技术环境下人的命运的积极性。正如有论者所言:"早期互联网研究里,对于虚拟事物及其与真实世界的关系的批判性思考在今天看来是封闭的,因为在复杂的技术社会型和技术文化型网络之中,人和技术同时存在并相互作用。""我们需要思考在社会现实形成和被改造的复杂过程中,由相互作用的人类和非人类施动者所构成的复杂网络。"②

拉图尔认为:"应当将行动从有意识、有目的的人类行动中扩展开去,将客体纳入考虑的范围。因为每个客体都是转义者而不是中介者,这样它们必然对事物形态发生作用,而且行动是客体与主体间异质性的联系,主客体不能简单地分离,所以我们要在二者的异质性联系中才能找到行动。"③如此,(非人行动者)它们作为自然行动者被卷入与人类行动者的相互作用中去。④从这个观点出发,我们可以看到,人/社会行动者使用数字技术,无论是人还是非人的数字技术,本质上都是转义者,二者在使用中建立异质性联系。数字技术作为非人的行动者通过召唤结构吸引人行动者,通过行动给使用者带来效果,进而建立异质性联系,即影响着使用者的命运行为。人行动者在这种异质性联系中发生社会能量的变化。同时,数字技术和人的结合,即人和非人行动者的结合,构成行动元(actant)(或联结体,即在一系列社会事件中人类行动者和非人

---

① 刘鹏主编:《行动者网络理论:理论、方法与实践》,北京:中国社会科学出版社,2020年,第75页。
② [澳]特里·弗卢:《新媒体4.0》,叶明睿译,北京:人民日报出版社,2019年,第83页。
③ 吴莹、卢雨霞、陈家建、王一鸽:《跟随行动者重组社会——读拉图尔的〈重组社会:行动者网络理论〉》,《社会科学研究》,2008年第2期。
④ 刘鹏主编:《行动者网络理论:理论、方法与实践》,北京:中国社会科学出版社,2020年,第65页。

类行动者之间建立起的任何联系①）。随后对其他作为人的社会行动者建立异质性联系，并产生效果，产生我们在研究中所谓的命运行为。在这个过程中，构成了拉图尔意义上的"网络"。无论是人还是非人的行动者，都在行动中释放能量，同时，对其他行动者的能量带来或减少、或增加的效果。要注意的是，我们在此处所谓的"随后"，指明了一种时间上的延展，或者说给这种行动赋予了时间的向度。

拉图尔提出"联结的社会学"，是作为一种与"社会的社会学"相对立的社会学认识论框架。联结的社会学认为，社会的本质是由众多异质要素构成的一种联系，它不是一种静态的事物，社会应当被理解为一种动态的结构或联合体。②因此，从这一理论出发，我们认为，在数字环境下，人的命运是一种建构，这种建构是由人和数字技术等人和非人行动者共同建构的。人的力量与手机等数字技术的力量相互交织，相互影响，共同塑造了人（包括自我和他人）的命运行为。从数字技术和人的联结实践来看，的确存在着人和数字技术间的相互影响。正如一句名言所称："你在凝视深渊的同时，深渊也在凝视你。"人和数字技术之间是相互作用的。由此，我们可以看到，人行动者在使用数字技术如手机时，人行动者与数字技术如手机等构成一个联结体，这种联结体又同时对其他行动者产生相互作用和相互影响。在构成的一种数字生态环境下产生相互影响。

因此，本书的一个创新之处，便在于结合拉图尔的行动者—网络理论，对人的数字技术使用现象及人们在使用数字技术中所发生的命运变化进行解读和分析，扩宽了行动者—网络理论的应用范围。同时，本书又结合社会能量理论，进一步具体阐述了在人的行动者和非人的行动者之间相互转义过程中，这是如何展开的，即正是通过社会能量的释放、吸收、转化等实现效果。

---

① ［澳］特里·弗卢：《新媒体4.0》，叶明睿译，北京：人民日报出版社，2019年，第80页。

② 刘鹏主编：《行动者网络理论：理论、方法与实践》，北京：中国社会科学出版社，2020年，第79页。

由此,我们需要注意的是,社会行动者对数字技术如手机等的依赖,导致数字生态失衡,影响数字生态的可持续性发展问题。

(三)数字生态系统内的不同社会行动者关系

1.数字生态系统内的不同群体

我们以种群为基准,可以分为不同的种群;以文化作为基准,可以分为不同的文化群体;两个不同文化的群体在数字环境下属于类似群落生态系统内的不同种群关系。在数字生态系统中,我们以作为黏合剂的文化作为划分类似种群的标准。正如有论者所言,人类物种的多样性是惊人的。不同的文化是人类差异的重要原因。毫无疑问,生活在相同环境中的人的文化多样性永远不应当被低估。①乔尔·查农认为"人是文化的,意味着我们的生活远不止是自然的。我们会发展和理解指导我们生活的观念、价值观和规则。文化会将人们所处的组织区分开来。"②只不过在生物生态系统内是两个种群关系,在数字生态系统中是两个不同文化群体的关系。如此类推,我们在此以数字技术为基准,可以将社会行动者分为不同的群体。

如图5-1所示,如果以是否和如何使用数字技术作为基准,那么,我们可以将社会行动者分为非用户、数字技术消费者、数字技术生产者,需要注意的是,数字技术生产者既是生产者同时也是消费者。在同是生产/消费者中,又可以按照不同文化进行细分。例如,将数字技术生产者进一步细分为创新者(Innovator)、产品生产者(Producer)、内容创造者(Creator)和中介服务者(Enabler)等类型。而这些群体间的关系,也类似群落生态系统内的不同种群关系。在数字生态系统内,社会行动者之间的相互影响,是通过社会能量的传递、交换、转化等来实现的。

---

① [美]彼得·里克森、罗伯特·博伊德:《基因之外:文化如何改变人类演化》,陈姝、吴楠译,杭州:浙江大学出版社,2017年,第23~32页。

② [美]乔尔·查农:《社会学与十个大问题》,汪丽华译,北京:北京大学出版社,2009年,第33页。

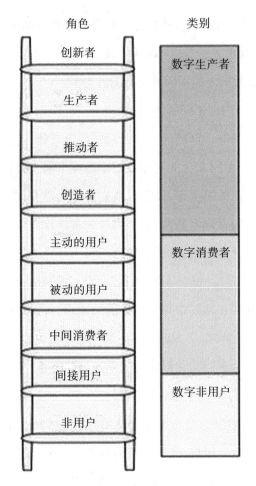

角色　　　　　　　类别

创新者

生产者

推动者

创造者

主动的用户

被动的用户

中间消费者

间接用户

非用户

数字生产者

数字消费者

数字非用户

图5-1　以数字技术为基础的社会行动者分类①

2.数字生态系统下不同社会行动者关系

如上所述,理论上讲,两个物种的种群之间,其相互作用基本类型,相当于中性、正的和负的(0,+,-)的组合,结果就有9种重要的相互作用和关系,如下表5-1所示:

① Richard Heeks, *Information and Communication Technology for Development (ICT4D)*, London and New York: Routledge, 2018, p.77.

表 5-1　两个物种间相互作用的分析[①]

相互作用类型	物种1	物种2	相互作用的一般特征
中性作用	0	0	两个种群彼此不受影响
直接相互干涉性竞争	−	−	每个种群直接抑制另一个
资源利用型竞争			共用资源短缺时的间接抑制
偏害共生	−	0	种群1受抑制,种群2无影响
偏利共生	+	0	种群1是偏利者,而种群2无影响
寄生作用	+	−	种群1是寄生者,通常个体小于宿主2
捕食作用	+	−	种群1是捕食者,通常个体大于猎物2
原始合作	+	+	相互作用对两种都有利,但不是必需的

注:0表示没有显著相互作用;+表示对种群生长、存活或其他种群特性有益;−表示对种群增长或其他特性有抑制。

数字生态系统由数字技术/环境、不同社会行动者构成。在数字生态系统中,不同群体或不同社会行动者之间也形成了不同的关系类型。我们可以借鉴上述物种间相互作用的关系来分析数字生态系统下不同社会行动者之间的关系类型。整体而言,数字生态系统中不同社会行动者类型之间,以及同一社会行动者类型内不同文化群体之间的关系也存在类似上述的相互作用。本书对此做一借鉴来考察数字生态系统内的关系。如表5-2所示。

表 5-2　两个社会行动者之间相互作用的分析

相互作用类型	社会行动者1	社会行动者2	相互作用的一般特征
中性作用	0	0	两个社会行动者之间彼此不受影响
资源利用性竞争	−	−	共用资源短缺时的间接抑制
偏害共生	−	0	社会行动者1受抑制,2无影响
偏利共生	+	0	社会行动者1是偏利者,而2无影响

---

① ［美］奥德姆(Odum,E.P.)、巴雷特(Barrett,G.W.):《生态学基础》(第5版),陆健健、王伟、王天慧等译,北京:高等教育出版社,2009年,第254~255页。

续表

相互作用类型	社会行动者1	社会行动者2	相互作用的一般特征
"寄生作用"	+	−	社会行动者1是"寄生者"
"捕食作用"	+	−	社会行动者1是"捕食者"
原始合作	+	+	相互作用对两者都有利,但不是必需的
互利共生	+	+	相互作用对两者都有利,且是必需的

注:0表示没有显著相互作用;+表示对其生长、存活或其他特性有益;−表示对其增长或其他特性有抑制。

当然,在此需要做出说明的是,本书旨在通过借鉴生态系统中的相互作用类型来比照分析数字生态系统内的相互作用类型,因此,"寄生""捕食"等仅意味着形象的说法。例如:

广州市公安局花都区分局受理了一起恶意破坏某共享电动车案件,犯罪嫌疑人韦某发被警方行政拘留7天,缴获钢管一根。经审查,现年55岁的韦某发为摩的司机,共享电动车的出现导致摩的司机业务单数锐减,为了"报复",今年5月24日凌晨5时许,韦某发在广州花都区狮岭镇金狮大道西29号使用老虎钳损坏4辆共享电动车刹车线。今年11月24日凌晨5时许在花都区狮岭镇轻轨站使用钢管撬坏约30辆共享电动车刹车把手。韦某发对自己的违法行为供认不讳。根据相关规定,广州市公安局花都区分局对韦某发处以行政拘留7天的行政处罚。

据《共享单车与城市发展白皮书》显示,共享单车颠覆了"黑摩的"行业。数据显示,共享单车出现后,70%的黑摩的司机被迫转业。[1]

---

[1] 《广州一摩的司机多次凌晨破坏共享电动车被行拘7天》,搜狐网,https://www.sohu.com/a/506597832_123753。

正如上述案例所示,在共享单车数字环境下,摩的司机和数字技术创新者之间便产生了冲突,发生了摩的司机损坏共享单车的事件。这可以视为数字生态系统下的不同社会行动者的冲突,即上述"资源利用型竞争"相互作用类型。因此,我们需要思考的是如何在数字生态系统下尽量带来互利共生的关系或命运。

二、数字生态系统下社会行动者的命运行为

如前所述,本书探讨数字环境对社会行动者命运行为的影响,主要从两个层面进行分析:一是就某个社会行动者而言,在数字技术的召唤下,结合自身的使用需求,使用数字技术,从而导致自身社会能量的变化,进而影响其命运行为。在这种情况下,社会行动者个体在数字技术召唤结构和个体需求的作用下,使用数字技术,从而影响了自身的社会能量平衡。不同的社会能量,意味着社会行动者个体处在不同的"命"即资源状态下,在这种不同的或高或低资源能量状态下,个体对一些决定性时刻下的规则和资源即"运"的理解、支配和运用也存在不同,从而导致了社会行动者个体在决定性时刻下的行为和结果即"命运"的差异。二是从数字生态系统的视角去考查,在上述这个社会行动者(A)使用数字技术后,给其他社会行动者(B)的社会能量所带来的变化,唤醒了其他社会行动者(B)的社会能量水平,进而影响这位社会行动者(B)的命运行为,这便是从数字生态系统的视角来研究的。

我们在本章主要是就上述数字生态系统的视角去考察社会行动者在数字环境下的命运行为。

社会行动者个体(A)在数字技术召唤结构和个体社会需求的作用下,使用了数字技术,而其他社会行动者(B)本身并没有使用数字技术,由于在数字环境下,A和B处在数字生态系统中,A和B形成了"寄生关系"或偏利共生关系,

从而影响了 B 的社会能量平衡,B 作为社会行动者由此处在不同的"命"即资源状态下,在这种不同的或高或低的资源能量状态下,个体对一些决定性时刻下的规则和资源即"运"的理解、支配和运用也存在不同,从而导致了社会行动者个体(B)在决定性时刻下的行为和结果即"命运"的差异。例如:

> 这则"96 岁的奶奶坚持摆摊 30 年"的视频将老奶奶一举推成网红,老奶奶不仅坚持摆摊 30 年,夜里 11 时出摊,凌晨 5 时收摊回家,非常励志,面对镜头还金句频传,"我觉得人老了应该有个价值""菜能值多少钱,总没人金贵",一时间传播能量爆棚。
>
> 但老奶奶难逃被蹭流量的网络主播追逐。前不久,几十个主播来到老奶奶摊位前直播,将她的摊位团团围住,直到路人报警,民警赶到将主播们劝离才作罢。
>
> 原拍摄者喜欢在郑州走街串巷,记录平凡人的故事,但现在事情变味,他也始料未及。他说,这两天,这些主播们每天围住老奶奶问同样的问题,老奶奶不停地做饼,非常疲惫。他很不放心,一直在远处偷偷看着,怕老人出事。他呼吁大家不要再去给老人增加负担,围观直播。①

在这个案例中,一些主播带着众多数字技术设备"围观"摊主,正是在这种数字环境下,这位河南老太太摊主的生活受到了干扰,最终这位老太太在拍客的影响下,主动做出了选择,即关闭了小摊生意这个命运行为。在这个决定过程中,拍客影响了老太太的能量资源,而老太却决定不了拍客的行为规则,因此在这种背景下,老太太做出了关闭小摊生意的命运行为。

"种群思维"有助于解释不同群体因使用数字技术而带来的相互影响。在

---

① 《河南 96 岁网红奶奶停止出摊? 民间网红屡遭"围观"生活受干扰》,《潇湘晨报》,https://baiji-ahao.baidu.com/s?id=1697463939768969802&wfr=spider&for=pc。

数字生态系统下,数字生态系统具有不同的结构,尤其是营养结构,不同的社会行动者因为对数字技术应用的不同,适应数字环境的程度不同,因而导致社会能量在不同的社会行动者之间的流动,不同的社会行动者之间可能会出现"偏利共生关系",从而导致某一个社会行动者社会能量受损,进而影响其在数字环境下的"命运"。

根据数字环境—行为理论,就上述这个案例而言,在此数字生态系统下,这位河南老太太和以直播为主业的网络主播其实属于不同的文化群体,而且这些拍客的数字技术使用行为明显地是指向这位河南老太太,借鉴生态学研究成果,在数字生态系统下,不同文化群体的此种关系显然属于偏利共生关系,即在这种关系下,主要有利于网络主播。行为链往往伴随着能量流动。即网络主播借助数字技术,吸附了社会能量。在这种能量吸附下,这位河南老太"非常疲惫",自身的社会能量受到了消极影响。正是在这种弱的社会能量状态下,这位河南老太不堪其扰,在此涉及其生计的"决定性时刻",做出了"停止出摊"的命运决定。本来这位老年人以摆摊做小生意作为生计,现在,显然在"停止出摊"后,自身生计受到了影响。

当然,就前述第二种情况而言,我们还可以进一步区分为两种情况,一种是A为使用者,B不是使用者;一种是AB都是数字技术使用者。不过,无论B是数字技术使用者还是非使用者,社会行动者A的数字技术使用行为,无论指向还是未指向B,都会对B的命运行为带来影响。例如:

> 在今年寒假期间,家里想要购买一只猫作为宠物,因此在购买前我进行了大量的资料查询工作,闲暇时也在抖音App上观看了各种宠物猫的介绍视频及生活情况,其中对英短金渐层这一种最为喜爱。在推荐算法的作用下,抖音给我推送了大量英短金渐层猫主人拍摄的视频。视频中展现出了很多英短金渐层的优点,性格温顺、容易相处、不会乱吵乱叫等。

非常适合我们这种家里有小孩子及老人的情况。在我的建议下，我们家购买了一只英短金渐层作为宠物猫。但是在购买之后我们才发现，家中的环境并不适宜英短金渐层生活，掉落的毛发清理过于困难，而这是我们在购买时没有想到的，最终导致在购买宠物猫后生活质量反而下降。

在这之后，我也进行了反思。发现自己在收集信息时只看到了视频中展示出来的优点，而忽略了英短金渐层的其他特点，而导致了最后的结果。推荐算法给我制造了一个只有英短金渐层优点的信息茧房，让我忽略了它的其他特点能否匹配我们家中的生活环境这一件事。

在整个过程中，基于内容推荐算法的过滤机制让我对英短金渐层的偏好不断强化，局限了我的视野，而忽略了英短金渐层负面特征对生活的影响信息，最终是我在选购宠物猫这件事上的失败。[1]

从上述案例中，我们可以看到，抖音短视频平台的有关英短金渐层猫的视频，也就是说视频的拍摄者其实并没有明确地指向后来英短金渐层猫的购买者，但是通过构建一种数字环境最终影响了购猫者的生活质量。

当我们去分析不同群体的关系时，数字技术剥削的相关研究成果亦可以从数字生态系统内不同社会行动者之间相互作用关系的视角进行分析和解读。

三、数字生态系统社会整合中的权力

如上所述，我们分别介绍了数字生态系统内数字技术作为环境与人之间的相互作用，以及数字生态系统内不同文化群体或不同社会行动者之间的相互关

---

[1] 陈波宇：《以抖音的使用为例——浅谈推荐算法所形成的信息茧房对人们行为的影响》，课程作业，北京邮电大学，2021年。

系。从行动者—网络理论的视角来看，无论是人行动者，还是非人行动者，在人与人，以及人与物的联结或行动即社会整合中伴随着能量流动的是权力。

在吉登斯看来，"整合概念指的是存在于任何系统再生产模式中的行动相互依赖或者'系统化'程度。因此，这里的'整合'可以被界定为行动者或者集体之间经常发生的联系、交换或者实践的交互性"①。他把社会整合"看作是面对面互动层次的系统性，'面对面互动'强调空间与在场在社会关系中的意义：在直接生活世界中，社会关系受不同空间上（也许是时间上）缺场的那些要素的影响"②。在数字生态系统中，不同社会行动者之间的社会影响，便是社会的一种社会互动，这种社会互动内的权力等能量的流动是不一样的。

吉登斯认为社会互动包括意义框架、规范和权力三个要素。行动相应地具有沟通、规范、转化三种特征。对此，吉登斯解释道："行动者在互动过程中通过利用在相当程度上可以相互理解的意义框架实现沟通目的。行动者在互动中以规范为媒介，这些规范体现为社会结构层面的强制性、合法性规则等。行动者的日常互动无不体现权力的作用，权力是行动者用来达到其目的的能力，体现为转换能力，权力本质上与人类能动性联系在一起。"③在不同的作为人的社会行动者之间的日常互动中，或者说在数字生态系统内，人与人的社会互动中，行动者 A 使用数字技术对行动者 B 的命运行为产生影响，从权力的角度而言，我们认为这种影响过程伴随着权力过程。正如吉登斯所言："权力的行使并不构成一种行动类型，权力体现于行动中，这是一种常规和例行化的现象。"④就像我们前述所举的拍客影响河南老太太的案例所显示的那样，这些拍客们利用网络直播手段，对河南老太太进行围观，干扰了其正常生活，最后导

---

① ［英］安东尼·吉登斯：《社会理论中的核心问题》，郭忠华、徐法寅译，上海：上海译文出版社，2015年，第85页。

② 同上，第85~86页。

③ 同上，第97~103页。

④ 同上，第101页。

致老太太不得不关闭小摊生意。当然,也许有一种例外情况,即行动者B总是按照自身的利益行动而不考虑其他人的干预,但是正如吉登斯所言:"如果B总是按照自身的利益行动而不考虑任何他者的干预,那么,后者是唯一可以从权力关系中排除的情形。但是,人们并不总是按照自身的利益行动。"①

对于作为物的行动者对作为人的行动者的权力,本书在前述借鉴接受美学理论,强调数字技术具有类似文学文本一样的"召唤结构",在这种召唤结构影响下,社会行动者使用数字技术,从行动者—网络理论看来,这便赋予了数字技术作为物的行动者具有与作为人的行动者同等的地位。当然,我们说作为物的数字技术作为行动者对人具有权力时,实际上是在一种类比和隐喻的意义上说,即"通过某种技术设计的手段,技术人工物自身所体现出来的某种物质特点对人的知觉和行为模式的转换,从而在无形中'引导'着人们看待世界的方式和处事模式"②。正如维贝克所言,意向性通常是一种混杂的事务,包括人类的和非人类的意向,或者更好地说,是"复合意向"的意向性,分散在人的和非人的因素中,在人—技术—世界的关系中。这一概念,其实说明了人与技术之间的相互构成关系。

因此,在由人、数字技术所构成的数字生态系统内,无论是在人与人,还是人与物的社会互动中,权力关系伴随着社会互动中互动双方的相互依赖。正如吉登斯所言:"社会系统中的权力因此可以被看作是社会互动过程中自主与依赖关系的再生产。权力关系因此总是双向的,即使在社会关系中某一行动者或者团体的权力相对其他行动者而言非常微不足道的情况下也是如此。权力关系是自主与依赖的关系,即使是最自主的行动者某种程度上也是一个依

---

① [英]安东尼·吉登斯:《社会理论中的核心问题:社会分析中的行动、结构与矛盾》,郭忠华、徐法寅译,上海:上海译文出版社,2015年,第100页。

② 刘铮:《从两种意向性到两种伦理学:现象学视域下的身体、技术与伦理》,苏州大学硕士学位论文,2015年。

赖者,即使是最依赖的行动者或者团体在权力关系中也拥有某些自主性。"①控制他人的同时也被他人控制着。

因此,本章主要论述了从数字生态系统视角去观照数字环境对社会行动者命运行为的影响。数字生态系统便指涉的是一种数字环境下的类生态关系。当然,这种关系也是一种道德伦理关系。正如鲍曼所言:"我们说人类生存状况首先是道德存在物而非其他,指的是:远在被权威地告知何为'善'、何为'恶'(有时两者都不是)之前,我们在最初不可避免地与他者相遇时已经面对着善与恶的选择。这也就是说,不论选择与否,依照顺序,我们面对的境况首先是一种道德的问题,面对的生活选择首先是道德的两难选择。"②这是需要我们注意的。

① [英]安东尼·吉登斯:《社会理论中的核心问题:社会分析中的行动、结构与矛盾》,郭忠华、徐法寅译,上海:上海译文出版社,2015年,第102~103页。
② [英]齐格蒙·鲍曼:《生活在碎片之中——论后现代道德》,郁建兴、周俊、周莹译,上海:学林出版社,2002年,第2页。

下编
专题应用

第六章 作为地点的数字环境:数字地址 对人的命运行为的影响

前述,我们就数字环境—命运行为研究的核心概念如数字环境、命运等做了分类梳理和新的阐释,同时对数字环境—命运行为研究的理论框架包括机制和研究进路做了探讨,并且对研究进路1和2结合数字技术的召唤结构及数字生态系统视角进行了理论阐述。这些章节可以视为本书的理论构建部分。

从本章起,研究者将结合数字环境分类3,从作为地点的数字环境、作为环境的数字环境以及作为空间的数字环境对数字技术对社会行动者命运行为的影响结合案例等进行阐释。

在本章,研究者探讨的便是数字地址及其使用对社会行动者命运行为的影响。

一、地点的数字化:数字技术与数字地址

地址作为物理地点,往往是固定的。虽然地点的选择和配置往往含有社会因素,但总体而言,物理地点具有的是物质性、可视性。通过对物理地点进

行数字编码,传统的物理地点具有了数字代码,例如传统的门牌号和地理坐标等。而这些并非本书所谓的"数字地址"。在数字技术的加持下,数字地址应运而生。本书所谓的"数字地址",指的是作为地点的环境的数字化,一方面指的是社会行动者在网络虚拟世界的位置,在网络虚拟世界,你的IP地址便是你的数字地址,你的手机号码便是你的数字地址,你在各种社交媒体中的账号便是你的数字地址,你的邮箱账号便是你的数字地址;另一方面指的是社会行动者现实世界物理地点的数字化呈现,例如你在导航软件中呈现的随着你在现实世界中不断变动的物理地点而持续变动的数字化呈现。GPS等移动定位技术的应用,使得人们能够即时定位自己的物理地点并进行分享,这也是数字化的发展趋势之一。

人们除了拥有此时此刻条件下的物理地点,在数字地址技术的使用下,人们也具有了数字地址:一串数字符码。因此,由上述可知,当我们在谈论数字地址及技术时,我们实际上是在两个不同层面使用。下面,我们就从这两个层面做一介绍。

(一)数字ID或数字位置技术

这包括硬件和软件。硬件设施的地址,往往是一台设备与一个地址进行匹配。软件的账号,是由使用者申请使用。尤其是实名制之后,一个账号往往对应着一个使用者,这形成了较为明确的对应使用关系。随着沟通私密性和移动性的增强,位置通常不再明显。有移动连接的位置都能称为"地点"。在某些情况下,人们更多会通过自己的手机号码和网名,而不是自己生活和工作的真实地址,来明确地界定自己。①例如,加拿大著名社会学者威尔曼曾举了两个例子:研究生克里斯托马斯在2008年去亚的斯亚贝巴的孤儿院发放食品时,许多人直接留手机号作为他们的"地址"。

---

① ［美］李·雷尼、巴里·威尔曼:《超越孤独:移动互联时代的生存之道》,杨伯溆、高崇等译,北京:中国传媒大学出版社,2015年,第88页。

　　我们询问司机的地址,以便我们能再次雇他的车。他说:"可以,可以。"然后拿着我们递给他的纸和笔,写了些东西又递回给我们。这是一个手机号码,开头还带有国际电话代码。他的地址就是一个电话号码。这就是如此多的居民拥有手机的原因。他们的位置并不是绑定在某个家庭、某个地址,或地球上某个固定的地方之上,而是绑定在其手机号码之上。"我在这里",但是,"这里"的意思是你能通过手机联系到我。司机无法给我们一个他能接收信件的地址——他的家庭地址不行,孤儿院地址也不行。我们向他要这种地址时,他感到很吃惊——既然我们有他的手机号码,为什么还需要那种地址呢? 在亚的斯亚贝巴,我感觉或许当地的社会经济鸿沟不是"有家对无家或破烂之家"而应是"有手机号码即有位置,对无手机号码即完全没有位置"。①

　　威尔曼也提到这不是发展中国家的独有现象。2010年2月4日,牛津大学社会学家伯尼·霍根(Bernie Hogan)在Twitter上发推文称:"一个朋友询问我的地址和电话。我给了他电子邮件地址和手机号码。我从未想过他要的地址竟是'家庭'住址。"②伯尼·霍根把这称之为"软地点"。这是网络化个人从基于地点的联系向基于人的联系转变的一部分。显然,相对于传统的物理地址,数字地址或数字位置变得灵活,富于流动性。

　　(二)数字定位技术

　　如果说上述数字位置技术或数字ID是一种静态层面的数字地址,那么数字定位技术则偏于动态层面的数字地址,因为它会随着技术使用者而发生变动。例如,手机定位是指通过特定的定位技术来获取移动手机或终端用户的

---

　　①②　[美]李·雷尼、巴里·威尔曼:《超越孤独:移动互联时代的生存之道》,杨伯溆、高崇等译,北京:中国传媒大学出版社,2015年,第88页。

位置信息（经纬度坐标），在电子地图上标出被定位对象的位置的技术或服务。①正如社会学家曼纽尔·卡斯特指出的那样："我们生活的实践外面覆盖着一层无线外壳，所以，我们同时存在于自我和网络之中。我们从来没有离开过网络，网络也没有离开过我们；这就是网络社会时代的真实到来……人们现在可以构建属于自己的信息系统。"②并且这种变动往往与位置服务相关联。这也成为数字移动时代场景消费的推动力。

上述，我们从静态和动态两个方面对数字地址及技术做了介绍。本章下述涉及数字地址及技术时指涉地便是这两个方面的数字地址技术。

基于前述数字环境-命运行为的研究进路，研究者可以从两个层面对作为地点的数字环境对社会行动者命运行为的影响进行分析和探讨：一是从数字技术召唤结构层面分析社会行动者对数字技术的使用，然后以此进一步分析这种使用行为对社会行动者命运行为的影响，二是从数字生态系统视角去分析数字地址技术使用者对其他社会行动者命运行为的影响及两者之间的相互作用关系类型。

二、作为地点的数字地址技术的召唤结构

结合前述数字技术的召唤结构，本书认为作为地点的数字地址技术也同样具有类似的召唤结构，具有意义未定性和意义空白，同时具有从外到内包括话语层面、形象层面和社会层面在内的召唤结构的层面。如表6-1所示。

---

① "手机定位"，百度网，https://baike.baidu.com/item/%E6%89%8B%E6%9C%BA%E5%AE%9A%E4%BD%8D/6220982?fr=aladdin。

② ［美］李·雷尼、巴里·威尔曼：《超越孤独：移动互联时代的生存之道》，杨伯溆、高崇等译，北京：中国传媒大学出版社，2015年，第83页。

表6-1　作为地点的数字地址技术的召唤结构

数字技术召唤结构的层次				作为地点的数字地址技术的召唤结构
			层次1　层次2　层次3	
数字技术的召唤结构的「结构」	意义空白、意义未定性	话语层面	技术形式 "硬"特征	链接性、移动性、易保存等
			技术形式 "软"特征	简洁、易操作性等
			技术内容 功能性	便利性等
			技术内容 形式性	易识记等
			技术内容 实质性	可选择性、可删改等
		形象层面	技术自身 技术形象	时代感、美观、科技感等
			技术自身 内容形象	多样性等
			技术使用 期待想象使用	酷、科技感等
			技术使用 实际想象使用	个性化等
		社会层面	社会关系 社会伙伴	关系维持、社会交往等
			社会关系 角色伙伴	角色关系的建立与维持等
			社会问题 回避问题	逃避等
			社会问题 解决问题	解决问题等
			社会问题 探索社会	探索社会等

（一）作为地点的数字地址技术召唤结构的"结构"

就文学文本而言,伊瑟尔提出:"文学作品中包含着意义空白与意义未定性,它是联结创造意识和接受意识的桥梁,是前者向后者转换的必不可少的条件。它促使读者去寻找作品的意义,从而赋予他参与作品意义构成的权利。正是意义未定性与意义空白才构成了作品的基础结构,此即'召唤结构'。"①伊瑟尔指出了意义空白和意义未定性构成了文学文本的召唤结构。

正如上述,数字地址技术也同样具有这种意义空白和意义未定性。对于

————————

① ［德］沃尔夫冈·伊瑟尔:《阅读活动——审美反应理论》,金元浦、周宁译,北京:中国社会科学出版社,1991年,第11页。

数字地址技术的使用者而言,它们对数字地址技术有着自己在使用上的理解,即数字地址技术对于使用者而言,在使用的可能性方面存在着"空白",等待着用户在使用中进行创新性使用去填补这一空白。同时,又如前述,不同的用户对数字地址技术的使用存在着差异性,这体现出了数字技术的召唤结构的"意义未定性"。例如,数字地址技术被有的人用来发展色情活动等数字越轨行为。

对于不同的用户而言,数字地址技术的召唤结构也是不同的。对有的用户而言,起到主要作用的是召唤结构的话语层面,而对其他用户而言,起到主要作用的是形象层面或社会层面。但总体而言,包括表6-1所列出的主要方面。这些召唤结构都在召唤着用户对数字地址技术的使用,显然,无论用户对数字地址技术的使用方式如何,这种使用行为对其的社会能量带来了变化,最终会影响其命运行为。

(二)作为地点的数字地址技术召唤结构的层次

如上表6-1所示,数字位置技术召唤结构也分为话语层面、形象层面和社会层面。

1.数字地址技术召唤结构的话语层面

(1)技术形式

如表6-1所示,数字地址技术在技术形式上具有硬特征和软特征。在硬特征上,例如,数字地址技术因其具有的链接性、移动性强以及易保存等特征受到潜在使用者的欢迎。正如上述案例所显示的,越来越多的人以数字地址作为自己的标记。

(2)技术内容

就技术内容层面的召唤结构而言,包括功能性、形式性和内容实质性。就数字地址技术而言,数字地址技术作为一串数字符码,指涉的随机性,也具有便利性、易识记、可选择、可删改等特征。这些特征符合潜在使用者的消费心理,能够抓取潜在消费者的求异心理。

2.数字地址技术召唤结构的形象层面

(1)数字地址技术自身

这包括技术形象和技术内容形象。数字地址技术作为具体的可见的技术产品,常常表现为手机、GPS手持设备等产品形式,基于数字地址技术的科技产品在设计语言上也越来越具有科技感、时代感,越来越具有审美价值,日益成为人们的装饰品。数字地址技术的内容形象,如前述手机号码、社交媒体账号等,作为数字符码,从技术内容而言,便具有多样性等特征。

(2)数字地址技术使用

如上所述,包括对数字地址技术的期待使用形象和看到实际产品后的想象使用形象两个层面。对于数字地址技术产品,潜在使用者会在期待中想象使用形象,例如酷、科技感等。在见到实际产品后则会想象使用产品的形象,例如能够满足自己个性化的需求等。潜在使用者可以根据自己的喜好来创制自己的账号,或者选择自己钟爱的手机号码等。因此,这符合潜在使用者所想象的个性化、可选择性等形象。

3.数字地址技术召唤结构的社会层面

(1)社会关系

正如前述,从社会关系这个角度而言,数字地址技术主要是能够起到关系的维护、拓展等功能,同时在社交媒体平台上,还可以帮助建立网络虚拟社区,在不同的社区扮演着或者呈现出不同的自我。例如:

初入北京,人生地不熟,跟着手机导航一路前行,这便是我来到学校的途径。

首先,定位技术提高了我个人行动的高效性、目标性。在过往没有手机的日子,出门要提前规划路线,明确坐哪一辆公交、地铁到哪一站下车等烦琐细节,坐车时也要时刻保持警醒,防止坐错车或者坐过站。遇到迷路的情况,只能向他人求助。而如今有了智能定位技术,随时随地智能规划路线,多条路线供你选择,并且附带语音助手,提醒上下车。有了具体前进的目标,按照手机地图上规划的路线,毫不拖泥带水,直奔目标地点,方便了出行,简约了生活,愉快了身心。

其次,定位技术扩宽了人与人之间的信息交流。过去与朋友、家人约见面,只能提前订好地点提前等候。万一走错了地方,闹了乌龙,费了时间,坏了心情。如今通过智能定位技术,将多方的位置信息共享,准确传达相关位置信息,既是对时间规划的正向引导,又是对信息交流效率的提高,同时也是一份对安全的关注。

最后,智能定位技术收集用户相关数据,通过大数据,进行 AI 模拟,针对用户的出行,进行相关的小提醒、建议,优化用户出行体验。

从反面来看,定位技术也对个人行为存在消极影响。如方向感的缺失、过度依赖于定位,忽视客观条件。如若定位技术出现差错,将直接影响人们的正常生活。[1]

如上述案例所示,定位技术除了在技术功能上"召唤"着用户的使用外,还"扩宽了人与人之间的信息交流",显然在社会关系的维持方面也在召唤着用户的使用。正如有论者所言,用户通过带有定位功能的社交媒体(如陌陌、微信摇一摇、微博"查找附近的人"等)搜索与自己距离较近的"陌生人",并与之选择性地建立社交关系。以微博打卡为例,用户到达某地并在微博界面标记"打卡签到",传达"我在这里,附近有谁在?"的信息,提供给用户与附近的人建立社交关系的可能性,帮助有共同兴趣点的人联系彼此。即使用户并未主动

---

[1] 何吉龙：《定位技术对个人行为的影响》,课程作业,北京邮电大学,2021年。

与同在的陌生人展开互动,但媒介界面上的共同显示仍创造出"无声社群"的共在感。①再如手机,兼具了地点和移动的优势,可以随时随地与朋友保持关系,与对方建立联系。

(2)社会问题

如表6-1所示,数字地址技术的召唤结构在社会问题层面,主要包括回避问题、解决问题以及探索社会三个维度。就回避问题而言,数字地址技术作为一串符码,能够使用户通过技术手段更改自己的真实地址信息,从而帮助其回避问题。例如,隐藏IP地址等。另外,数字地址技术也能够用来帮助解决社会问题,例如:

2022年5月12日,北京市公安局公交总队土桥站派出所警长黄洋在地铁八通线土桥站执勤巡逻时,收到乘务管理员白青振在地铁十里河站执勤时捡到的一台笔记本电脑。

黄洋接过装有电脑的手提袋,发现里面有一台笔记本电脑和鼠标。看到这台精致贵重的笔记本电脑,黄洋心想失主一定很着急。

回到警务室,黄洋打开电脑发现竟然未关机,但是设置了登录密码,依然无法查询出失主的信息。仔细端详着电脑,黄洋突然看到登录账号名字是一串9位数的阿拉伯数字。业余时间喜欢钻研通信技术的黄洋,立刻用自己的手机通过微信添加该串数字为好友,结果显示"该用户不存在";黄洋又试着添加为QQ好友,并给该QQ账号留言表明了来由。

5月14日上午,黄洋添加的QQ通过了好友申请,并回复了信息。黄洋及时要来对方手机号码,在电话中初步确认,正是遗失笔记本电脑的主

---

① 李森:《空间、地点与定位媒介:移动新媒介实践中的城市空间再造》,《西部学刊》,2018年第8期。

人庄先生。①

正如上述案例所示,警官黄洋正是通过一组9位数的QQ登录账号,成功找到并联系上了失主。

此外,数字地址技术还可以用来探索社会。例如:

> 虽然像我这样的路痴比较多,但是不可否认基于移动定位技术的手机导航变得越来越方便,我们走在路上可以不用去问路,可以不费劲地找路标,只需要打开手机App,输入自己想去的地方,它就会自动规划好路线。其实对于所有导航软件的使用者来说,移动定位技术确确实实给我们的生活带来了巨大的便利。不管走在哪一座陌生的城市,都会给我们指明方向,不用担心迷路。
>
> 其实不只是手机导航软件,我们平时到某个地方玩,却不知道这里哪里有好玩的。这怎么办,其实在美团App上,我们只需要打开定位,它就会自动获取附近的吃喝玩乐的地方,让我们不再为没处玩没处吃而感到失落。在不迷路的基础上,移动定位系统为我们提供了更优质的服务。②

如上述案例所示,数字移动定位技术在给我们的生活带来巨大便利的同时,"我们只需要打开定位,它就会自动获取附近的吃喝玩乐的地方,让我们不再为没处玩没处吃而感到失落。"由此可见,数字地址技术还可以帮助潜在的使用者探索社会。

---

① 《民警通过一串9位数数字成功"破案"》,百度网,https://baijiahao.baidu.com/s?id=1734060960040149799&wfr=spider&for=pc。

② 唐雨荷:《智能定位技术对个人行为的影响》,课程作业,北京邮电大学,2021年。

三、数字地址技术的使用对社会行动者命运行为的影响

如上，数字地址技术的召唤结构至少构成了社会行动者使用数字地址技术的要件，当然也需要满足使用者的使用需求。根据前述，使用者在使用数字地址技术时/后，社会能量发生了变化，或增强或减弱，在这种变动了的社会能量状态下，社会行动者后续命运行为受到了影响。例如：

> 刚开始接触GPS是2001年，那时候市面上GPS很少，个人消费类的就只有几款GARMIN（高明）、MAGELLAN（麦哲伦）这样国际大厂商的专业GPS，大多数是手持型的，也有个别车载的。记得那时候在协会里见过从日本带回来的手表型GPS，算是当时见过的最小的了。一次在朋友那里见到了GARMIN eTrex系列一款颜色鲜黄的机器，这款机器是最初级的GPS，不带地图，就是在一张白纸上画轨迹，而且屏幕分辨率也比较低，大小和手机一样，模样很是可爱。二话不说，把这机器借来玩了几天——那是第一次使用GPS……
>
> 这台Venture在我手里最有用的还是开车长途出游的时候。我带着它（也可以说是它带领着我）远足过黄山、宏村等地，还去过无数次北戴河，我走的可不是大家常走的京沈高速，而是自己用GPS探出来的海边道路。……这样出游，相比以前确实方便很多，一路上一点冤枉路都没走。自己走过的轨迹，通过反向导航功能可以让GPS带领你再按原路返回，这样即便是在没有任何参照物的茫茫草原、戈壁和大海中都不会丢失。记得上中学时和亲戚去大草原，大半夜在草原上开车，我们以为是在直走，走了个把小时，却发现又回到原来的地方了——没有GPS在这种地方真

是可怕。①

从上述案例中,我们可以看出,这款GPS产品在形式上小巧,颜色鲜黄,模样可爱,同时,作者一直在想象中期待能够使用GPS产品,从前述数字地址技术的召唤结构来看,单是这些特征便足以"召唤"作者使用GPS产品。在案例中,作者还举了一个例子,对于喜欢出游的作者而言,尤其是在草原、戈壁等路况非常复杂的地域中,GPS产品不止一次地帮助作者在返回路线的命运选择上顺利返回。

正如,有论者在谈及手机时所言,形形色色的发展结果之一就是手机不再是"奢侈的""无用的",而是"不得不接受的事物";它们自然而然地与我们的身体交织在一起,总是在身边,借此让移动通信的生活成为可能。从社会角度而言,他们与自己的网络断开了联系……固定通话通信无法令人满意地替代"丢失"的手机。人们因而迷失在丧失联系的无人之地。没有了协调工具,他们将不仅无法从事更多的团体旅行,而且减少了面对面的接触。②基于数字地址技术的手机越来越嵌入在人们的日常生活中,或者说人们也越来越嵌入在数字地址技术之网中,人与数字地址技术"互嵌",基于数字地址技术的手机等数字产品成为人们数字生活的近乎必备的要件,人们在使用中与他人发生即时的、延时的、跨越时空的联系,人们在使用前满怀期待,在使用中经历喜怒哀乐,在使用时/后体验到社会能量状态的变化,正是在这种影响下,进一步影响了人们的命运选择行为。

---

① 《我与GPS不得不说的故事》,《地图》,2007年第5期。

② [美]理查德·塞勒·林:《习以为常:手机传播的社会嵌入》,刘君、郑奕译,上海:复旦大学出版社,2020年,第167页。

四、基于数字地址技术的数字生态系统对社会行动者命运行为的影响

基于前述理论陈述,在数字地址技术的数字生态系统内,不同社会行动者使用数字地址技术,对生态系统内的其他社会行动者的命运行为带来影响。根据前述表5-2两个社会行动者之间相互作用的分析,我们在本章建立了基于数字地址技术的数字生态系统内不同社会行动者之间的相互作用类型,如表6-2所示。

(一)中性作用

如表6-2所示,这种中性作用代表两个社会行动者之间虽然使用数字地址技术,但是彼此之间往往不受影响。

表6-2 基于数字地址技术的数字生态系统内不同社会行动者之间的相互作用类型

相互作用类型	社会行动者1	社会行动者2	相互作用的一般特征
中性作用	0	0	两个社会行动者之间彼此不受影响
资源利用性竞争	-	-	共用资源短缺时的间接抑制
偏害共生	-	0	社会行动者1受抑制,2无影响
偏利共生	+	0	社会行动者1是偏利者,而2无影响
"寄生作用"	+	-	社会行动者1是"寄生者"
"捕食作用"	+	-	社会行动者1是"捕食者"
原始合作	+	+	相互作用对两者都有利,但不是必需的
互利共生	+	+	相互作用对两者都有利,且是必需的

注:0表示没有显著相互作用;+表示对其生长、存活或其他特性有益;-表示对其增长或其他特性有抑制。

(二)资源利用性竞争

这种类型代表着两个社会行动者个体或群体在资源短缺时相互竞争。例如,基于数字地址技术提供位置服务的创业者之间便类似于这种关系类型。

（三）偏害共生

这一类型的特点是社会行动者1受抑制,而社会行动者2无影响。例如:

"好像随时随地都有一双眼睛盯着你,太不自在了。"4月2日,沈阳市铁西区一家外贸公司销售经理蒋桐带着手机出去办业务,中午休息时间,移动考勤App上通过手机定位得知她曾出现在沈阳市住房公积金管理中心。4月8日,她被公司通报批评并罚款200元。蒋桐愤愤不平地认为,不能要求员工时时都在工作地点,更直言手机定位考勤等于给员工套上了一道"紧箍"。去年3月,公司用上了一种移动考勤系统。员工手机下载该App后,每天的行踪清清楚楚地被公司掌握。公司绩效科不用每个月底进行人工统计,请假、加班、出差等考勤记录通过后台就可直接生成绩效工资和补助费用。

据了解,当下一些企业使用手机定位的管理方式考勤员工,这些企业认为,此举能够激发员工工作效率,给员工"上发条"。与此结论相反,许多员工却吐槽此举好像是戴了一个24小时的"紧箍"。辽宁百联人才管理有限公司总经理郝红宾认为,定位员工要掌握好分寸。下班、午休、假期等时间应当关闭定位,不应打扰员工生活。如果监控过多,会使员工觉得自己不被尊重,甚至会让员工感到焦虑和压抑。[①]

在上述案例中,我们可以看到某公司开发应用的基于数字地址技术的移动考勤系统给员工带来了"抑制"影响,员工感觉被上了一道"紧箍","会使员工觉得自己不被尊重,甚至会让员工感到焦虑和压抑"。又如,据报道,亚马逊在2016年递交了手环专利申请,根据专利内容,这种手环会发射超音波脉冲

---

① 刘旭:《手机定位"追踪"员工引争议 专家:下班后应关闭》,百度网,https://baijiahao.baidu.com/s?id=1597319046448881476&wfr=spider&for=pc。

和无线电传输,系统的感测器会根据手环的信号进行三角测量,以确定员工所处的位置,软件将该位置与应该处理的库存物品相匹配,除了拾取信号之外,系统还可以发回信号,提供触觉反馈来引导员工走向正确的箱子。亚马逊声称该系统可简化仓储的耗时任务,在手环的指导下,员工能在收到订单同时快速完成打包与交付流程。不过,有媒体则认为亚马逊开发这样的技术等于职场监视器,把员工当成机器人。亚马逊前仓储员工表示,在亚马逊仓库工作的人一小时要处理几百件货品,每几秒就要处理一件,没有达到目标的话就会被解雇,由于工作强度太高,导致人员流动率也非常高。一名在英国亚马逊仓储工作的人员认为,手环可能会为亚马逊节省一些时间和劳动力,但也表示这种死缠烂打的追踪方式会让劳工面临不公平的审查,直言亚马逊最终想全面以机器人取代人类,但在这个技术尚未到来之前,只好先把人类变成机器人。[①]

"监察"指较为纯粹地从旁察看,与"监控"中的把控、控制相区分,"监察"重点强调单纯基于数字技术能够实现的"看"的功能,并不隐含着要采取行动的倾向,强调了数字技术本身的功能。而"控"则意味着要对不合意、不称心的地方采取控制性措施的意涵。因此,本书从数字环境行为学的角度,对"监控"和"监察"做区分。但无论是哪一种,都会给社会行动者的命运行为带来影响。

（四）偏利共生

根据表6-2,所谓的"偏利共生"指的是"社会行动者1是偏利者,而社会行动者2无影响"。例如,基于用户数字地址技术的场景化服务,能够给用户提供更丰富、更有针对性、更符合场景需求的产品和服务。

（五）"寄生作用"

根据表6-2,此处的"寄生作用"指的是"社会行动者1是寄生者"。当然,此处的"寄生"显然是一种隐喻。我们经常使用的一些手机软件,如谷歌地图、

---

① 《亚马逊新专利曝光 是一条能把人类变成机器人的腕带》,百度网,https://baijiahao.baidu.com/s?id=1592373507526333699&wfr=spider&for=pc。

城市地图等应用程序都需要开通定位服务,除此之外,很多并不需要定位服务的软件公司还是一直在对用户进行位置跟踪。许多软件公司使用IP地址、广告ID和cookie来跟踪用户,储存用户的在线行为、搜索历史、购买习惯等详细信息,这些数据会被卖给广告商、零售公司和对冲基金以了解消费者的行为习惯。据称,今年这些隐私信息的市场价值估计为160亿英镑(合1392亿元人民币)。[①]例如:

2019年11月,上海外国语大学法学院学生陈婷在使用百度贴吧时发现,百度贴吧首页会通过电子信息的方式向用户推送商业广告,且这些商业广告可以准确定位到用户所在地区。用户在浏览百度贴吧首页时无法拒绝接收这些频繁出现的商业广告。

百度贴吧App《隐私政策》中的"位置信息"部分表明:用户可以随时在系统中取消定位授权。然而陈婷在使用过程中发现,即使定位取消,推送广告依然可以定位到用户所在地区。原告陈婷认为,该行为违反了《中华人民共和国消费者权益保护法》第二十九条的规定:经营者未经消费者同意或者请求,或者消费者明确表示拒绝的,不得向其发送商业性信息。

陈婷认为,《中华人民共和国网络安全法》确立了收集、使用个人信息合法、正当、必要的三原则。而百度贴吧App普通版《隐私政策》并未对个人信息等条款加粗标红,也未履行提示说明义务,HD版中更是隐藏了具体服务条款。

因此,陈婷于2020年5月15日向湖北省蕲春县人民法院提起诉讼,请求法院:①判令被告停止侵害行为,并在其贴吧首页上置顶发表澄清事实及向原告致歉的消息持续10日,具体内容应事先经原告同意确认后发

---

① 王祎涵:《担心个人隐私泄露? 安全专家:关闭手机定位吧》,环球网,https://baijiahao.baidu. com/s?id=1619795519662931419&wfr=spider&for=pc。

布;②判令被告暂停营业,进行行业自检;③判令案件受理费等诉讼费用由各被告承担。同日,法院予以立案。[①]

在我们的数字生活中其实常会遇到这种智能移动定位技术带来的困扰。智能移动定位技术会产生一些其他的利益冲突,有的商家会利用智能移动定位技术收集用户的行进路径,并利用这些信息来收集有关此人购物习惯的数据,或根据他们的位置对他们投放广告,这样具有针对性的商业活动在一定程度上窃取了我们的隐私。

显然,在精准投放技术的作用下,个人的自主性受到了影响。显示出个体在面对使用数字地址技术的社会行动者时具有被动性及个体在这种数字地址技术干预下的无奈。社会行动者对数字地址技术的使用在某些方面影响了其他社会行动者个体的命运行为。

（六）"捕食作用"

此处的"捕食作用"指的是"社会行动者1是捕食者"。或者说在基于数字地址技术的数字生态系统内,社会行动者利用数字地址技术成为"捕食者",进而对其他社会行动者产生影响。对于这种相互作用关系类型,我们可以将目光转向商家和消费者的关系。消费者需要商家提供商品,以满足自身的各种物质和精神消费需求,而商家则需要消费者不断消费以持续发展。因此,两者之间可谓是一种共生关系。但是在数字技术应用背景下,我们发现,商家基于数字地址技术不当牟利,将消费者视为猎物。例如,大数据杀熟现象。

在社会生活中,我们可以发现成对的或者说对立的一组或几组关系,举例来说,师生、雇佣等关系便是类似的成对关系。显然,数字技术对关系双方的意义或价值是不一样的。在这些成对的关系中,一方对数字技术的利用往往

---

① 《上外女生起诉百度侵犯隐私:手机关闭定位　广告依然精准推送》,《中国青年报》,https://baijiahao.baidu.com/s?id=1681788672830524855&wfr=spider&for=pc。

会影响到另一方对数字技术的使用。其实,这也是本书在前述论及的"数字环境"的类型之一。

（七）原始合作

此处的"原始合作"指的是"相互作用对两者都有利,但不是必需的"。例如,在下面这个案例中所示的。

从2021年2月18日下午说起,当时吕女士通过美团App,点了两杯酸奶紫米露和一个奥利奥千层盒子,准备和孩子来个"下午茶"。外卖送上门后,吕女士吃了一口千层盒子,觉得口感不太好。在点评时,吕女士选择了差评。

"必须给差评,大家不要买了,第一次吃到盒子蛋糕里面用的不是动物奶油,一口下去,奶油都辣舌头。太黑心了,一盒安佳奶油才40块钱,够做几十个盒子蛋糕了。竟然都不舍得放。真不怕吃死人吗?"

第二天,吕女士接到了自称烘焙店家的电话,对方要求删除差评。吕女士说,她不是对方所说的同行恶意差评,就是一个纯粹的消费者,有权表达自己的消费体验,于是拒绝了删除差评的要求。

而这么做的结果就是,对方开始不断地电话、短信"轰炸",语气也越来越出格。

吕女士随后向美团平台进行了投诉。第二天,为了结束对方无休止的"骚扰",吕女士最终选择了妥协,删除了差评。

平台客服人员回复吕女士,根据她提供的短信截图、电话录音,平台依据相关管理规定,对商家进行了处理。得知这样的处理结果,吕女士依然心情沉重。她担心,商家已经知道自己的家庭住址,会做出不理智的事。目前,吕女士已经向警方报案。[1]

截至2020年12月,我国网络购物用户规模达7.82亿,占网民整体的79.1%;手机网络购物用户规模达7.81亿,占手机网民的79.2%。此外,截至2020年12月,我国网上外卖用户规模达4.19亿,占网民整体的42.3%;手机网上外卖用户规模达4.18亿,占手机网民的42.4%。[2]在上述案例中,店家和消费者之间原本是一种相互合作的关系,虽然这种合作关系并不是必需的,但是如果相互之间能够合作,那么显然对双方都是有利的,商家收获的是至关重要的信誉,而消费者收获的则是质量可靠的商品。上述案例,从反面说明了店家和消费者之间的"原始合作"关系,但并不是必需的,并没有强制要求消费者要给店家点赞或者好评。

(八)互利共生

此处"互利共生"指的是"相互作用对两者都有利,且是必需的"。例如:

据江苏公共·新闻频道《新闻空间站》报道:8月11日深夜11点多,南京秦淮警方接到一个来自浙江的电话,报警人贾女士说,一个小时前,突然接到丈夫胡先生的电话,称自己喝多了酒,不知道在什么地方。随后,对方就挂断了电话,贾女士再打回去就没人接了,担心他的安全,贾女士就向南京警方求助。

贾女士告诉民警,她使用手机的定位功能,确定了丈夫的位置后,发

---

[1]　魏思超、彭俊杰:《顾客给了一个差评　商家扬言"整死你"》,海外网,https://m.haiwainet.cn/ttc/3541083/2021/0222/content_31985085_1.html?tt_from=weixin&tt_group_id=6931804484695753229&utm_campaign=client_share&wxshare_count=1&timestamp=1614048957&app=news_article&utm_source=weixin&utm_medium=toutiao_ios&use_new_style=1&req_id=210223105556010135168221 5D005DD0&share_to-ken=F6B37D7E-5EB6-46E8-A204-3486EED8553D&group_id=6931804484695753229。

[2]　中国互联网络信息中心:《第47次中国互联网发展状况报告》,2021年2月。

现他的位置一直都没动过，大概已经持续有一个小时了。

民警立即前往胡先生所在的位置附近寻找，当时已经很晚了，民警担心胡先生可能醉倒在某个角落，就在定位附近仔细排查，同时询问路上的行人及沿街商铺的工作人员。

一直到8月12日凌晨，民警再次联系贾女士，贾女士说发现丈夫的定位有变化，于是，民警扩大了寻找范围，最终在后标营3号对面的公交站台，发现了一名男子。

当时，一名男子躺在地上，满身酒气，在其腿部发现有一个包，还有一部手机。①

在上述案例中，民警和求助者（男子）都是数字位置技术使用者，他们构成了某种基于数字位置技术的数字生态系统。在此，我们主要是从生态系统的视角来审视这个案例。在这场救助中，正是在民警和贾女士使用定位技术的手机的情况下，成功救助了贾女士喝醉酒的丈夫。民警通过使用数字位置技术挽救了该醉酒男子的生命。或者进一步说，影响了该男子的命运行为。

在数字时代，位置依然重要，正如有论者所言："位置感知软件的出现意味着：只要我们按照网络化个人的方式去思考的话，即位置是此刻他们所处的地方和他们所前往的地方，位置就依然重要。"②例如，有的企业利用"探针盒子"来搜集附近用户的电话。当用户手机无线局域网处于打开状态时，会向周围发出寻找无线网络的信号，探针盒子发现这个信号后，就能迅速识别出用户手

---

① 汪舒、徐授科：《南京民警接到浙江女子求助电话：老公在外面喝醉 用手机定位找人》，百度网，https://baijiahao.baidu.com/s?id=1675633743802675282&wfr=spider&for=pc。

② ［美］李·雷尼、巴里·威尔曼：《超越孤独：移动互联时代的生存之道》，杨伯溆、高崇等译，北京：中国传媒大学出版社，2015年，第88页。

机的MAC地址,之后转换成IMEI号,再转换成手机号码。[①]

五、数字地址技术与数字虚假环境

数字地址,作为一串数字符码,这有可能是真实的,例如数字定位技术;有可能被用来选择,例如,有的用户选择在朋友圈等社交媒体里随喜好选择自己的地点。微信里据称有不少于2000万用户选择的地点是"安道尔"。当然,这种修改定位的做法,最直接的后果便是数字地址有可能是虚拟的、虚假的。也就是说,我们在朋友圈所看到的"世界游"并不都是真的,在某平台与某商家很早就有这类服务了,用户只需要十元就可以足不出户,将朋友圈定位在世界各地,不过,微信官方对此表态称,使用包括虚拟定位在内的微信外挂软件是违规行为。微信表示,2019年上半年,已经对百万使用外挂的账号进行了封禁。[②]

由此,这便构成了一种数字虚假环境。通过这种数字地址技术,进而隐藏自己的真实身份,正如有论者所言:"虚拟现实提供的空间也许最适合多重人格,它也可以帮助人们打破原来建立在统一人格基础上的文化身份。"[③]根据国家互联网信息办公室发布的《互联网用户账号名称信息管理规定(征求意见稿)》第十二条规定,互联网用户账号服务平台应当以显著方式,在互联网用户账号信息页面展示账号IP地址属地信息,境内互联网用户账号IP地址属地需标注到省(区,市),境外账号IP地址属地信息需标注到国家(地区)。IP显示属

---

① 力琴:《AI骚扰电话能根治吗? 美国:一通电话罚款7万元》,微信网,https://mp.weixin.qq.com/s/w0LvMf-9wlUOA6cQb-cyNA。

② 《朋友圈定位可随意修改? 小心被封号》,百度网,https://baijiahao.baidu.com/s?id=1647193395674036911&wfr=spider&for=pc。

③ [美]保罗·亚当斯:《媒介与传播地理学》,袁艳译,北京:中国传媒大学出版社,2020年,第113页。

地是为了确保用户的真实性,发表的准确性,也是为了保护我们的自身利益,不会触及每个人的隐私,反而会杜绝社会谣言、不良舆论的出现,还广大用户一个良好健康的网络环境。①

---

① 《各大平台显示IP地址,对你有影响吗?》,腾讯网,https://xw.qq.com/cmsid/20220430A05MLA00?pgv_ref=baidutw。

第七章　作为场所的数字环境：智能环境与社会行动者的命运行为

上一章，我们对作为地点的数字环境/数字技术对社会行动者命运行为的影响结合事例进行了阐述，下面，我们继续探讨作为场所的数字环境，尤其是智能环境对社会行动者命运行为的影响。

一、"智能环境"释义

本书所谓的"智能环境"，主要指的是基于智能技术（单数或复数）而构建起的数字环境，是场所的数字化、智能化。在此，"智能环境"可以从两个方面解读：一是指相对较为固定场所或环境的智能化。例如，智慧校园环境。有学生在自我报告中提及自己在校园一天中的智能生活体验，如下所示：

> 首先我想以自己一天的生活为例：早晨起得较晚，我在一楼贩卖机处扫码购买了一袋面包，它识别了我的动作与物品，我只需要扫码并拿走东西即可。赶去教学楼的过程中，我用面部识别打开了手机，又做了几个手

势打开了存有课程表的图库，了解了上课教室。上午课程完毕后，吃完饭回宿舍楼，在宿舍楼门口进行面部识别后，我顺利地回到宿舍，识别指纹打开电脑，打开课程网站，电脑自动登录了我的账号。下午迎来体育课，在运动过后，手机记录了我的运动轨迹，并计算了所消耗的热量与等效运动量。回到宿舍再次扫码拿走了一瓶饮料补充水分。夜晚来临，我写下最后一个字，轻触台灯使其关闭，爬到了床上，忽然想起第二天闹钟没定，便用语音让手机定下了第二天的闹钟，随即进入睡眠。[①]

在上述案例中，该名学生从早晨到夜晚，使用扫码自动购物、面部识别手机、语音定闹钟等，向我们展示了智能校园环境下的智能生活体验。

二是指智能家居环境。总体而言，居住环境在人工智能技术的影响下变得比之前更为智能化，当下具有信息采集、处理、存储和交换功能，未来随着智能化水平的提升，家居设备将具有类似"决策"和行动功能，自主灵活地实现家庭与外部信息交流。正如这名学生所描述的：

（家里）买了好多智能家居设备，如智能空调、智能电饭煲、智能台灯和智慧门锁，这个门锁可以使用指纹解锁。这样再也不用担心自己忘带钥匙了！而且家里也给我准备了一部手机，它也能使用小爱同学，让我可以和家里的小爱同学进行协同配合。它可以在我还没有到家的时候打开空调让我回家就感到温暖。我再也不用经历回到家辛苦学习了一天后家里冷冰冰、还需要热饭开空调、要是某天没带钥匙还要被锁在门外的许多烦恼。[②]

---

① 陶立竹：《我与智能环境》，课程作业，北京邮电大学，2021年。
② 唐家明：《小爱同学与智能家居》，课程作业，北京邮电大学，2019年。

正如《2030年的人工智能与人类生活》一书中所言,过去15年中,机器人已经进入了人们的家庭。但应用种类的增长慢得让人失望,与此同时,日益复杂的人工智能也被部署到了已有的应用之中。未来15年,机械和人工智能技术的共同进步将有望增加家用机器人的使用和应用的安全性和可靠性。经过简单的布线改造,设备联网更换,以及一个智能终端,就能享受到智能环境所带来的便捷。这些智能设备之间通过各种方式进行交互,便构成了一个智能环境。

智能环境,一方面指的是较为固定的场所的智能化,另一方面也包括流动的智能环境。例如智能驾驶环境等。它的主要特点在于流动性,即这种场所既是智能的,同时也是流动的。

二、智能技术的召唤结构

结合文学作品的召唤结构,在对作为地点的数字地址技术召唤结构分析的基础上,我们认为作为场所的智能技术也具有召唤结构。这种召唤结构包含意义未定性和意义空白,从外到内也包括话语层面、形象层面和社会层面,在每一层面又可以进一步细分为层次2和层次3。如表7-1所示。

(一)智能技术召唤结构的"结构"

如同其他数字技术一样,作为场所的智能技术的召唤结构也具有"意义未定性和意义空白"。智能技术召唤结构中的意义未定性指的是对于社会行动者而言,不同的社会行动者往往在智能技术的使用上既有共性,也有基于自己需求的差异性。而智能技术召唤结构中的意义空白则给社会行动者的创新使用提供了可能性。

(二)智能技术召唤结构的层次

总体而言,我们也可以将智能技术召唤结构的层次由外到内分为话语层面、形象层面和社会意蕴层面。

1.智能技术召唤结构的话语层面

（1）技术形式

从技术形式角度而言，智能技术召唤结构的特征既在于它的"硬特征"，也在于它的"软特征"。它的"软特征"在于智能性。"软"特征是相对于"硬"特征而言，前述，我们曾谓技术亦可以指的是某种无形的技巧或方法，在此，我们可以将这种无形的技巧和方法视为数字技术的"软"特征。例如，新闻聚合平台、社交平台推送的新闻，信息使用的算法大体分两类：基于内容推荐规则和协同过滤推荐规则。前者是根据个人行为习惯将浏览的新闻、信息等对象进行特征提取、内容分类后，进行关联内容推送，但其最大弊端是推荐内容单一。于是协同过滤规则出现了，这是根据网络用户相互的交叉体验，寻找相同爱好的群体，推荐相同浏览记录或行为。目前，多数聚合类新闻平台都会采取融合式算法，即将上述多种算法综合运用或开发出一些更复杂的算法，但原理类似。[①]

表7-1　智能技术的召唤结构

结构		智能技术召唤结构的层次			智能技术的召唤结构
		召唤结构的层次1	层次2	层次3	
智能技术的召唤结构的「结构」	意义空白、意义未定性	话语层面	技术形式	硬特征	链接性等
				软特征	智能性等
			技术内容	功能性	便利性等
				形式性	形式多样、操作方便、界面友好等
				实质性	满足用户需要等

---

① 《热搜新闻将我们"裹挟"？人工智能专家这样说》，搜狐网，https://www.sohu.com/a/221399419_115239。

续表

结构		智能技术召唤结构的层次			智能技术的召唤结构
		召唤结构的层次1	层次2	层次3	
智能技术的召唤结构的「结构」	意义空白、意义未定性	形象层面	技术自身	对技术自身的期待形象	时尚、科技感、时代感等
				技术实际的形象	可爱、科技感等
			技术使用	想象中的使用技术时的形象	酷、科技感等
				看到实际技术后期待想象使用	酷、个性化等
		社会层面	社会关系	社会伙伴	社会关系维持等
				角色伙伴	角色伙伴关系的建立和维持等
			社会问题	回避问题	逃避等
				问题解决	能够帮助解决现实社会问题等
				探索社会	探索社会

当用户通过点击、滑动、评论等方式与内容进行交互时，大型机器学习和深度学习算法将继续了解用户的偏好，以此将会更好地改进内容，使之能更加召唤吸引用户。

社会行动者在面对智能推荐算法的召唤时，往往很难控制住自己，便很可能会陷入内容旋涡中而难以自拔。在使用过程中，推荐系统会根据我们最新的浏览和点击行为来大致测算出我们的消费偏好，这个过程中推荐系统逐渐由系统推荐向个性化推荐演变，不知不觉间让我们停留的时间更长，不断地刺激用户看得更多，推荐的内容或者商品也越来越合适，从而使我们产生影响我们命运的消费行为。

（2）技术内容

从技术内容角度而言，智能技术召唤结构的特征在于它的功能性、形式性和实质性。

首先，功能性。功能性主要体现在智能技术内容对于社会行动者而言具有便利性等。例如，北京丰台区方庄社区的刘阿姨，接到社区卫生服务中心语音电话，提醒她接种第二针新冠肺炎疫苗。"智慧家医"语音助手逼真的语音和贴心提示，让她一时间以为是医生打来的。作为丰台区首创的家庭医生签约服务模式，"智慧家医"服务模式以居民健康为中心，社区家庭医生团队与辖区常住居民自愿签订协议后，以人工智能、电子数据和互联网等技术为支撑，为签约居民提供生命全周期的健康管理及照护的服务。[①]"智慧家医"服务模式利用智能技术为社区居民营造了智能环境，语音助手有着"逼真的语音和贴心提示"，居民随时可以获得所需的服务，这种便利性吸引或召唤着社区居民使用这项服务。

其次，形式性。此处形式性主要是从智能技术的内容而言。这往往体现出形式多样、操作方便、界面友好等。例如：

不论是在家、在宿舍，抑或是在工作生活的方方面面，我们都能很轻松地找到智能设备，就具体情况而言，我目前已经将生活中大大小小的设备完成了智慧连接，上到汽车灯光的自动调节，下到手表牙刷等生活用品的联网，并且在最近的几年内，我家也会陆续完成智能场景的搭建。这种智慧互联随处可见，我的手机可以根据我最近的行程自动定好合适的闹钟，我的台灯可以根据环境亮度来改变自身亮度，使得我的桌面能保持在一个合适的光照条件下，我的手环可以分析我长期保持一个姿

---

① 郭超、闫汇芳、袁于飞、张景华、董城：《智慧家医让医患真正成为朋友》，今日头条，https://www.toutiao.com/w/i1697301629815822/?tt_from=weixin&utm_campaign=client_share&timestamp=1618749248&app=news_article&utm_source=weixin&utm_medium=toutiao_ios&use_new_style=1&share_token=03EB4639-AE6A-4441-B8A1-8F47BB9C3DC2&wxshare_count=1。

势,从而提醒我起来走走,空调可以识别室内温度来改变自己的制冷制热功率,等等。

以上是我生活中随处可见的智能环境,这些物件也或多或少的对我的生活产生了一些影响。首先,我们的生活得到了很大的便利,时至今日,按下开关打开灯已经成为历史,取而代之的是一句简单的话"打开灯光",在得到这些便利的同时也会使我们变得更为懒惰。①

在上述这位学生的自我报告中,我们可以看到智能技术对他而言具有的形式多样、操作方便、界面友好等特征在召唤着他使用这些智能技术设备。

最后,实质性。此处实质智能技术在内容层面对潜在使用者提供的服务能够满足使用者的各种需求。例如,"在晚上走进家门后,通过小米的智能感应灯,玄关会被自动照亮,以防止在漆黑一片中寻找灯的开关。这一点让我的生活幸福感得到了极大的提高。"②

2.智能技术召唤结构的形象层面

(1)技术自身

智能技术召唤结构的形象层面就"技术自身"而言,包括潜在使用者期待的形象及看到技术产品后实际的形象。智能技术所具有的时代感、科技感等形象会吸引潜在使用者使用智能技术。例如:

那天在家,外公要看电视,却听见他喊了一声"小度小度,播到中央一台",紧接着有人答道:"我在呢,为您播到中央一台。"我充满疑惑,追根溯源,发现竟然是那个音箱在说话。没想到,这不是一个普通的音箱,而是一台智能音箱。我对它立马感兴趣起来。我发现,它不止可以语音控制

---

① 王一航:《我的智能环境》,课程作业,北京邮电大学,2021年。
② 欧阳彭瑜:《我家的智能环境》,课程作业,北京邮电大学,2021年。

电视,像灯、空调、热水器、空气净化器,只要连上网都能够进行语音控制,这对于平时懒惰的我可是个好帮手,想开空调都不用走动了! 甚至手都不用抬了。

另外,我还发现,它还引入了百度百科上千万个词条的内容,如果你想查询一些什么,只需喊一声"小度小度",便会有人来替你答疑解惑,岂不是既方便又涨知识呢。还有,它是为你赶走无聊的好帮手,你要是没人聊天,可以找它啊,你要烦它说话,你可以让它放首歌或者说本书,都是解闷的妙招。我那3岁的表弟,平时就爱围着小度转,因为小度有一个专门的儿童模式,能哄小孩子,给他讲故事呢。

这个小度智能音箱,真是既方便又有趣,是人工智能的一个出色的产品。①

从这个案例中,我们可以看到智能环境的一个召唤结构便在于它的新异性,也即它所具有的科技感,表面上看起来普普通通,实际上竟然是一个能说会道的智能音箱。正是一开始,智能音箱跟其他音箱所表现出来的差异,成功地吸引了使用者的关注,"我对它立马感兴趣起来"。

(2)技术使用

结合前述,此处"技术使用"一方面是指潜在使用者想象中的使用技术时的形象,另一方面是指使用者看到实际技术后期待想象使用的情景。例如:

在日常生活中,我使用百度智能屏主要用于听歌、看影视剧和遥控家电。语音对话控制给予我非常便利的使用体验。

首先,产品外观影响使用交互体验。小度智能屏外观设计简洁,大

---

① 秦勉:《我家的智能音箱》,课程作业,北京邮电大学,2021年。

屏、大音响也更适合看影视剧和听音乐,同时它的体型较小,便于摆放,这使得使用更方便。

其次,机器人的自然语言处理能力。小度智能机器人自然语言处理的一个重要应用,也就是让机器理解自然语言。"理解"的意思是它明白那句话是什么意思,这个意思包括字面表现出来的意思和字面背后说话人实际想要表达的意思。成功的服务型机器人必须能够将人的自然语言转化为机器语言并执行相应的指令或给予自然语言回应。而小度显然是做得很棒,在使用过程中很少出现人工智障的情况。

最后,作为一个服务型机器人,与其他职能家电互联能更进一步增强我们的使用体验。这也是我选择小度机器人而不是小米的小爱同学的原因。随着物联网行业的发展,万物互联成为发展的大趋势,智能家居也是机器人行业的一大应用方向。而小度能够与美的、海尔等多家智能产品接入,从而满足我们的智能家居需求,而相比之下小米的小爱同学能够接入的产品的数量更少,因此使用的体验不如小度。[①]

在上述案例中,小度智能机器人的"智能屏外观设计简洁,大屏、大音响也更适合看影视剧和听音乐,同时它的体型较小,便于摆放,这使得使用更方便"。这些形象层面的特征"召唤"着使用者使用它。

3.智能技术召唤结构的社会意蕴层面

(1)社会关系

智能技术召唤结构的社会层面,正如前述,包括社会关系维持。例如,我们可以社会机器人为例。社会机器人(social robot)已经逐渐出现并融入人们的社会生活中,这意味着此类机器人除了具有实用功能外,还具有社会功能,

---

① 袁一卿:《小度机器人交互体验》,课程作业,北京邮电大学,2021年。

即社会机器人为人们提供社会支持和陪伴交流等。社会机器人目前主要应用于老年人日常陪护的医疗机器人；用于儿童教育的教育机器人；在一些大型购物中心用于提供指引信息的向导机器人等。社会机器人越来越作为智能环境而出现在我们的生活之中。例如，日本索尼(Sony)发布的家用型机器狗"AIBO"，日本软银公司推出的Pepper机器人等；来自美国的商用型社会机器人JIBO、Kuri等。和日本及欧美国家相比，国内在社会机器人领域起步较晚，但是也出现了一些有代表性的成果，如Alpha和小鱼在家等。[①]但是学界就到底什么是"社会机器人"仍然没有完全达成一致意见。对此，有学者认为，社会机器人是一种典型的服务机器人，除了能够自主地感知和理解环境以外，还要能够理解和遵循社会准则，能够自然地和人类沟通交互。[②]按照Yan(2014)的理解，机器人应当被看作是一个连续统一体，功能机器人为一端，社会机器人则为另一端，功能机器人只能执行指定的任务，但是社会机器人则不但能完成指定的任务，同时还能够通过遵循某种特定的社会规则进而与人进行互动。

因此，对于社会机器人而言，它有助于与潜在使用者维持社会关系。这也是它能够"召唤"潜在使用者使用它的一个方面。例如，Ikki是一个高度智能的社交机器人，形似企鹅，它能够与陪护对象一起唱歌、读书和玩游戏，就像一个朋友一样提供陪伴，Ikki看起来就像一个玩具，但它对医学从业者来说是很有用的。通过把这个装置放在孩子的额头上，Ikki可以接受他或她的体温，Ikki的程序还会提醒孩子吃药。[③]再如养老陪护机器人"马里奥"能聊天气，能帮

---

① 况逸群：《面向社会机器人的3D手势建模、识别与学习》，电子科学大学博士学位论文，2019年。

② H. Yan, M. H. Ang, A. N. Poo, A survey on perception methods for human-robot interaction in social robots, *International Journal of Social Robotics*, 2014, 6(1).

③ 《为病人减轻苦痛！机器人可以给予患者更多的陪伴》，人工智能实验室网，http://robot.ailab.cn/article-85048.html。

助痴呆患者保持心智活跃,避免孤独感。[①]

又如,据媒体报道,美国太空探索技术公司(SpaceX)的"龙"飞船在向国际空间站运送了物资的同时,也送去了一个名为CIMON-2的人工智能机器人。据称该机器人使用了IBM沃森人工智能技术,它能够评估用户情绪,与用户互动。此次,CIMON-2将作为宇航员的助手,在其执行任务时,提供帮助与指引。同时,通过观测宇航员的情绪,以适当的方式做出反应,为他们排解孤独。[②]

(2)社会问题

除了社会关系维持之外,智能技术召唤结构的一个层面还包括社会问题解决能力,这也是吸引用户使用的一个结构性因素。例如,智能技术可以帮助解决老人养老的问题,尤其是独居老人,一个人生活时很不方便,智能家居能够协助独居老人生活,这是智能家居技术召唤结构的社会层面。例如:

> 独居老人一个人在家,生活起居、个人安全等都需要特殊保障。安徽铜陵幸福社区贴心地为独居老人们配上了"电子管家",通过人工智能赋能,更好地照顾独居老人、全方位呵护他们的安全。"电子管家"基于人工智能等技术,利用智能电子猫眼等多种科技设备,可以在第一时间向社区工作人员"报告"独居老人的"异常"情况。如果老人久出未归或者说长时间没有出门,社区工作人员就会收到"电子管家"的相关预警通知,并及时上门查看老人的具体情况。目前,在铜陵,专门为独居老人提供"电子管家"的服务还只是试点,除了继续加快智能化改进的步伐外,当地正在计

---

① 《机器人成痴呆患者好帮手　能聊天能紧急呼救》,人工智能实验室网,http://robot.ailab.cn/article-83321.html。

② 《人工智能机器人二次登上空间站:可为宇航员排解孤独》,中国新闻网,https://mbd.baidu.com/newspage/data/landingshare?pageType=1&isBdboxFrom=1&context=%7B"nid"%3A"news_9382730248481333574"%2C"sourceFrom"%3A"bjh"%7D。

划拓展服务范围。①

显然,并不是说,智能家居技术的召唤结构一定会带来用户的使用,正如前述,这也是需要结合用户的消费需求及用户的个性特征。例如:

> 我记得第一次用完洗碗机,打开那一刹那,看着里面数不清的、我永远洗不了那么干净的、微微冒着热气的、散发着清香的碗碟,我感到无比幸福。我家的电热水器连了所有水龙头。每年除了夏天,我喜欢让它常开着,只用温热水。然后每次父母来过之后,水龙头把手一律停留在最凉一边,怎么说都不行。另外他们那代人热衷于塑料袋。我喜欢在冰箱里用玻璃乐扣盒分装食物,包括生的食物,只为看着清爽。但你再看父母家的冰箱里,都是一团一团的塑料袋。这些保鲜盒他们都不能接受,何况洗碗机和扫地机器人呢。中国这些年发展太快太快,两代人之间,听的,看的,吃的,用的,几乎没有一样没有代沟的。
>
> 如果每天,你帮他把家里环境都收拾到完美,帮他按下扫地机器人开始清扫那个按钮,打扫完帮他把集尘盒倒干净装上,而且这个机器人聪明懂事永远不坏,有哪个父母会拒绝?但是少了任何一步,父母都拒绝。不是拒绝高科技,是拒绝需要重新学习新事物无人在旁辅佐的一切。洗碗机同理,如果有一天排水出问题了呢,父母想想就觉得很焦虑了。父母需要的不仅仅是这么一台机器,还需要一个懂得高科技的管家。
>
> 扫地还没他们人手效率高,死活觉得扫地机器人扫得不干净。扫地机器人需要清洁尘盒,到头来还是得花上和人手扫地一样的时间。扫地机器人要电,每月造成电的浪费,他们讨厌扫地机器人走来走去阻碍他

---

① 《安徽铜陵独居老人有了"电子管家",一个人住也安心》,今日头条,https://www.toutiao.com/w/i1688290421559367/。

们,也讨厌扫地机器人工作时候的噪声。①

在上述案例中,我们可以看到,作者指出了其父母为何不愿意使用洗碗机和扫地机器人等智能家居设施的原因,也恰好回应了我们前述的数字技术的召唤结构,只是具备"召唤",具体用户是否采用使用行为,还会受到其他一些因素的影响。

三、作为场所的智能环境下智能技术影响社会行动者的命运行为

表7-2　作为场所的智能环境下的智能技术影响社会行动者的命运行为

作为场所的智能环境	社会能量	社会行动者的命运行为
智能环境	社会行动者社会能量的变化	即刻命运
——	——	评价命运
——	——	趋势命运

(一)作为场所的智能环境下的智能技术影响社会行动者的社会能量

智能家居节省了社会行动者的社会生理能量,同时,通过与家人取得联系,也保持了社会关系能量。这种智能环境也使社会行动者"在得到这些便利的同时也会使得我们变得更为懒惰"。这是从一种个体微观的角度来看待智能环境对社会行动者行为的影响。

2019年的一项研究探讨了GPS对人们导航能力的影响,研究人员发现,使用GPS来"寻路"的人,地图阅读能力均有所下降。研究者证实,习惯使用GPS多年后,当人们不得不在没有任何辅助的时候找路时,他们对陌生新环境的布局和环境中事物的记忆就不如从前准确了。他们还观察到一种"剂量依赖"效

①《为什么父母会拒绝洗碗机和扫地机器人?》,百度网,https://mbd.baidu.com/knowpage/data/land-ingreact?nid=1701561669025984534&isBdboxShare=1。

应:人们使用GPS的次数越多,随着时间推移,他们自身的导航能力就越发减弱。[①]据一项研究表明,人们在认路过程中,大脑有两个区域的思考活动非常活跃。跟随GPS导航系统的驾驶员在大脑的这些领域看不到额外的活动,而那些没有被指定路线的志愿者,大脑在面对各种岔路口的过程中,思维异常活跃。据此,研究人员认为,当我们的大脑听从导航指令的过程中,就不会卖力思考路线的选择,只是机械化地做出动作反应而已,这样会使得我们的大脑减少对周围环境的感知能力。也就是说我们的大脑会因为依赖GPS导航而"变傻"。[②]例如:

> 比如我每次上百度搜索想要了解的新闻,看到页面下端有我感兴趣的新闻,就点进去,越点越有趣,以至于忘记了自己上百度真正的意义,而当自己猛然反应过来时,发现时间已经过了一大半,自责在心底无限地滋生。

> 我自己有时会在知乎、CSDN等网站阅读有关计算机前沿的新闻,而平台也会给我推送相关内容,让我更加广阔深入地了解了这些内容,更有利于自我能力的提升,但同时,我在刷抖音时也会经常推荐很多花边新闻,种种新闻真实性不强但有猎奇心的我还是愿意看下去,看完一个还想看下一个,会荒废掉很多时间,最后使我思考新闻真实性的能力下降,同时对新闻的判断力也在下降。[③]

由上述案例可以看出,社会行动者在智能技术的召唤下,使用智能技术

---

① 《过度依赖智能地图导航,大脑可能会退化》,搜狐网,https://www.sohu.com/a/435292836_100191017。

② 《开车过度依赖GPS导航给人类带来的危害》,搜狐网,https://www.sohu.com/a/132270197_128728。

③ 周子凯:《智能推荐算法推送新闻对我的影响》,课程作业,北京邮电大学,2021年。

后,其自身的社会能量包括心理能量、生理能量等都受到了不同程度的影响。也正是在这种受影响的社会能量状态下,社会行动者的后续命运行为也受到了影响。正如,有论者所言:"各种信息技术改变了儿童和青少年打发空闲时光的方式。当一种新技术的介入替代了以前的一些活动时就出现了替代(displacement)。假定儿童在一种活动上花费时间可以培养他们在该活动领域的各种技能,那么由于替代效应,儿童在某种活动上花费的时间越少,他们在该活动领域的各种技能的发展水平也会较差。"[1]

对此,下面这位使用者的描述也说明了智能技术的使用对使用者的社会能量的影响。

在高三毕业之前,家里没有什么智能设备,空调、电视等设备都需要通过遥控器手动开启。毕业后,在B站浏览视频的时候,发现了一个up主基本上可以通过一部手机或者通过对语音助手的呼叫即可对家中设备进行操控与处理。于是和父母商量后,我着手在家里搭建了一个基于小米的智能生态系统。即以小爱音箱为中心,对家中的智能设备进行操控。这样做极大提高了生活的便利性和幸福感。可以看出,智能化的家居环境有着很多的好处与便利。但是,与此同时,本来需要亲力亲为的事情通过语音助手或者手机就可以完成,毫无疑问会增加我们的惰性思想,对真正需要费心的事也会不放在心上潦草完事。[2]

(二)作为场所的智能环境下的智能技术影响社会行动者的命运行为

正如上述,使用者在使用智能技术后,其自身的包括生理、心理、社会关系

① [美]桑德拉·L.卡尔弗特:《信息时代的儿童发展》,张莉、杨帆译,北京:商务印书馆,2007年,第35页。

② 欧阳彭瑜:《浅述智能化环境对人的影响》,课程作业,北京邮电大学,2021年。

等方面的社会能量状态发生变化,或提升,或降低,使用者在这种变化了的社会能量状态下面对"一些重要的决定性时刻",对这一时空情境下的"规则和资源"的理解、支配和运用等都受到影响,进而影响使用者在这一"决定性时刻"所做出的命运选择行为。例如,据媒体报道,2021年4月25日,在浙江绍兴某路段,很多司机因导航"陷入绝境"。从视频中可以看到,一辆小汽车正从死胡同里倒车出来,路边竖起了一个牌子,上面写着"此路不通导航有误"。[①]如上所述,社会行动者经常使用智能导航技术,导致其自身的识路能力下降,因此,在后续的交通等命运行为中才会出现开车进入死胡同的错误选择。或者说在智能系统出现问题的时候,社会行动者无法识别更正。

再如,下面这位同学所述:

在到达同济大学后,同学和我约定好在一个地方等我,但是我怎么找都找不到这个地方——我是老路痴了。走来走去,同学电话指导我走了十多分钟,还是没有找到。这时我又想到了高德地图的一个功能:实时路景匹配!在输入指定地点后,打开摄像头,高德地图会以清晰的箭头指引我应该往哪个方向走,最终使用它我终于找到了我的同学,虽然还是被他嘲笑了一番。

通过以上实例,我认为智能移动定位技术在生活中的作用为:通过大数据、AI与GPS技术极大地方便人们在陌生的地方出行,使得找路变得省时省力,独自到一个陌生的地方旅游变得更加省心。

而关于影响方面,这一项技术对于我来说极大地方便了我的日常出行,大大缩短了我寻找具体地点所花费的时间。而这些智慧的功能都是

---

① 《侮辱性和伤害一样大! 男子驾车开导航进死胡同,路边招牌亮了》,今日头条,https://www.tout-iao.com/w/i1698175165758468/?tt_from=weixin&utm_campaign=client_share&timestamp=1622374960&app=news_article&utm_source=weixin&utm_medium=toutiao_ios&use_new_style=1&share_token=D3FC9382-0D79-428D-8B4B-8A21C5F3C712&wxshare_count=1。

纸质地图做不到的。[①]

在上述例子中,正是社会行动者使用智能导航技术才使得其最终没有迷路,和朋友顺利会合。也可以说,正是对智能导航技术的使用,对其进行了技术赋能,增强了其社会能量,影响了社会行动者的命运行为。

四、智能场所环境下的智能生态系统对社会行动者命运行为的影响

本书中的智能生态系统,主要指的是他人使用作为场所的智能技术对社会行动者命运行为的影响。根据前述表5-2两个社会行动者之间相互作用分析,我们在本章提出了基于智能技术的数字生态系统内不同社会行动者之间的相互作用类型,如下表所示。

表7-3　基于智能技术的数字生态系统内不同社会行动者之间的相互作用类型

相互作用类型	社会行动者1	社会行动者2	相互作用的一般特征
中性作用	0	0	两个社会行动者之间彼此不受影响
资源利用性竞争	–	–	共用资源短缺时的间接抑制
偏害共生	–	0	社会行动者1受抑制,2无影响
偏利共生	+	0	社会行动者1是偏利者,而2无影响
"寄生作用"	+	–	社会行动者1是"寄生者"
"捕食作用"	+	–	社会行动者1是"捕食者"
原始合作	+	+	相互作用对两者都有利,但不是必需的
互利共生	+	+	相互作用对两者都有利,且是必需的

注:0表示没有显著相互作用;+表示对其生长、存活或其他特性有益;–表示对其增长或其他特性有抑制。

---

① 陈俊卉:《智能移动定位技术的具体例子以及影响》,课程作业,北京邮电大学,2021年。

（一）中性作用

如上所述，"中性作用"指的是社会行动者虽然都使用作为场所的智能技术，但是相互之间不受影响。由于本书主要是探讨数字智能生态系统内社会行动者使用智能技术对他人命运行为的影响，因此这一相互作用类型不再展开。

（二）资源利用型竞争关系

按照上述，这种影响指的是"共用资源短缺时的间接抑制"。这种情形在人工智能和机器人技术大量应用的当下有着较为显著和持续的关注。伴随着在生产领域中大量应用智能技术，导致了一些产业工人的岗位被取代，进而影响了其生活甚至生存机会。正如浙江大学机器人研究中心副主任朱世强表示，产业转型升级、劳动力成本提高给"机器人劳动力"带来的巨大市场需求。"在衣食住行、文化、教育、娱乐、医疗、保健、旅游等领域都会有越来越多的机器人的身影，'机器换人'是大势所趋。"[①]

因此，在这种智能技术—人及智能技术—社会数字环境下，智能技术的使用给某些社会行动者的命运行为带来了深刻影响。

（三）偏害共生

加拿大著名社会学者威尔曼区分了四种不同的监控形式。即个人信息的"自我监控"，自上而下的监控，相互之间的监视，自下而上的监督。在本章，我们主要探讨社会行动者使用智能技术对他人进行监管，从而影响他人的命运行为。正如前述，雇主在工作场所中大量运用智能技术，如亚马逊的智能手环，在这种智能环境下，工作者在工作中往往处于被监视的境地，因此，这种监控环境会影响社会行动者的行为。例如，会产生所谓的消极抵抗行为等。诗人盖拉·伊耶什曾在回忆中对工人"磨洋工"现象有着十分生动的描述。伊耶

① 《机器人，未来新角色》，人工智能实验室，http://robot.ailab.cn/article-21649.html。

什在20世纪初匈牙利的一家大农场里长大。在普斯陶地区,农场劳工面临的劳作无休无止,无论平时还是周末,都要干很长时间的活。而他们的对策,就像农场的牲畜们一样,就是一举一动都慢腾腾的。伊耶什形容他看着罗卡叔叔以"乌龟一般的淡定从容"装着烟斗,"他摆弄着火柴,就好像自己手上的那根火柴就是点火的最后手段,全人类的命运都靠它了"。不妨把这种作派看作是对地主和监工的过度要求做出的某种抵抗,是伊耶什所说的"本能的防御"。①例如,正如陈香香所观察到的,对于因为微信等社会化媒体日益深入人们的日常社会生活,从而作为一种新的环境影响了社会行动者工作和生活的平衡状态,"越来越多不能、也不敢错过工作通知的职场人,不得不准备两台手机、两个微信号,分成工作和私人用"②。

不过,这种监控、监视更多地是基于信息而实现的。监控技术的使用嵌入在已有的社会关系中。不同的关系性质、不同的关系质量,能影响监控技术的用途。

(四)偏利共生关系

所谓的"偏利共生关系"是指"社会行动者1是偏利者,而2无影响"。在这种影响的关系类型中,社会行动者2使用智能技术对社会行动者1产生影响,不过在这种影响下,社会行动者1是获利者。例如,日前,有位特斯拉车主上传的一段行车记录仪视频显示,他在高架桥上正常行驶,车速大概在70公里/小时,左侧车道前方有一车占道,车后方有一辆白车和红色马自达在跟车行驶。车主驾驶特斯拉在中间车道行驶,不过在他距离前方车距离很近的时候,后方红色马自达突然一个极速变道,车主根本来不及反应,就在快要撞到的时候,特斯拉紧急防避直接接管了方向盘,并自动把车辆变到了右侧车道,

①　[英]彼得·伯克:《历史学与社会理论》,李康译,上海:上海人民出版社,2019年,第147~148页。

②　陈香香:《比996更可怕的,是微信里的007》,微信网,https://mp.weixin.qq.com/s/LNxXzPFE-vGMk44eI8dj12w。

避免了一次重大事故的发生。①

在上述案例中,我们可以看到特斯拉智能技术在紧急情况下接管了方向盘,对于车主即社会行动者1来说,成功挽救了其生命。

(五)"寄生作用"

如上,所谓的"寄生作用"影响类型,指的是"社会行动者1是寄生者"。当然,在此所谓的"寄生"显然是一种隐喻,更多指的是社会行动者1对使用智能技术的社会行动者2的深度依赖。

根据《纽约时报》2020年发布的数据,像朱迪这样前卫、恋爱关系开放、将虚拟恋人作为伴侣的人,全球已超过1000万。疫情防控期间,AI恋人相关App的下载量,突破每月50万人次。头部公司微软、谷歌、腾讯,投入亿元资本入市"陪伴型AI"。据美国Luka人工智能公司2021年3月的官方数据,其推出的陪伴型AI软件Replika用户已经突破1000万,用户对它的满意程度92%;主打中国市场的小冰2020年10月试水"虚拟男友",一周内下载量118万。

在此,我们可以看到社会行动者1对AI恋人的依恋或者说"寄生"。

(六)"捕食作用"

在这种关系类型中,"社会行动者1是捕食者",当然,在此"捕食"也是一种隐喻,暗示着社会行动者1使用智能技术对社会行动者2的命运行为的影响。例如,据媒体报道,国内某著名招聘网站推出AI人岗通,即基于人工智能算法模拟人工筛选简历的判断视角,对候选人简历进行评分,并对简历给出系统评价。"在AI人岗通系统里,系统会自动地给出简历评分。"蔚志刚强调,以60分为基准,如果大于60分的建议通过,低于60分的,那就不通过。②

---

① 快科技:《特斯拉高架上自动紧急变道避事故车主:一生死忠》,凤凰网,https://tech.ifeng.com/c/85S9kohYB7T。

② 邹媛:《简历筛选也能用AI,求职成功率增效40%》,新浪网,http://finance.sina.com.cn/jjxw/2022-07-12/doc-imizirav3103011.shtml。

在此,我们可以看到社会行动者1使用人工智能算法技术来筛选简历,"捕获"那些符合岗位条件的候选人简历,进而影响候选人即社会行动者2的命运。

(七)原始合作关系

平台使用智能算法技术对作为主播的社会行动者命运行为的影响。这是一种合作关系。作为主播,他需要平台算法的推荐支持,同时平台也需要主播带来流量。例如:

> 当我提到算法这门玄学,李佳琦表现出极大的抗拒,他认为很多人干不好,才把责任甩给算法,"现在都有后台监测数据,你能让粉丝在直播间停留一小时,我不相信你没有流量。"他猜测自己在30万粉丝后,就已经进入了白名单,不用担心流量突然下跌。然而要维持住这个数据,李佳琦一直在付出巨大的劳动量,他每周都直播6天,让粉丝养成稳定的收看习惯。
>
> 即便变成了知名主播,李佳琦还在为流量而焦虑。一场复盘要花掉一两个小时,李佳琦不敢不开,粉丝几万几万地增加,他也是担忧的,"怕这一场直播之后,明天可能流量就没了,不这么好了。"[1]

从这个例子中,我们可以看到,对于主播李佳琦而言,在数字社会背景下,算法作为一种规则已经引入电商直播领域,对于主播而言,必须要适应算法这种规则,即这种结构性要素,李佳琦的案例便说明了这一点。在遵守算法规则的背后,也再生产出了这一社会系统。而每晚的复盘会,则是李佳琦们反思性

---

① 刘敏:《幸存者李佳琦:一个人变成算法,又想回到人》,百度网,https://mbd.baidu.com/news-page/data/landingshare?pageType=1&isBdboxFrom=1&context=%7B%22nid%22%3A%22news_9486841063206443017%22%2C%22sourceFrom%22%3A%22bjh%22%7D。

监控行为,通过不断地根据流量、算法规则进行调整,从而不断地创生出更大的流量和用户数据。例如：

> 　　新增粉丝数、在线观看时长、购买比例……各种数据严密地考核每一个直播间,算法决定谁能被推到首页。直播间最近流行"点赞到××万抽大奖",要抵达那个数字,粉丝们起码要戳上 10 多分钟,这就能拉长"粉丝停留时长"。还有人在直播间里唱歌,讲创业史,或者跟商家打电话砍价,一来一回做戏地聊五六分钟,这都是为了"粉丝停留时长"。[①]

由此可见,平台使用算法技术构成了主播们的数字智能环境,这种数字环境能够对其社会能量带来直接的影响,因为它能影响主播们的流量,正是在这种智能环境下,作为主播的社会行动者在考量自身的社会能量及算法规则等"结构"性特征时,做出命运行为。

（八）互利共生关系

此处的"互利共生"指的是"相互作用对两者都有利,且是必需的"。例如,据媒体报道,清涧县地理条件不好,交通不便,2020 年 4 月之前还是"未摘帽"的贫困县,而且县里的就业岗位非常稀缺,很多清涧人在家乡找不到合适的工作。2019 年蚂蚁集团和中国妇女发展基金会在这里孵化了"AI 豆计划"清涧爱豆科技有限公司,帮助这里的年轻人成为"人工智能训练师",从事数据标注的工作。经过一年多的运营,这里已经成为全清涧县年轻人最想加入的企业了。[②]在这个案例中,我们可以看到,集团公司和当地年轻人在智能技术的背

[①]　刘敏：《幸存者李佳琦：一个人变成算法,又想回到人》,百度网,https://mbd.baidu.com/news-page/data/landingshare?pageType=1&isBdboxFrom=1&context=%7B%22nid%22%3A%22news_9486841063206443017%22%2C%22sourceFrom%22%3A%22bjh%22%7D。

[②]　《日媒关注中国年轻人返乡就业》,今日头条,https://www.toutiao.com/w/i1688304665975816/。

景下形成了某种互利共生关系。当地的年轻人通过培训使用智能技术成为"人工智能训练师",实现了就业,获得了收入;而对于集团公司来说,则不仅降低了劳动力成本,而且也实现了企业反哺社会的社会责任,因此这种关系类型可以看作是互利共生关系。那么,在这种相互作用关系类型下,社会行动者获得收入,提升了自身的社会能量水平,进而影响了后续的命运行为。

在本章,我们主要从静态(智能生活环境)和动态(自动驾驶环境)两种作为场所的智能环境,探讨在智能环境下社会行动者的命运行为。不同的数字生态关系下,社会行动者社会能量的转化、传递、释放等。

本书在前述探讨数字环境—行为研究进路3,即一种更为宏观的对数字环境理解的视角,将数字技术—社会视为一种数字环境,将前述数字环境2-1和数字环境2-2,即数字技术作为环境和数字技术—人作为环境对社会行动者命运行为的影响结果作为一种宏观意义上的数字环境,考察这种数字环境对社会行动者命运行为的影响。例如,作为场所的智能环境对人的生育行为的影响。比如说单身现象。据数据显示,我国家庭正呈现单身化趋势。民政部数据显示,2018年我国的单身成年人口高达2.4亿人,其中有超过7700万成年人是独居状态。另一则数据显示,自2015年起,一人户占比逐年增加,2018年已经达到了16.69%。[①]正如,有论者所言:"有关新技术对家庭影响的调查必须首先面对这样一个不容置疑的事实:人类社会到目前为止应用的科学技术并没有帮助女性摆脱家庭工作者的身份,没有让女性从繁重的无偿家务劳动中

---

① 《中国超2亿人单身,家庭呈单身化趋势,却带火这些产业》,北晚新视觉网,http://www.toutiao.com/i6952307124974289421/?tt_from=weixin&utm_campaign=client_share&wxshare_count=1&timestamp=1619408140&app=news_article&utm_source=weixin&utm_medium=toutiao_ios&use_new_style=1&req_id=20210426113539010135155028 5900CFE5&share_token=3AD80860-BDE8-4A92-A97D-5B824266E266&group_id=6952307124974289421&wid=1619408475294。

解放出来。"①

此外,我们也应认识到,智能化增强了个体能力,这是新的技术对个体的一种赋能。有了这种新的技术包括AI技术,人们能够做超越自然身体限制的一些事情。人工智能技术作为身体的延伸、替代、拓展,体力机器人可以代替人的体力劳动,脑力机器人能够增强人的思维和记忆智能等,同时,智能社会机器人还能够带来情感陪伴。因此,在这种智能环境下,智能技术实现了对个体社会行动者的赋能,进而有助于社会行动者采取摆脱贫困的命运选择行为。

① [英]乌苏拉·胡斯:《高科技无产阶级的形成:真实世界里的虚拟工作》,任海龙译,北京:北京大学出版社,2011年,第11页。

第八章 作为空间的数字环境：虚拟游戏 空间下社会行动者的命运行为

在"第一章"，研究者对"数字环境"的概念和类别进行了阐释，而依据"数字环境3"，本书在前面两章分别探讨了作为地点的数字环境和作为场所的数字环境，分别考察了数字地址技术和智能技术作为数字环境对社会行动者命运行为的影响。本章，研究者将主要从作为空间的数字环境梳理和探讨虚拟游戏空间对社会行动者命运行为的影响。一方面，空间在我们的生活中，扮演着非常重要的角色。正如有论者所言："在我们的生活中，空间扮演着一个积极的互动角色。它确实是舞台、背景，但更是一个与我们相互影响、相互作用的对象。"①另一方面，游戏尤其是数字游戏在我们的数字生活中的影响也越来越值得我们重视。据中国互联网发展状况报告数据显示：截至2021年6月，我国网络游戏用户规模达5.09亿，占网民整体的50.4%。因此，对于数字游戏，我们不能仅仅从游戏设计和研发，从心理学角度去研究，我们还需要社会的视角。即"对于作为社会学家和'注重社交'的媒介学者的我们来说，游戏的'社

---

① 童强：《空间哲学》，北京：北京大学出版社，2011年，第127页。

会'属性极其重要,是我们共同感兴趣的关键领域。研究似乎越来越多地显示,在线玩游戏的主要快感、动机与吸引力就在于其社群属性,并且,有必要将玩游戏置于更广大的社会背景下。如果是这样,我们就可以开始质疑仅仅关注视频游戏行为本身的做法是否合理。这就使得视频游戏研究脱离游戏操作,甚至心理学,而转向了社会因素"①。由此,探讨虚拟游戏空间作为数字环境对作为社会行动者的游戏者的社会行为的影响具有重要意义。

一、游戏作为空间

(一)"空间"概念释义

当然,本章在将"空间"视为社会空间来探讨作为空间的数字环境对社会行动者行为的影响前,需要先简要交代一下"空间"的含义。在本书看来,作为环境之一种的"空间",社会行动者身处其中,就像人离不开水一样,空间也是须臾不可缺少的。但到底什么是空间?学界对空间的认识视不同学科视角的不同而多有差异。

列斐伏尔将空间分为三类,第一是物理的空间,即自然、宇宙,这是我们的感觉所占据的空间;第二是精神空间,包括逻辑抽象与形式抽象,这是逻辑—认识论的空间;第三是社会空间,即我们社会行为的空间。②排在首位的是自然物理空间,由此我们可以看出物理自然空间的基础地位。但是这种纯粹的物理空间,正如列斐伏尔所预言的"自然空间已经无可挽回地消逝了",随着人对自然范围越来越广、程度越来越深的"殖民",列斐伏尔的预言可以说不幸言中了。视野所及,物理空间正在消逝,社会空间日益膨胀。在列斐伏尔笔下的

---

① [英]加里·克劳福德、维多利亚·K.戈斯林、本·莱特主编:《在线游戏的社会与文化意义》,余曼筠译,南京:江苏凤凰教育出版社,2020年,第19页。

② 童强:《空间哲学》,北京:北京大学出版社,2011年,第41页。

"空间"，已经变成一个"社会空间统一体"。

苏贾（又译"索亚"）在列斐伏尔三个空间划分基础上提出"第三空间"理论。①苏贾的"三种空间认识论"中的"第一空间"其实是一种最本然或最基本的自然空间，这种空间是物质的、具象的，是可以直接把握的。因此，苏贾把它视为"第一空间"。可以说，物理学科对这种空间探讨最多。从自然物理的视角观之，"空间"是客观的，它有着具体的形状和维度。

从社会学的角度来看"空间"，空间是一种社会空间，或者说，空间具有社会属性。正如列斐伏尔所说："空间看起来好似均质的，看来其纯粹的形式好似完全客观的，然而一旦我们探知它，它其实是一个社会产物。"②空间或许并不像实际物体那样具有有形的实在性，但拥有媒介般的真实性；空间是一种无形的物体，或者一种社会现实。正如有论者所言，至少用"空间"一词来指代大自然的容器，能动者位于大自然之内，并对其产生作用。空间变成了一个静态的、中立的虚空，物体在这一虚空内活动，并且不涉及任何具体情境。③

研究者在本章中更多地是将"空间"视为社会空间，是客观空间的社会隐喻。要么是客观空间中充斥着社会关系，从而使客观空间带上社会的烙印。正如列斐伏尔所说："空间关系也是社会关系。"④要么是一种虚拟空间，这种由信息传播技术构建起的赛博空间，从社会视角观之，也仍然充盈着社会属性。要么是一种想象的思想空间。无论社会空间指的是上述哪一种，空间是一个关系的体系。社会空间实际上就是具有若干权力关系的空间，它向任何试图进入这一空间的行动者强行征收一种入场费，也就是相对于这一场域而言具

① 张广济、计亚萍：《社会空间的理论谱系与当代价值》，《东北师大学报》（哲学社会科学版），2013年第3期。

②④ ［法］列斐伏尔：《空间政治学的反思》，载包亚明主编：《现代性与空间的生产》，上海：上海教育出版社，2003年，第62页。

③ ［加］罗伯·希尔兹：《空间问题：文化拓扑学和社会空间化》，谢文娟、张顺生译，南京：江苏凤凰教育出版社，2017年，第93页。

有价值的各种形式的资本。各种各样的社会空间组成了各不相同的场域。①

(二)网络游戏作为虚拟空间

游戏是适用某些规则和行为的特定有限系统。因而,这意味着游戏发生于一个特定参照框架内,此框架将其定义为游戏。这一框架其实质便是一种社会空间。游戏者/玩家在这一框架/社会空间内游戏。例如,大家熟知的传统游戏便是需要一个相对固定的场所,在这个场所内践行一种特定规则。荷兰学者赫伊津哈喻之为"魔法圈":

> 比时间限制更醒目的是空间限制。所有游戏都是在游戏场所中进行、在游戏场所中存在的,这个事先划定的场所,或是现实的,或是想象的;或是特意为之,或是自然形成。正如游戏与仪式在形式上并无二致,"祭坛"与游戏场所在形式上也绝无两样。竞技场、牌桌、魔环、庙宇、舞台、银幕、网球场、法庭……在形式上、功能上都是游戏场所,即隔开、围住、奉若神明的禁地,特殊规则通行期间。所有这些场所都是平常时间里的临时世界,用于进行与外界隔绝的活动。②

由此,我们可以看到,无论是传统游戏,还是我们在此所谓的网络游戏或数字游戏,都有这样一个特定的空间,无论这种空间是实在还是虚拟的。20世纪80年代,社会学家雷·奥登伯格(Ray Oldenburg)和丹尼斯·布里塞特(Dennis Brissett)提出了"第三空间"概念,他们将家庭视为第一空间,将工作场所视为第二空间,他们认为人们需要一种家庭和工作之外的第三空间,咖啡屋、理发店、健身房、图书馆、公园以及街道等都可以是第三空间。第三空间应该是社

---

① 文军:《西方社会学理论:当代转向》,北京:北京大学出版社,2017年,第281页。
② [荷兰]约翰·赫伊津哈:《游戏的人》,傅存良译,北京:北京大学出版社,2008年,第11页。

会行动者可以自由表达情感的空间。[①]因此,网络游戏作为一种空间,是一种区别于工作和家庭的"第三空间"。

二、网络游戏技术的召唤结构及社会行动者对网络游戏技术的使用

(一)研究方法

网络游戏已经越来越成为一种数字化社会的生活方式。研究者通过结构化问题提纲的方式,让学生分享其曾经的网络游戏依赖体验,在提供自我分享报告的学生中,自认曾经有过网络游戏依赖症状的学生认为其所谓的上瘾阶段,多是在中小学阶段,且从回顾记忆的角度,也能更好地更客观理性地去看待那段人生经历,因此,这种自我分享报告的方式能够成为研究者研究青少年网络游戏依赖影响因素的数据。

在本书中,共有59份学生在自我报告中提及曾在小学或中学的某个时段出现网络游戏依赖现象,这构成了本书数据的基础。本书所涉及的部分学生的数据表格如下所示:

表8-1　研究对象信息表

序号	姓名和编码	性别	专业	序号	姓名和编码	性别	专业
1	ZYP202103	男	通信工程	14	TZL202150	男	通信工程
2	FJ202114	男	信息与计算科学	15	TLY202151	男	通信工程
3	FBS202115	男	物联网工程	16	TWW202152	女	计算机
4	HJT202118	男	网络空间安全	17	WCH202158	男	通信工程
5	MSJ202122	男	工商管理	18	YXY202160	男	人工智能

① Simon Lindgren, *Digital Media and Society*, London: SAGE Publications Ltd, 2007, p.111.

序号	姓名和编码	性别	专业	序号	姓名和编码	性别	专业
6	LH202125	男	人工智能	19	YG202162	男	电子信息
7	LZJ202128	男	通信工程	20	ZB202164	男	人工智能
8	LJW202129	男	软件工程	21	ZJS202166	男	计算机
9	LH202133	男	人工智能	22	ZNQH202168	男	工商管理
10	QJ202140	男	网络空间安全	23	ZX202169	男	人工智能
11	JYQ202143	男	通信工程	24	ZYX202170	男	电子信息
12	HYH202144	男	人工智能	25	ZY202171	男	通信工程
13	SR202149	女	人工智能	26	ZYX202172	男	电信工程

(二)网络游戏的召唤结构

正如上述,网络游戏的"召唤结构"概念来源于伊瑟尔的接受文论,伊瑟尔认为,每一部文学作品在原则上都是未完成的,总有待于进一步的补充,而且从文本的图式化结构来看,这一补充是永远不能完成的。[①]"意义未定性与意义空白"构成了文本的召唤结构。借鉴伊瑟尔对"召唤结构"的界定,本书则从网络游戏自身角度,将基于数字技术的网络游戏视作某种形式的文本,这种基于数字技术的文本也具有类似文学作品的"召唤结构",正是这种召唤结构的存在,吸引着社会行动者使用网络游戏产品。对此,从研究资料的分析中也能够得到验证。例如,LH表示:"初中有一阵子感觉挺沉迷游戏的,当时上课都一直在想游戏的内容和任务,想着晚上回家打游戏的快乐,想想都开心。"(LH202133)

基于此,本书认为网络游戏的召唤结构具有"意义空白"和"意义未定性"

[①] [德]沃尔夫冈·伊瑟尔:《阅读活动——审美反应理论》,金元浦、周宁译,北京:中国社会科学出版社,1991年,第205页。

两个方面。这种召唤结构并不是外在于网络游戏文本的,而是内在于网络游戏文本的结构机制。

1.意义空白

就文学文本而言,"空白,则指文本整体系统中的空白之处。对空白的填充带来了文本模型的相互作用"[①]。空白是一种动力因素,是"一种寻求缺失的连接的无言邀请"[②]。因此,文本召唤结构的"意义空白"指的是具有不确定性的开放式的结构,读者可以按照自己的意愿去填充故事的内容及结局,由此文学文本经过不同的读者便产生了不同的版本。[③]就网络游戏而言,网络游戏也具有这种"结构空洞",有着不确定性,给用户预留着使用的空间,等待着用户去填补完成空白。正是网络游戏在结构上所具有的不确定性"空白",吸引、召唤着游戏者使用网络游戏。例如:

在游戏中,会有一个又一个的目标,每当你完成一个之后,就会出现新的让你继续挑战。而且,网游的难度设置也很考究,刚开始,游戏相对简单,开局容易,但逐渐难度会上升,要想达成目标,就必须投入更多的时间和精力。再加上网游设置了概率机制,面对喜欢的人物和角色,要想得到,必须每天登录抽卡。于是,我原本只想通过游戏来稍微充实一下生活,没想到整个暑假基本都在玩游戏,甚至和同学、家人出去吃饭、旅游的时候,想的都是游戏。(ZYX202172)

ZYX202172在报告中谈到了自身沉迷网游的一个重要原因,便在于游戏

---

① 金元浦:《接受反应文论》,济南:山东教育出版社,1998年,第164页。
② 张廷琛:《接受理论》,成都:四川文艺出版社,1989年,第52页。
③ 王恬、贾玮:《伊瑟尔"召唤结构"理论下文学文本审美潜能再创造》,《湖北第二师范学院学报》,2020年第4期。

本身的"意义空白"，游戏给玩家设置了一个又一个目标，这些目标都静待玩家去"填补"完成。

此外，国内有研究者认为，否定亦能产生"空白"。即"这种否定在阅读的范式之轴上产生了一个动态的空白，因为旧范式的无效状态意味着读者缺乏一种能够运用的规范或标准。"①否定性，这是在现实生活中所体验不到的，或者说跟现实生活不一样的体验。对于网络游戏而言亦是如此。游戏者对网络游戏所呈现出的新世界耳目一新，这是对其程式化日常生活的"否定"。这种否定产生空白，例如，LZJ曾言："平时在生活中难以体验的成就感可以在游戏中轻松实现，如打败他人，击杀boss等。"（LZJ202128）

2.意义未定性

从接受美学的角度而言，作家所创作的文本并不是真正存在的文本，只是有待实现的文本，或称为"第一文本"。它只是一种存在着意义可能性的图式化结构或潜在结构，有着不确定性。②对于网络游戏而言亦是如此。将网络游戏视为文本，便是将其视为具有意义未定性的文本，对此，不同游戏玩家有着不同的解读，有着不同的玩法，有着不同的体验；即便是同一玩家，在不同的心境、环境下也会有不同的体验。正如LH所言：

> 打网络游戏是一种沉浸式的忘我的状态，整个人都投入游戏世界中，感觉自己已经和人物角色融为一体，人物的每一次技能的释放都是内心情感的宣泄，在赢得一次对战后，就有一种成就感，在与队友沟通出现问题或者团战配合不好时，就会感觉情绪低落，甚至暴躁，为刚刚的游戏不愉快而郁郁寡欢。（LH202125）

---

① 金元浦：《接受反应文论》，济南：山东教育出版社，1998年，第168页。
② 龙柳萍：《试论召唤结构与期待视野》，《柳州师专学报》，2005年第2期。

如上所述,网络游戏作为文本,具有由"意义空白"和"意义未定性"构成的"召唤结构",对于文学文本而言,只有读者才能填补这些空白和未定性;而对于游戏文本而言,只有游戏玩家才能填补这些空白和未定性。在接受理论家看来,阅读活动不仅是一个主客体交流作用的过程,还是一项运用主体脑力的复杂性实践劳动。[①]网络游戏活动亦是如此,玩家被游戏文本的"召唤结构"所"召唤",并在可能的游戏空间充分发挥再创造的才能。

(三)网络游戏召唤结构的层次

上述,我们结合接受反应文论,通过梳理游戏者的游戏体验,认为意义空白和意义未定性是网络游戏作为文本的召唤结构。我们通过进一步剖析后发现,网络游戏的召唤结构还具有不同的层次。正如前述作为地点的数字地址技术和作为场所的智能技术一样。本章结合游戏玩家有关自身游戏体验的自我报告,研究者对网络游戏召唤结构的层次进行了研究和探讨。本书认为,作为文本的网络游戏的召唤结构也具有了三种层次,即网络游戏话语层面、网络游戏形象层面和网络游戏社会层面。如下表8-2所示。

表8-2 网络游戏召唤结构的层次

层次1	层次2	层次3
话语层面	网络游戏技术	硬特征
		软特征
	网络游戏内容	功能性
		形式性
		实质性
形象层面	网络游戏自身	技术形象
		内容形象
	网络游戏使用	实际使用的形象
		期待使用的形象

① 刘涛:《解读伊瑟尔的"召唤结构"》,《文艺评论》,2016年第3期。

续表

层次1	层次2	层次3
社会层面	社会关系	社会伙伴
		角色伙伴
	社会问题	回避问题
		解决问题
		探索社会

1.网络游戏话语层面

网络游戏话语层面,是指网络游戏以其产品或技巧等呈现于用户面前、供用户使用的具体话语系统,这是网络游戏召唤结构的表层。在此层面,我们又可以进一步分为两个层面,即网络游戏技术和网络游戏内容。

(1)网络游戏技术

加拿大著名媒介研究学者麦克卢汉曾经提出"冷/热媒介"论,借鉴这种对媒介技术的冷/热分类的方式,我们可以将网络游戏技术的特征分为硬特征和软特征。

结合前述对技术的界定,硬特征更多指的是网络游戏技术设备所具有的特征。网络游戏技术的"硬"特征,至少给网络游戏依赖创设了硬件条件。作为网络游戏的技术基础,互联网包括移动互联网技术及当下流行的AR/VR技术具有移动性和沉浸性等特征,这些所谓的"硬特征"在"召唤"着游戏者/玩家加入游戏中来。例如,有玩家表示:"由于手机行业的发展,我开始接触手机游戏。手机上的网络游戏最大的特点就是方便,因此我玩游戏时会更倾向手游。"(FJ202114)言语中透露出移动性对其的影响。再如,有玩家在谈及AR/VR技术在游戏中应用时的影响时表示:"通过仿真环境来对游戏的真实性进行很大的提升,在游戏的时候会让玩家得到更为真实的体验。"(FBS202115)这是网络游戏技术的沉浸性特征给玩家所带来的影响。此外,网络游戏技术的交互性特征也是硬特征之一。例如,有玩家表示:"由于网络游戏具有联机功能,允许多人在线游玩,因此具有很强的交互性,对人的吸引力很大。"(TLY202151)

网络游戏技术软特征是相对于硬特征而言,在此,我们可以将无形的技巧和方法视为网络游戏技术的软特征。"召唤结构"的不稳定性特点不是一种偶然性存在,而是一种不可避免的必然性存在,更非作品本身出现的某种缺憾和弊端。[①]这一点,对于网络游戏而言也是如此,即我们在此所探讨的网络游戏的"召唤结构"并非是数字技术的 bug,不是技术本身出现的某种缺憾和弊端,而是为用户的潜在使用和介入后的再创造而预留的空间。例如,有玩家表示:"AI 通过学习算法引导玩家,提高他们武器的合适度与有效性,节约了玩家找攻略的时间。这能吸引更多的玩家来游玩。对于玩家而言,AI 的自我学习可以更多地与玩家产生之前没有的互动,从而玩家更能持久的关注游玩,同时通过 AI 的辅助,玩家可能更容易通关,体验到快感。"(ZYP202103)这体现出作为技术软特征的智能推荐算法在网络游戏中的应用对游戏者的吸引。

(2)网络游戏内容

作为层次 2 的网络游戏内容,又可以分为三个层次,即功能性、形式性和实质性。

功能性,这意味着网络游戏内容一方面满足玩家的娱乐需求,如有玩家表示:"把自己置身于虚拟世界里,可以带给自己一种脱离烦恼的短暂娱乐。"(TWW202152)另一方面可以作为现实生活的替代,实现玩家在现实生活中无法实现的事情。例如,有玩家谈道:"打网络游戏容易让人感受到快感,尤其是在经过努力后赢得了游戏,会给人带来很大的快感,这源于现实生活中无法做到的事情在网络上得以实现。"(HJT202118)再者,网络游戏内容对于玩家而

[①]　刘涛:《解读伊瑟尔的"召唤结构"》,《文艺评论》,2016 年第 3 期。

言,还具有学习的功能,例如,有的玩家表示:"有时也能从游戏中学习到一些东西,像一些解密游戏或是一些角色扮演游戏和策略游戏。"(JYQ202143)

形式性,这个主要是指网络游戏内容的形式,例如游戏画面、游戏声效、游戏做工以及游戏整体美感等方面。例如,多位玩家在报告中提及游戏内容的形式性的"召唤"。

> 游戏页面带来的美感也是很重要的一部分,游戏界面要么唯美要么动感,所有画面都是很吸引人的,所以也会使我很愉悦。(WCH202158)

> 高质量的游戏还能带来极致的感官体验,比如优美的背景音乐,塑造丰满的人物,令人沉浸的剧情,都会使人带入其中,难以自拔。(SR202149)

> 加上游戏本身的精致画面与刺激音效,使我以十分激动的心情继续游戏。(ZX202169)

如上,这三位玩家分别谈及了网络游戏内容的游戏页面美感、优美的背景音乐、精致画面和刺激音效等对其的吸引。

实质性,主要指的是网络游戏故事情节对游戏者的吸引。网络游戏是一种叙事艺术,故事情节的安排对于吸引游戏者而言也很重要。对于动画片而言:"有经验的导演便会解除这些人为的钩连,让观众散落在莽莽苍苍的情节野地里,充分发挥和调动观众的想象力,这就是情节召唤结构。"[1]网络游戏也与此相似,作为一种叙事艺术,也具有情节召唤结构。例如,有玩家表示:"对于《原神》这类大世界探索游戏,整体而言还是会被剧情所吸引,许多时候都会

---

① 刘渐郡、李明:《论动画片的召唤结构》,《新闻界》,2014年第17期。

感觉自己是在看动漫,而这种时候也就很容易会沉迷其中,不知不觉就会荒废几个小时的时间。"(YG202162)再如,关于RPG(角色扮演)游戏,有玩家认为:"吸引人的东西有许多,如栩栩如生的人物形象,引人入胜的剧情设计,精美的音乐与美术设计。我可以体验到在现实生活中体验不到的快乐,如借着风翱翔星空,乘着一艘小船遨游大海,在雪山中探索前行,在荒岛上寻找宝藏。与此同时,我还可以体验到自己培养的角色慢慢成长带来的成就感与满足感。"(LJW202129)

这些都体现出剧情对于玩家的"召唤"。玩家在剧情的召唤下,将自己带入剧情中,随着剧情的一次次展开,玩家也逐渐陷入一种沉迷的状态。

2.网络游戏形象层面

网络游戏形象层面,是指用户在使用网络游戏之前和之后,通过想象和联想,在头脑中所唤起的一系列的网络游戏形象。此处,主要包括网络游戏自身形象和网络游戏使用形象。

(1)网络游戏自身形象

用户在头脑中所唤起的网络游戏自身形象,也可以从技术和内容两个层面来分析。

网络游戏技术形象,例如,有游戏者在谈到游戏中自己所喜欢的装备时表示:"每一个选择去买的装备都是我非常喜欢的,我会从中得到一种许多其他东西无法带给我的满足感,我也时常叹服于游戏模型设计者的妙笔与想象力。当我用这些装备进行游戏的时候,我会觉得游戏的观感更好,游戏过程也会让我更能获得满足。"(ZNQH202168)

网络游戏内容形象,例如,有玩家在忆及自己玩游戏的体验时写道:"小学时曾经迷恋上一款游戏,感觉它像狗皮膏药一样贴在自己的脑子里,时常在上课的时候就不免想起游戏的情节,在最后一节课还没有上完的情况下,就想着回家之后打开电脑怎么玩那款游戏。"(ZB202164)这显示出游戏情节等内容形象给玩家所带来的影响。

（2）网络游戏使用形象

此处，玩家将自己带入游戏中，在头脑中回想和想象自己在游戏中的表现。因此，这又可以分为玩家实际使用和期待使用的形象两个层面。

实际使用的形象，例如，有玩家表示，即使在游戏结束以后，"脑子里也会浮现出刚刚游戏中的画面，会不断地进行回味和复盘"。（ZX202169）正是这种回味和复盘，"召唤"着玩家继续游戏下去。

期待使用的形象，例如，有玩家表示，自己"那段时间一直玩，上课的时候脑子里都听不进去老师讲的什么，而是想着游戏里的技能衔接，遇到各种情况该怎么打之类的，反正就一直在想，感觉脑子里像容不下其他事情一样"。（TZL202150）还有的玩家谈道："上瘾的时候，就是什么时候都在想着去打游戏，注意力很不集中，无时无刻脑子里面都在预设构思下一段游戏的场景、操作，即使没有条件玩游戏时，拿起手机，也是一直在观看学习视频中主播与职业选手的高端操作，感觉就是心中只有游戏。"（ZX202169）从这两位玩家的分享报告中，我们可以看出，玩家在触及游戏后，想象中的游戏场景，即期待使用的形象对于玩家的影响。

3.网络游戏社会层面

网络游戏社会层面是指网络游戏所蕴含的社会等各种内容，相对于前述的话语层面和形象层面，这属于网络游戏召唤结构的纵深层面。对此，我们可以从社会关系和社会问题两个层面来分析。

（1）社会关系层面

此处，社会关系层面又可以分为社会伙伴和角色伙伴两类。

社会伙伴，第一种是正常的包括朋友关系在内的社会关系维持。例如，有玩家表示："当我与朋友一起玩耍时，无论游戏中的我怎么样，都会非常开心，所以当我一个人打游戏的时候我常常会想念朋友。"（QJ202140）再如，"我一直都喜欢与同学打游戏,我们会边聊天边打游戏,在这时交流大于游戏。和同学打游戏是件特别开心的事,不知道为什么,可能是有着共同话题,从交流中获取快乐"。(YXY202160)

第二种是避免被孤立,或者说是建立社会关系的尝试性努力。例如,"当时主要是好奇,以及从众,毕竟周围同学都打网游,自己不打就会和同学们没有共同话题,最后容易被孤立"。(ZJS202166)

第三种则是社会伙伴间的比较,将对方当作参照对象,是社会比较的对象。显然,这种攀比也是社会的。例如,"当一个游戏玩了很长时间,如果不是对这个游戏有特殊的情感,更多的体验是通过攀比满足虚荣心"。(ZJS202166)

因此,对于玩家而言,他们在游戏中,无论是维持已有关系,还是拓展新的关系,还是建立一种关系的参照,都显示出游戏给他们所带来的社会伙伴层面的吸引力。在此,游戏更像是一种社交工具,不仅是前述的游戏内容,而且包括游戏中所带来的社交乐趣也在促动着玩家投身游戏之中。

角色伙伴,主要是指玩家在游戏中所扮演的角色及在游戏中与其他角色间所建立的各种关系。一种是在游戏中扮演的角色间的相互配合。例如,有玩家在谈及FPS(第一人称射击)类枪战网游时,"觉得这些游戏很能让我沉浸进去,不仅因为我在虚拟世界中能够体验刺激的视觉枪战,仿真的音效,而且能够与世界的真实玩家进行互动、交流,比如觉得对方技术好,枪法准,我可能会跟着他进入另外一局游戏,感觉有挑战,如果能打赢还有成就感"。(ZYP202103)

一种是游戏者对游戏中角色的认同和共情。例如,有玩家表示:"对喜欢的角色投入感情,自己也能在其中收获感动。我经常因为他们的故事而热泪盈眶,而我觉得为此付出的时间和精力也是值得的,因为他让我获得了更好的情感体验。"(SR202149)玩家在游戏中通过对角色的认同和共情,能够体验到在现实中无法实现的体验感。

（2）社会问题层面

此处主要指玩家通过游戏回避问题、解决问题以及探索社会等。

回避问题，例如，有玩家在谈及进入游戏后能够"麻痹自己，不去想现实中的事情"。（TWW202152）"觉得自己进入了游戏的世界里，忘记现实中的烦恼还有压力，也会听不到周围的声音，包括别人和你说话的声音也会听不到。"（ZX202169）在此，网络游戏扮演着避难所的角色，玩家通过游戏回避现实社会中的问题。而这也成为网络游戏召唤玩家的一个点。

解决问题，玩家一方面通过游戏回避现实世界的问题，另一方面也期冀通过游戏来解决自己在现实世界的问题，尤其是对于儿童和青少年玩家，普遍面临着学业压力等问题，因此，正如有的玩家所言："打游戏更多的是因为我觉得孤独和无聊，我不愿意出去玩。同时在高中时打游戏也主要是释放压力。"（ZYX202170）

不仅是通过这种方式释放压力，解决现实世界中的孤独和无聊感。同时，在虚拟游戏世界中，游戏者也可以实现在现实世界中通常较难实现的自我成就感和自豪感，因此，这也成为吸引或"召唤"游戏者开始或继续游戏的层面之一。例如，有玩家就表示：

> 在极速变换的画面与音效中，体会到别样的现实中无法体会到的感觉，仿佛自己与游戏中的角色融为了一体，能够将自己完全代入角色，能感受到当下角色的喜怒哀乐，在游戏中每次完成一个阶段的任务，或者做好一件事，抑或是击败一个强敌以后，会有很大的心理上的成就感，以及游戏中的奖励作为推动，或者是对下一阶段紧凑剧情的好奇，促成了我继续玩下去的信念。（ZX202169）

除了上述回避问题和解决问题之外，研究发现，玩家也在通过游戏探索社会。例如,有的玩家表示:"这种体验就像重新进入一个新的世界,这个世界很新奇,仿佛用另一种方式将他人与自我相连接。追求虚拟世界带来的快感与成就感,在虚拟世界中进行思维的博弈与技术的提升,在这个虚拟世界,没有真实世界中过多繁杂的事物,也并不像真实世界一样没有目标,在这个世界中,我更清楚自己想要的是什么,就是战绩,就是赢,因此享受短期的努力所兑现的回报。在这个世界中,可能也没有那么多人认识我,我也不用过多考虑别人的感受。"(ZB202164)

由上述分析我们可以看出,网络游戏召唤结构的层次,虽然借鉴自文学作品的召唤结构,但是其与文学作品的召唤结构层面因其网络游戏的自身特点而产生明显的差异性。

当然,本书出于研究的必要,将网络游戏的召唤结构细分为不同的层面,其实,在研究中,我们发现,这些层面往往是交织在一起的,也就是说,正是在多种召唤因素的"召唤"下,游戏者结合个人需求从而使用网络游戏,正如这位研究对象所言:

> 我在游戏中收获的是那种生活中无法获得成就感,在游戏中与朋友之间的交往,克服难题的自信,都在给我提供一种正反馈,去支持我去继续玩网游,比如《原神》中的大世界探索,抽卡的奖励机制,与《崩坏三》之中的通过不同的方式,流程击杀boss,提高分数,*Dishonored*中找出不同的线索寻找最优解。(HYH202144)

网络游戏中的游戏机制、剧情、社会关系等层面的多种因素的影响,"召唤"着玩家进入网络游戏之中。

(四)"游戏之环"

研究者结合研究对象的分享报告,借鉴伊瑟尔的召唤结构理论,归纳整理

了网络游戏召唤结构的"结构"和层次,如下表8-3所示:

表8-3 网络游戏的召唤结构:"结构"和层次

结构		网络游戏召唤结构的层次		
		层次1	层次2	层次3
网络游戏的召唤结构的"结构"	意义空白、意义未定性	话语层面	网络游戏技术	硬特征
				软特征
			网络游戏内容	功能性
				形式性
				实质性
		形象层面	网络游戏自身	技术形象
				内容形象
			网络游戏使用	实际使用的形象
				期待使用的形象
		社会层面	社会关系	社会伙伴
				角色伙伴
			社会问题	回避问题
				解决问题
				探索社会

由上表可知,作为网络游戏召唤结构的两大结构,无论是"意义空白"还是"意义未定性",都具有话语、形象和社会三个层次。

上述探讨了网络游戏所具有的召唤结构,将网络游戏视为某种基于数字技术的文本,进而从接受美学的角度剖析网络游戏的召唤结构,有利于充分增进人们对网络游戏的认识,了解网络游戏依赖的原因,但是正如前述,我们不能忽视的是,即便如此,要认识到召唤结构是与游戏者/玩家的需求联系在一起,否则便可能陷入刺激反应论的魔弹论窠臼。

"召唤结构"虽然指的是"文本"的召唤结构,但是指向的是阅读者,在本节指的是游戏者。因此,我们在文中谈及"召唤结构"并非仅仅指的是技术视角,实际上是技术和使用者互动的动态视角。也正是在网络游戏召唤结构的"召

唤"下,结合游戏者的个体及各种社会因素,游戏者在这种召唤中一次次地陷入这种"游戏之环"中,正如游戏者所言:

> 曾经最长的一次连着玩了一下午,刚刚开始的时候兴致勃勃,但是随着时间的推移,我越来越累,游戏体验也越来越差,越来越不想玩,但是我又想接着玩,就是这种矛盾心理让我在玩了一段时间网络游戏后非常难受。每次我都想着下次不这样,但是每当新的开始,又陷入了循环。(QJ202140)

> 一天除了吃饭睡觉就是在打游戏。当时的我玩的时候很兴奋,肾上腺素飙升,玩完之后感觉很空虚,既有虚度光阴的愧疚,也有头昏脑胀的感觉,但第二天仍旧打游戏。(ZY202171)

而如何走出这种"游戏之环",避免"玩家之悔"①,这需要研究者另外进行研究。

三、社会行动者使用网络游戏后社会能量的变化

(一)理论框架:社会能量

研究者在《信息传播技术与社会能量》一书中就"社会能量"概念的界定、特征、结构、生命周期等进行了理论分析。在此,研究者将"社会能量"作为探讨网络游戏依赖的理论视角,从社会能量理论出发去思考网络游戏依赖现象。

如前所述,"社会能量"是指社会行动者充分利用所拥有的做事情所需的

---

① [美]简·麦戈尼格尔:《游戏改变世界》,闾佳译,杭州:浙江人民出版社,2012年,第43页。

资源、做事情的能力。需要注意的是,作为社会行动者的社会能量的主体可以是个人,也可以是群体或社会组织等。本书将社会能量理解为包含社会物理能量、社会生理能量、社会心理能量、社会关系能量以及社会符号能量五个层面,同时涵盖物质态和符号态的一个概念。"社会能量"是人的能量,是由这五个层面所构成的总和。

依据能量的生命周期,我们将社会能量的生命周期整体上分为吸收、释放、转化和管理四个阶段(如图8-1所示),然后从这个模型出发去观察和思考网络游戏依赖现象。

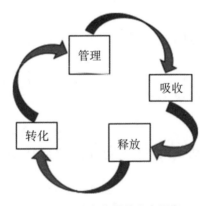

图8-1　社会能量的生命周期

(二)研究方法

如前述,研究者通过结构化问题提纲的方式,让学生分享其曾经的网络游戏依赖体验,分享其网络游戏依赖中所发生的身体、心理、情感、社会关系等维度的变化,这种在自我分享报告中所呈现的网络游戏依赖体验成为研究者研究青少年网络游戏依赖影响因素的数据。

在本书中,共有59名学生在自我报告中提及曾在小学或中学的某个时段出现网络游戏依赖现象,这构成了本书数据的基础。本书所涉的学生的数据表格如下所示:

表8-4 研究对象信息表

序号	姓名和编码	性别	专业	序号	姓名和编码	性别	专业
1	CB202106	男	电子工程	16	MJC202135	男	通信工程
2	CZH202108	男	邮政管理	17	NRG202136	男	信息与计算科学
3	DJF202110	男	人工智能	18	NZM202137	女	通信工程
4	DYZ202111	女	人工智能	19	SYL202147	男	人工智能
5	DYX202112	男	工商管理	20	SZX202148	男	通信工程
6	FBS202115	男	物联网工程	21	TLY202151	男	通信工程
7	RSH202116	男	通信工程	22	WYF202155	男	计算机
8	HY202120	男	通信工程	23	XYS202157	男	通信工程
9	JKF202121	男	电子工程	24	WCH202158	男	通信工程
10	MSJ202122	男	工商管理	25	XMZ202159	男	计算机
11	LH202125	男	人工智能	26	YXY202160	男	人工智能
12	LM202127	男	人工智能	27	ZB202164	男	人工智能
13	LJW202129	男	软件工程	28	ZX202169	男	人工智能
14	LSM202132	男	电子工程	29	ZYX202172	男	电子信息
15	MYM202134	男	邮政工程	30	ZHM202174	男	计算机

(三)网络游戏依赖与社会能量变化

1.网络游戏依赖与社会能量吸收

以往研究看到的更多的是网络游戏依赖所给游戏者所带来的能量消耗问题,从而忽略了在这种网络游戏依赖中给游戏者所带来的能量吸收问题。社会能量的增强本质上亦是社会能量的吸收现象。游戏者在游戏中会感受到能量的增强感。例如,有玩家表示,"当游戏胜利时会觉得自己的能力比较强等"(DYX202112),"在印象中,游戏给我带来最大的快乐莫过于成功时的那一刻,无论是MOBA类游戏的对抗,还是在卡牌养成游戏里面抽到自己想要的角色时,自上而下的满足感与充实感会在一刹那占据我的大脑为我带来愉悦"(LM202127)。因此,网络游戏作为环境影响了玩家能量的吸收。

（1）玩家社会能量吸收的途径

在网络游戏作为环境背景下，玩家可以通过两种方式吸收能量：一种是通过游戏中的对话，一种是借由游戏所构建的社会关系。

第一，通过游戏中的对话吸收能量。跟游戏本身例如游戏中的NPC进行对话，从而吸收能量。例如："人工智能对玩家产生的影响之一是与NPC的交互会变得更多彩，导致可能会对虚拟人物产生过多感情，甚至想要和人工智能度过余生。"（DYZ202111）

第二，玩家借由游戏所构建的社会关系吸收能量。正如有玩家所言："打网络游戏更多的体验有两个：一是竞技性质的较量，二是朋友相聚的狂欢。就好像和朋友相约打篮球，既是在联手与共同的对手竞技，也是在一起运动的过程中培养、加深与朋友的友谊深度。从社交性的角度来说，与朋友天各一方，但互联网给了我们空间能聚在一起，是很难得的机会，现实中如果要聚在一起可能非常困难，机会太少。"（DYZ202111）玩家通过网游的方式，跟过往的因为天各一方而不常见面的旧时朋友重新建立关联，重叙友情。

（2）网络游戏依赖玩家社会能量吸收的结果

这首先表现为玩家的心流体验。心流体验往往表现为玩家在游戏中因全身心投入所获得的满足感和愉快感。例如，有的玩家表示："有时候，打网络游戏会完全投入进去，感觉不到时间流逝。"（DJF202110）"玩游戏可以给我带来放松的感受。在繁重的课业后，抽出点时间，在游戏上爽上一把，此时我的全身心沉浸其中，仿佛得到了解脱。玩游戏也可给我带来激情。玩输时的那种挫败感，使我越挫越勇，内在的潜能、求生欲，被极大程度地激发，若是玩赢了，则我心中按捺不住的成就感瞬间喷涌而出，自己仿佛觉得正处于人生巅峰。"（JKF202121）玩家在游戏中与游戏融为一体，感觉不到时间的流逝，常常无视身边环境的变化。"我最长一次游戏时间应该在五个小时左右，由午饭后开始直到晚饭前结束。当时将视线从手机屏幕上移开，望见窗外天空已是残阳如血,那一刻才意识到自己已经忘我地沉浸在峡谷中一下午了。"(MJC202135)在游戏中体验到某种巅峰体验。正如马斯洛所言:"这种体验可能是瞬间产生的、压倒一切的敬畏情绪,也可能是转瞬即逝的极度强烈的幸福感,甚至是欣喜若狂、如醉如痴、欢乐至极的感受。"从社会能量角度而言,这显然是玩家在游戏中吸收社会能量的结果。

需要注意的是,这种心理能量的提升,对玩家而言并非都是正面的。例如:"在玩一些有胜负关系的游戏时,赢得游戏能够给人带来一种快感(尤其是当自己在当局游戏中发挥得很好时),可以让人从游戏的胜利中获得愉悦;而在输掉游戏时,往往会产生一些负面情绪,比如生气、急躁、抱怨等,甚至在游戏结束之后还会一直抱怨队友等行为。总之,在玩网络游戏时,既会产生正面情绪,也会产生负面情绪,但对于我个人而言,网络游戏带来的正面情绪很难抵消其带来的负面情绪。"(NZM202137)

2.网络游戏依赖与社会能量释放

玩家在网络游戏依赖中,在游戏的体验中能量得到了释放。能量的释放论,最早是由德国思想家席勒提出的"剩余精力说",认为任何生物体都有一定的能量来满足其生存的需要,当生存需要满足之后,若还有剩余的能量,就必须通过游戏等形式来消耗,否则多余的精力积累起来会对机体造成压力。研究者在调研中也发现了这一点。例如:"当时熬夜玩新游戏,第二天起大早,有一种身心的疲惫感。"(SYL202147)

(1)网络游戏依赖中社会能量释放的途径

第一,单纯玩游戏,便需要消耗能量。例如,有的玩家表示:"我最长一次曾经从下午1点到凌晨三点,那次是玩一个叫作英雄联盟的游戏,当时感觉就是时间飞快,沉浸在打打杀杀的快感之中,生理需求变淡,进食欲望下降,玩完后,整个人感觉被掏空,并且感到十分空虚"(FBS202115)。玩家在长达10多个小时的游戏中,"感觉被掏空",而这正是能量消耗的表现。再如,有玩家表示:"我曾经对于网游上过瘾,当时是为了玩一个单机游戏,为了过关,连续一个多月,每天八到十二个小时一直在玩一个游戏,那个游戏当时特别难,玩儿那个游戏花了我很长时间。后面我发现自己逐渐开始耽误学业,家长开始批评我。我自己的精神状态也越来越差。"(XYS202157)玩家感觉自己的精神状态越来越差,这正是在游戏中能量消耗的结果。

第二,游戏中的暴力是玩家社会能量的释放。网络游戏作为一种"魔法圈",在这种虚拟空间中,玩家的社会行为也会产生变化。例如,网络游戏中的暴力现象便是玩家社会能量的释放途径。有玩家表示:"打网络游戏的体验我认为完全看局势状态,逆风局就很难受,顺风局就很爽,很影响心情,经常输多了就很烦躁,恨不得和队友骂起来,目前我心态好了很多,估计是成熟了一些,不是很看重游戏的输赢,纯当个乐子。"(HY202120)通过这个玩家的分享,我们可以看到游戏中的暴力行为也是玩家社会能量释放的途径。

(2)网络游戏依赖中社会能量释放的分类

依据前述社会能量的类型,研究者在研究中也观察到玩家不同社会能量类型的释放。

第一,玩家生理能量的消耗。正如玩家所述:"我最长一次玩网游持续了一天,将近二十个小时,当时只是赢一把输一把,十分让人上瘾,致使我在吃饭睡觉等生活上都受到了影响,早上起床便是打开游戏,到了饭点也没有丝毫想去吃饭的欲望,致使我一天都没有吃东西,对我的身心都造成了伤害。尤其是打完之后,眼睛酸痛头昏脑胀。并且因为打了一天的网络游戏,导致我在夜晚异常兴奋,直接导致我晚上失眠。"(SZX202148)再如,另一位玩家表示:"我自己可以称得上一名'网瘾少年',几乎每天都要打游戏,尤其在假期时,平均每天花五六个小时在网游上。最长的一次超过了七小时。刚开始的时候会感到比较兴奋,但时间久了也会产生一种疲倦。长时间看着屏幕眼睛会很酸,颈椎也很痛,手指也比较困,容易抽筋。因为长时间保持同一个动作,当我放下手机想休息时手指已经很难伸开。"(CB202106)在上述两位玩家的报告中,我们可以看到玩家在游戏后感到身体尤其是眼睛、颈椎、手指等方面因为长时间游戏而带来的酸痛,从能量视角而言,这其实便是玩家生理能量的消耗。

第二,玩家心理能量的消耗。除生理能量之外,过度使用网络游戏还会带来对社会行动者心理能量的消耗。研究发现,高手机依赖度社会行动者可能会出现不同程度心理健康问题,如敌对意识、强迫行为、偏执、精神病性倾向等心理问题。从能量视角来看,这些便是玩家心理能量释放的后果。正如MYM所言:"'闸门'一开,打游戏的激情会倾泻而出。"(MYM202134)又如ZB所言:"感觉它占据了生活的大半部分,让自己注意力不集中,做事的效率变低,而且感觉自己性格变得不好,更加暴躁易怒。"(ZB202164)

第三,玩家社会关系能量的消耗。在社会关系中,社会行动者对他者的牵挂,抑是一种社会能量的损耗。威尔曼在"网络化个人主义"概念中,准确地提及了"三重革命"即因特网革命、移动革命及社会网络革命,拓宽了社会行动者社会关系的范畴,社会行动者在维护多元和差异化的社会行动者社会关系网络时需要耗费能量。即"与保持面对面的人际交往相比,这种电子交往需要他们耗费同等的努力,甚至更多的时间"[①]。由此,我们可以看到,玩家在网络游戏中社会关系能量的消耗。正如玩家LM所言:"因为我的沉迷已经为我的生活带来了许多害处,我逐渐丧失了和别人的交流能力(因为长期不与别人交流,聊天仅限于游戏),也与家里人关系越来越差,脾气十分的暴躁。"(LM202127)玩家因为沉迷于网游之中,沉迷于与虚拟空间中的社会关系,从而"也渐渐把自己封闭起来,除了游戏不怎么和周围的人进行交流"(ZX202169),"假期拒绝所有朋友的邀请"(LSM202132)。

由上,我们可以看到,社会能量的消耗涉及多种类型,总之,一切令人上瘾

---

① [美]李·雷尼、巴里·威尔曼:《超越孤独:移动互联时代的生存之道》,杨伯溆、高崇等译,北京:中国传媒大学出版社,2015年,第8页。

的东西都是在损耗社会行动者能量的。我们在此出于研究的便利,将玩家社会能量的消耗分开叙述,其实,这种社会能量的消耗往往是伴随在一起,即玩家在网络游戏沉迷依赖中,伴随着生理能量、心理能量、社会关系能量等社会能量的消耗。这是需要我们注意的。

3.网络游戏依赖与社会能量转化

在此,社会能量的转化更为侧重于能量的质态从一种形式到另一种形式的变化,能量并没有消失,只是存在的形式发生了变化。在研究中,我们发现网络游戏依赖玩家在游戏中经历的社会能量转化主要包括下述两种类型。

第一,生理能量向心理能量的转化。例如,有玩家报告,在玩过游戏之后,"感觉生理上就是身体比较累,眼睛有点难受,困得要死。心理便是觉得今天打得还可以,即和好兄弟玩了一天非常的爽,而且上了好多分涨了好几个段,非常的满足"(MSJ202122),这其实便是社会能量的转化,从生理能量的消耗,转化为心理能量,心理的满足感。"以至于玩了很长时间也没有感到厌烦,最多会感觉到身体上的不适,但在游戏之后依然非常兴奋,有种回味无穷的感觉。"(TLY202151)

第二,生理能量向符号能量的转化。例如,玩家在游戏中花费了大量的生理能量,获得了游戏中的虚拟物品、排位的变化等符号能量的提升。"玩游戏曾经上瘾过,当时就感觉要完成一个目标一样,大多为游戏里的虚拟货币,抑或是积分之类彰显个人游戏实力的物品。而一旦获得了这些物品,便会小有成就感,这也使得我会在上瘾后不断地去玩,去刷这些对我生活没有一点帮助的虚拟物品,而在输了这些虚拟物品后,又会抱有想把这些再打回来的想法,于是就陷入了一种不断游戏的循环,最后发现虚拟物品没有增减多少,只有自己的时间被消耗了。"(SZX202148)

4.网络游戏依赖与社会能量管理

社会行动者的能量虽有差异,但总体而言都是保持能量守恒的。社会能量也遵循能量守恒定律。无论是能量的过度宣泄,还是能量的损耗,对社会行动者而言,都是有弊端的。因此,网络游戏依赖的治理便涉及游戏玩家社会能量的管理问题,即玩家社会能量的最优化利用的问题。如何将社会行动者每天的能量导向最优的使用路径,这也是需要去面对的能量管理命题。尤其是社会时间加速背景下,社会能量的管理更显必要性。下面,本书结合玩家的自我报告,主要从自我管理和他者管理两个维度进行梳理。

(1)玩家社会能量的自我管理

这又可以分为两种类型。一种是对玩家能量资源的自我管理;一种是对玩家能"力"的自我管理。

其一,对玩家能量资源的自我管理。例如,玩家所述:

> 坚持每天运动就逐渐对游戏没那么大的瘾了,当时每天的作息就是学习上网课,做作业,锻炼,三点一线,开始控制不住想玩,就强迫自己把手机放在外面,让自己接触不到手机,而且通过大量的运动,消耗自己的精力根本没有办法再继续打游戏,后面上网课时也让自己不去聊天或者刷视频,开始时真的忍不住,我就采取戴耳机,双手不在手机上而且每次都给自己灌输,要认真听课。一定要认真听课,经过一周左右的强迫训练,我对手机和网游的依赖性就降低了,觉得自己应该改变点什么让自己有所进步。(LH202125)

正如上述玩家所述,玩家通过对能量资源即手机等自我管理,使自己脱离了网络游戏依赖问题。当然,"在刚开始的时候心里还是很难受,还是很想去打几把游戏,但是我把成绩单贴到了电脑桌上,只要我看见,就不会有想打游戏的想法,跟那些跟我一起打游戏的朋友也很少联系,拒绝了别人邀请我一起去打游戏,从而断了一条让我重新上瘾的途径。"(WCH202158)也就是说,通过限制自身的游戏资源,即对自身的社会能量资源进行管理,从而帮助自身一步步走出网络游戏依赖。

其二,玩家能"力"的自我管理。依据前述我们对"社会能量"的界定,从静态角度而言,社会能量表现为能量资源;从动态角度而言,社会能量表现为能力。而玩家通过对自身能"力"的管理,也可以帮助自身走出网络游戏依赖。例如,有玩家表示:"不玩感觉少点什么,感觉非常的奇怪,好像有什么东西丢了的感觉,这种情况我会干点别的事,比如跑跑步,打打球,看看书,健健身,编编码之类的。这样久而久之我从一开始感觉少点什么,到稍微减少对游戏的沉迷,到忘记游戏的存在而且专注于眼前的事物。"(ZHM202174)正如玩家所述,玩家通过跑步、打球、看书、健身,甚至去编码,从而逐渐走出网络游戏依赖。对此,有多位玩家提及。再如,"一个暑假没有打游戏,转而去看书、打篮球,培养了个新的兴趣爱好,从而戒除了游戏瘾"。(WCH202158)

上述,我们结合玩家的自我报告,主要是从玩家对自身社会能量的自我管理角度进行了梳理,下面,我们再从他者管理的角度进行阐述。

(2)玩家社会能量的他者管理

对此,我们仍然可以从能量资源和能"力"两个方面来看。

其一,玩家社会能量的能量资源的他者管理。

第一,能量资源的父母管理。例如,有玩家表示:"上学时,有时会特别想打游戏,但手机被父母保管接触不到,会在家里翻箱倒柜地找,可惜找不到,这种想法也就不了了之了。"(YXY202160)手机这种能量资源被父母保管管理了,因此,这也限制了玩家对网游的接触和使用,慢慢地也走出了网络游戏依赖。再如玩家RSH表示:"沉迷于网络游戏的我也曾受到父母的批评,为此父母没收过我的手机,但我总是管不住自己,趁父母不在家,偷偷翻出手机继续打,在父母回来前再放回原处,但这也让父母发现过,免不了的就是一顿皮肉之苦。"(RSH202116)

第二，能量资源的学校管理。学校作为青少年的"第二空间"，对玩家的行为也带来了影响。例如，有玩家报告称，"我当时是被班主任骂了一顿，在那之前班主任找过我特别多次，让我戒掉网瘾，我一直保证自己不玩了，直到那一次被抓，他大声地朝我吼，把我吓蒙了，我从没见过他那么凶，他问我对得起谁，要是不能念书就回家。那一次把我惊醒了，把我从网络的泥潭中拔了出来"（XMZ202159）。再如，"高中住校，接触网络游戏的时间少了，依赖性也就不断降低了"（WYF202155）。

第三，能量资源的相关管理方管理。例如，有玩家在谈到自身脱离网络游戏依赖时，谈到了未成年防沉迷系统。"未成年防沉迷系统，高考结束的我还未成年，只有一周在固定的时间能玩三个小时，这极大地阻碍了我玩网络游戏。"（ZB202164）"再者，便是社会因素，现在很多游戏都设置了防沉迷系统，系统会在玩家玩一定时间后强制玩家下线，这也是阻碍的一个因素。"（SZX202148）在上述例子中，玩家都不约而同地提及了来自未成年防沉迷系统管理的影响。

当然，聚焦到某个玩家时，往往玩家社会能量资源管理的他者涉及多个，正如LJW所述："阻碍我打网络游戏的因素有来自学业的压力，来自学校不允许携带电子设备的要求，来自父母与老师的劝说，以及在未成年时因国家未成年人网游政策而推出的防沉迷健康系统。"（LJW202129）这种对能量资源的管理，更多地来自父母、学校和相关管理方。

其二，玩家社会能量的能"力"的他者管理。

前述，玩家对社会能量能"力"的自我管理，但是有时候这种自我管理比较脆弱，这时便需要来自他人的监督。例如：

> 面对网游成瘾这个问题，我制定了严格的计划，就是减少了我的手机和电脑的使用时间。原本，我是准备直接禁用，但发现，完全禁用的话，反而容易在上课的时候不断惦记。于是，我在原有的基础上，每天减少十分

钟的电子设备使用时间,在一个星期后,将每天的电子产品使用时间控制在十五分钟之内,周末时间稍微长一些但也不超过四十分钟。我将我的计划告诉了父母,他们很支持我的想法并且愿意监督,一旦发现我游戏时间超过计划,就取消第二天的游戏时间。而原本用来玩游戏的时间,我用来巩固学习知识,阅读课外书籍和跑步,将自己的注意力转移到周边的事物上,从而减轻自己对网游的渴望。渐渐地我发现,学习和锻炼也都是可以让人快乐的事。(ZYX202172)

当然,网络游戏依赖玩家的社会能量管理更可能是由自我管理和他者管理,能"源"管理和能"力"管理相结合,同时发挥作用。如下表所示:

表8-5　网络游戏依赖与社会能量的管理

能量维度		社会能量的管理	
		自我管理	他人管理
能量	能"源"	——	——
	能"力"	——	——
		网络游戏依赖	

例如,正如玩家NRG所述,"后来学习成绩下降了,又被父母训了一顿,我明白不能再那样下去了,但又一时戒不掉,就给手机里的游戏设了个时间限制,时间到了就玩不了了。再后来大多数游戏都出了健康系统,再加上年龄也大了一点,就慢慢没那么想玩了"。(NRG202136)由此,我们可以看到,玩家正是在父母的训导、防沉迷系统(他者管理)及自我的约束(自我管理)之下逐渐走出了网络游戏依赖。

青少年网络游戏依赖给青少年、家庭、社会等方面尤其是其自身带来了重要影响,正如CZH所述,"有过上瘾的时候,感受大概就是总感觉心里压着什么东西,想要发泄,没有精力去应对其他的事情,老是会走神去想关于游戏的事情"。(CZH202108)在上述研究中,研究者从社会能量的理论视角观察了网络游戏依赖玩家的社会能量变化。即玩家在网络游戏依赖中社会能量的吸收、消耗、转化和管理。这对于我们认识青少年网络游戏依赖提供了新的理论视角。

四、虚拟游戏空间对社会行动者命运行为的影响

游戏作为数字环境,从媒介环境学的视角探讨思考对社会行动者命运行为的影响。对此,我们根据前面"理论构建"部分的阐述,可以分为两个部分:一个是社会行动者使用网络游戏对自身命运行为的影响;另一个是从生态系统的视角来看,社会行动者使用网络游戏对他人命运行为的影响。

就第一个部分而言,社会行动者经过沉迷网络游戏、使用网络游戏后,自身的社会能量水平发生变化,进而影响了其后续在一些命运时刻的选择行为。例如:

> 郭东明,1991年6月出生,2016年6月起在甘肃水务灵台供水公司工作,其间任该公司财务部出纳员。2018年5月,因涉嫌挪用公款罪,被灵台县监委依法采取留置措施。经查,郭东明利用职务便利,挪用公司公款达387万余元,用于网络游戏和个人消费。
>
> "刚开始就是一点点,想的就是小点做,用完就及时还上,后来越干越顺手,挪用的数额也越来越大,自己完全被欲望冲昏了头脑……"对自己一错再错,最终无法自拔地走上违法犯罪的道路,郭东明悔恨不已。
>
> 郭东明从上学时就沉迷于一款网络游戏,游戏里各类玩家"大款""富豪"每次数千、数万的充值金额,火爆的装备、"召唤兽"交易,都让他颇为心动。然而单凭自己的正常收入远远不能满足这样的需求,于是他开始

对自己掌握着的公款动起了歪心思。

为了让自己的账号在服务器内"榜上有名"，他利用管理公司网银（U盾）、库存现金及银行存款的便利，将一笔笔资金通过网银转到个人账户用来购买游戏装备、"召唤兽"，同时又寄希望于通过线上装备和"召唤兽"交易赚取利益。

一旦陷入违法泥潭，他的胆子越来越大，最后甚至动用公款买高档手机、电脑，给单位造成了300多万元的资金损失。[①]

如上述案例所示，案主因为沉迷于游戏之中，进而铤而走险，为了获得游戏中的装备等挪用公款来购买装备等，最终因挪用公款罪而锒铛入狱。当然，网络游戏既能给游戏者带来能量的提升，同时也能给其带来能量的持续消耗，因此，最终网络游戏给行动者带来了什么命运，还是要看社会行动者自身所做的选择。

五、虚拟游戏空间环境下的游戏生态系统对社会行动者命运行为的影响

本部分主要是从数字生态系统视角来探讨在虚拟游戏空间中，社会行动者的游戏使用对其他社会行动者命运行为的影响。例如，在网络游戏空间已知的网络游戏欺骗、色情、霸凌等现象，如何去思考看待这些行为对其他社会行动者命运行为的影响，我们在此需要从数字生态系统的视角予以观察。如下表8-6所示。

---

①《为游戏账号上榜，他挪用公款387万余元》，中国青年网，http://news.youth.cn/sh/202108/t20210829_13192631.htm。

表8-6　基于数字游戏空间的数字生态系统内不同社会行动者之间的相互作用类型

相互作用类型	社会行动者1	社会行动者2	相互作用的一般特征
中性作用	0	0	两个社会行动者之间彼此不受影响
资源利用性竞争	–	–	共用资源短缺时的间接抑制
偏害共生	–	0	社会行动者1受抑制,2无影响
偏利共生	+	0	社会行动者1是偏利者,而2无影响
"寄生作用"	+	–	社会行动者1是"寄生者"
"捕食作用"	+	–	社会行动者1是"捕食者"
原始合作	+	+	相互作用对两者都有利,但不是必需的
互利共生	+	+	相互作用对两者都有利,且是必需的

注:0表示没有显著相互作用;+表示对其生长、存活或其他特性有益;–表示对其增长或其他特性有抑制。

(一)中性作用

所谓的"中性作用",即指"两个社会行动者之间彼此不受影响",这种情况比较常见,在网络游戏中,不同玩家扮演不同的角色,各自展开自己的游戏进程。因此,这种相互作用类型我们在此不做重点考虑。

(二)资源利用性竞争

在网络游戏中常常会出现这种"资源利用性竞争",无论是以个体还是以社群团队面貌而出现。在游戏攻防活动的参与过程中,玩家的情感等心理能量发生变化,在这种社会能量变化的背景下,可能会对其他社会行动者的命运行为带来影响。例如,据媒体报道,安徽合肥的一名16岁的游戏玩家胡某,在网吧里玩一款用刀捅人的暴力游戏时,自己因为技术较差,每次都被别人"捅"倒,当胡某被网吧中的其他同龄玩家嘲笑时,在游戏中"杀"红了眼的胡某当即火冒三丈,抽出半尺长的防身刀具,捅向受害人的胸口,导致受害人当场死亡,而他依旧沉浸在暴力游戏中,直到警方赶到现场才如梦初醒。[①]在上述案例中,我们可以看到,少年胡某因为在玩暴力游戏中,每次在游戏中都被别人"捅"倒,心生怨念,进而用刀具将另外一位玩家当场捅死,给他人的命运带来影响。

(三)偏害共生

"偏害共生"指的是"社会行动者1受抑制,2无影响"。这种相互作用关系类型,我们在网络游戏空间也能识别并发现。例如,我们广泛关注的"网络游戏欺凌/霸凌"现象。在这种霸凌中,通常包括化身霸凌、言语霸凌以及社交霸凌三个维度。我们以化身霸凌为例。所谓的"化身霸凌",指的是在游戏环境中,不同玩家之间,尤其是熟练玩家或者霸凌玩家对于他人游戏化身的嘲弄与羞辱。在这种霸凌情形中,霸凌玩家作为社会行动者2没有受到影响,而社会行动者1却受到抑制。那么,在这种社会相互作用类型下,对于被霸凌者而言,严重打击了其自身的自尊心、自信心等心理能量,甚至会造成其情绪低落,轻生的悲剧。由此,对被霸凌者的命运行为带来影响。

(四)偏利共生

所谓"偏利共生"指的是"社会行动者1是偏利者,而2无影响"。在这种相互作用关系类型中,社会行动者1是偏利者,而社会行动者2则无影响。例如,据媒体报道,在辽宁葫芦岛,在兴城上学的小王认识了远在长沙的20岁男生小李。2人有相同兴趣爱好,很快成为好朋友,聊天中,小李知道了小王的住址。一天,小李和王某开语音玩游戏,中途小王呼吸急促、吐字不清。小李听到后觉得不对劲,立即拨打110,并提供了小王的住址。民警迅速赶到小王住

---

① 《十个青少年沉迷游戏的真实例子》,明德励志教育学校网,http://www.houdelzjy.com/a/637.html?ivk_sa=1024320u。

处,将其送医救治。经救治,小王转危为安。①我们从这个案例中可以看到,小李和小王这对在网络游戏世界中的好朋友,因为小李的一通电话,使得小王得到了及时救助,挽救了小王的生命。

（五）"寄生作用"

在这种相互作用关系类型中,社会行动者1是"寄生者",当然,寄生者只是隐喻而已。在网络游戏空间中,也存在这种不同玩家或不同社会行动者的相互作用关系类型。例如,2021年7月,苏州市文化广电和旅游局执法人员在专项检查中发现,苏州某网络科技股份有限公司未要求未成年人以真实身份注册并登录网络游戏,没有设置防止未成年人沉迷措施,未接入国家新闻出版署网络游戏防沉迷实名验证系统,违反了《中华人民共和国未成年人保护法》第七十五条第二款"网络游戏服务提供者应当要求未成年人以真实身份注册并登录网络游戏"的规定。在这个案例中,某公司显然是"寄生者",它主要是通过这种故意放纵的方式吸引未成年人玩家进入游戏,从而获取利益。

（六）"捕食作用"

在这种社会相互作用类型下,社会行动者1是"捕食者"。在网络游戏空间,这种社会行动者显然是存在的。例如,网络性侵犯者。据报道,网络游戏让性侵犯者有机会与孩子建立一种共同的在线经历,从而成为孩子的护卫者或队友。在打败某个难打的大怪或探索游戏中某个新的区域后,性侵犯者便会与年龄较小的玩家建立一种联系,继而创造一系列共同经历,从而将其引向更私人的问题。在很多情况下,性侵犯者会试图唆使孩子反抗他们的父母,并扮演起"唯一懂他们的人"的角色。要防止发生这类问题,就得通过沟通让您

---

① 《男生打游戏听出网友病危异地报警》,新浪网,https://sinanews.sina.cn/nativezt/yingyanlanding-page1663911713。

的孩子了解网络上的风险,同时密切注意他们的游戏玩法。①在上述案例中,这些网络性侵犯者在网络游戏空间伺机寻找受害者。他们在这种相互作用关系类型中便属于"捕食者",从而给那些受害者的命运行为带来影响。

还有一种"捕食者",更类似于网络游戏中的玩法,例如,一度非常火爆的"偷菜"游戏,以"开心农场"为代表的一批游戏采用这种游戏玩法,在游戏中,玩家除了整理自家菜园外,还能帮好友的菜园浇水、除虫。不过,貌似"偷菜"才是这类游戏吸引人的精髓之处。当时,有人专门设置凌晨三点的闹钟爬起来收菜,顺便再偷一波好友的菜,目的就是为了在好友列表里名列前茅。不过,后来据媒体报道,因为这种"捕食"现象,而引起游戏好友间反目的案例也不少,导致了双方关系破裂。

(七)原始合作

在这种相互作用关系类型下,"相互作用对两者都有利,但不是必需的"。这种情形在网络游戏空间中也是存在的。例如,游戏《陌生人的安慰》旨在唤起人们在城市生活中常见的孤独和匿名感,为陌生人提供一个途径,让彼此之间产生意义,哪怕很短暂。"游戏让玩家沉浸在人群当中,让他们直面城市生活唤起的矛盾情感,以及因为匿名而产生的自由和孤独。除了想留下来继续游戏里的冲动,玩家还创造了一种即兴的临时社会团体。"②通过这种方式,玩家之间相互满足情感需求,能够影响到对方的社会能量水平,进而影响对方的后续命运行为。

(八)互利合作

这种相互作用关系类型,与上述的不同在于"相互作用对两者都有利,且是必需的"。这种类型在网络游戏中也是大量存在的。例如,在网络游戏中,

---

① 《网络游戏对于儿童和青少年的7大危险与风险》,卡巴斯基网,https://www.kaspersky.com.cn/resource-center/threats/top-7-online-gaming-dangers-facing-kids。

② [美]简·麦戈尼格尔:《游戏改变世界》,闾佳译,杭州:浙江人民出版社,2012年,第169页。

同一团队的玩家之间需要密切配合，才能有可能获得胜利，因此，这种合作便不仅对双方都有利，而且是必须的。正如WJ所言：

> 由于我本人比较喜欢玩FPS类游戏，玩这种游戏，自身经验与团队配合均很重要，与队友一起默契配合，绝地翻盘的感觉是十分美妙的，就感觉自己热血沸腾，只想大声高呼"nice"。另外，可以放心将自己的后背交给队友，受到了信任与被信任的感觉，和好友一起玩可以让你们的友谊更加牢固。（WJ2021）

如上所述，正是在这种"互利合作"的关系中，提升了玩家的社会能量水平，使得他们感受到了团队的能量，感受到"热血沸腾"，那么，正是在这种"互利合作"而带来的社会能量水平状态下，进而影响了玩家的命运行为。例如：

> 肯定是能的啊，我就喜欢上了和我一起玩《逆水寒》的朋友，因为平时都是他带我打游戏，而且还经常陪我聊天，慢慢地我就对他有一种依赖感，玩游戏的时候看到他和别人亲近就会莫名生气，我也知道网恋有风险，但是我就是忍不住会喜欢他，我觉得我已经离不开他了，我以我的亲身经历告诉你，游戏里真的会产生真感情，玩游戏爱上一个人的可能性太大了。[①]

在上述案例中，两位玩家因为长期的密切合作从而使得其中一位对对方萌生了好感甚至爱意。

---

①《游戏里能产生真感情吗？》，知乎网，https://www.zhihu.com/question/49795923/answer/1225300407。

结语 "怎样才能用媒介生活得好"：数字技术发展、数字环境与人的命运行为

"怎样才能用媒介生活得好？"这是来自英国媒介研究学者尼克·库尔德利的问题。在本书中，研究者对这个问题稍作更改，变为"怎样才能用数字技术生活得好"？无论是哪种表述，显然有一点是肯定的，便是"这个问题的答案没有一致同意的出发点"①。本书都是在探讨数字环境对人的命运行为的影响，正如库尔德利所言："媒介给人的生活尺度带来的变化具有重大的伦理意义。"②显然，数字环境对人的命运行为具有重要的影响，而人的命运行为关乎人的生活质量。

本书最后尝试着基于数字环境对人的命运行为影响的机理出发，结合行动者—网络理论视角，对此当代数字时代的问题尝试给出答案，但也仅是尝试性的。

---

①② ［英］尼克·库尔德利：《媒介、社会与世界：社会理论与数字媒介实践》，何道宽译，上海：复旦大学出版社，2014年，第24页。

一、数字技术发展与数字环境

数字环境离不开数字技术，基于此，随着数字技术的发展，数字环境呈现出几个特征：

（一）新的数字技术不断涌现

基于对数字技术的界定，研究者发现，数字技术的涵盖面很广泛，而且数字技术也是在不断的发展之中的，现如今，以人工智能、机器人、物联网、区块链等新一代数字技术为代表的技术革命突飞猛进，给我们思考数字技术/数字环境对人的命运行为的影响带来了新的技术变量。例如，"那些从事例行程序和日常琐碎活动，以及那些正在家政市场上销售的机器人科技，都在制约着我们的意愿和行动空间，并最终影响着我们的自主性和主体性"①。这些新的数字技术本身便构成了数字环境。对于这一点，本书在前述智能环境中也给予了探讨。

（二）数字技术持续在广度和深度上拓展数字环境领域

第一，数字技术在广度上拓展数字环境领域。这主要表现在，一方面数字技术催生了许多新的业态，另一方面，通过"数字技术+"，数字技术改造了许多传统业态，这些都是在广度上包括在硬件和软件方面拓展了数字环境的领域。

第二，数字技术在深度上拓展了数字环境领域。主要指的是数字技术不仅在外在环境上深度拓展领域，尤其是数字技术不仅向应用的广度发展，逐渐遍及人们生活的各个领域，如家居、出行、工作、休闲、学习教育、医疗、消费和传播等领域，而且也在向深度拓展，例如：

---

① ［丹麦］马尔科·内斯科乌编：《社交机器人：界限、潜力和挑战》，柳帅、张英飒译，北京：北京大学出版社，2021年，"序言"第12页。

现在是21点,我在刷今日头条,老公在刷抖音,孩子在睡觉,同一个屋檐下,两个人已经没有沟通,各玩各的,就像室友似的,觉得没有什么事可以讲,手机取代了一切。曾经谈恋爱的时候有讲不完的话,现在结婚了有孩子了,两个人似乎变成了陌生人。①

不仅如此,数字技术还同时在内向环境上拓展。主要指的是数字技术侵入、渗透人行为体的身体。例如,技术化身体和身体化技术的出现和发展,技术不仅是对物质身体的结构和功能的替代和修复,同时也是在创造一种新的技术和身体融合的新现象,人机结合、"后人类"的探讨屡屡出现。数字技术日益从表面侵入人体。这是数字技术对身体的"殖民"。对于社会行动者而言,作为工具的数字技术,既可能是外在于社会行动者的,同时随着数字技术的升级,也可以是内在于社会行动者的。即数字技术不仅在人之旁,在人之间,还越来越在人之内。

探讨数字环境与对人的命运行为影响的一个背景便是数字化。"化"意味着改变,这种改变可以是主动,也可以是被动的,我们看到数字技术既催生了一些新的产品、业态,同时也在对原有既有的业态进行改变,包括由外到内对环境的改造,这种对数字技术的各种程度的应用和对原有环境包括自然和社会环境的改造,按上文理解,当然应视之为数字环境。

在数字技术渗透和拓展应用的背景下,数字技术与人之间甚至成为唐·伊德所谓的背景关系,数字技术成为人们日常生活的背景,即潜在环境,而根据环境心理学的研究表明,潜在环境主要是指环境中的声音、光照、温度和空气质量等背景因素,它们在日常生活中稳定地存在并会对个体产生影响。坎宁

---

① 《手机取代了一切》,今日头条,https://www.toutiao.com/w/i1688782241850368/。

安进行了两个现场研究,结果发现,日照不仅能改善情绪,而且有助于增进人们的助人行为。在第一个研究中,当人们在户外行走时,一个实验人员请求他回答几个问题。结果发现,无论是春夏还是冬季,日照量均能有效预测被试回答问题的意愿,日照多时,人们更乐于帮忙回答问题。在第二个研究中则发现,日照情况能有效预测顾客给服务员小费的慷慨程度,并与服务员的情绪显著相关。由此可见,在人们生活的环境中,日照等潜在环境因素会对人的行为、情绪等产生一定的影响。[①]由此结论出发,本书认为当数字技术愈发成为我们的"潜在环境",我们越来越有必要去深入思考数字环境对社会行动者行为,尤其是命运行为的影响。

前文述及,数字环境的不同层次:数字技术本身作为数字环境、数字技术—人、数字技术—社会作为数字环境。可以说,数字技术的发展使得数字环境在这些方面都带来了新的因子。正如前文所述,数字技术的发展,不断带来新的数字技术,由此带来了新的数字环境。可以说,技术包括数字技术是变量,由此,基于前述的,数字技术、数字技术—人、数字技术—社会这种从微观到中观再到宏观的数字环境都在变化之中。这有些类似于形式和内容的关系,变化的是形式,但内容相对稳定。

因此,虽然技术是变量常新,但是技术及数字环境对人的行为尤其是命运行为的影响机理是可能被发现的。本书所做的便是在这方面的尝试性研究。这种数字技术在行为者的内和外的数字环境,通过对人的能量的赋能或耗能,或转化,改变了人的社会能量,正是在这种不断变化着的社会能量状态下,进一步影响了人在关键时刻的命运行为。例如,正如拉波特所论证的:

像智能冰箱、半自动汽车、健康监测装置这样的高科技设备都影响和

---

① 转引自房慧聪:《环境心理学:心理、行为与环境》,上海:上海教育出版社,2019年,第127页。

控制了我们的自我监督机制。它们通过哄劝、规定和限制人类的决策和实施行为这些核心能力的可能性领域挑战了我们的个体自由。尽管这些设备看上去没什么问题，而且一开始也确实很有益处，但我们付出了将这些重要的人类能力外包给设备的代价，因为这些设备被编程好的监督功能并不总是对应着我们那些真实的、转瞬即逝的偏好。不仅如此，随处可见的智能科技不仅要指导我们的行为和选择——当我们没有做出"正确"的选择时，它们在预期上可以直接接管行动，因此对我们的自主性和主体性也有着深刻的影响。[①]

数字环境建基在数字技术之上，是建立在数字技术发展、拓展、渗透等基础之上的，是建立在数字技术对当下环境改造、提升、升级、转变的基础之上的。甚至数字环境就是数字技术，无论是实体的方式作为数字基础设施的形式存在，还是以虚拟空间的方式存在。在这种数字环境下探讨其对人的命运行为的影响更具有现实意义。

有研究者指出："必须强调的是，对政治经济学领域的很多作者而言，资本最主要的含义不在于金钱或者说是一种投资的能力，而是一种社会关系——工资劳工和资本之间形成的阶级关系。"[②]借鉴这一表达，在数字社会，数字技术也意味着一种社会关系。而从行动者—网络视角出发来看待数字技术，也的确是如此。数字技术作为非人行为体，不仅自身是由硬件、软件、产品、技术工艺等组成的网络，同时也是使用者即人行为体网络的重要部分。本书强调的便是这种基于数字技术的数字环境对人行为体的命运行为的影响。在传统

---

① ［丹麦］马尔科·内斯科乌编：《社交机器人：界限、潜力和挑战》，柳帅、张英飒译，北京：北京大学出版社，2021年，"序言"第12~13页。

② ［英］乌苏拉·胡斯：《高科技无产阶级的形成：真实世界里的虚拟工作》，任海龙译，北京：北京大学出版社，2011年，"译丛总序"第8页。

的结构性因素之外，数字技术也成为一种新的结构性因素，需要纳入研究者在探讨"命运"等课题的视野之中。

二、如何利用数字技术过上美好的生活：数字环境下的社会行动者命运

德国著名社会学家罗萨提出了在"加速社会""如何过上美好的生活"这个问题，并且给出了"共鸣"理论。这个加速社会的一个主要面向便是科技的加速进步。科技更迭的周期不断缩短。[①]本书主要探讨了数字环境下对人行动者的命运行为的影响，那么，在结语中，一个合乎逻辑的问题便是，"面对数字环境，人如何把握自己的命运？"

这一问题其实包含着两个方面：一个是能否的问题，一个是如何的问题。针对"能否"这个问题，本书给出的答案是肯定的。因此，这一问题的重点在于如何把握自己的命运，即如何利用数字技术过上美好的生活的问题。

面对数字环境对人的行为包括命运行为的即时和长远的影响，拒绝数字技术和数字环境，在目前看来，似乎并不可能，短时可以，但长时间地断离数字技术和数字环境，定不可行。既然无法断离数字技术和数字环境，那么又该如何去做呢？断而不能，正是这种无能、无力感，带来了人们面对数字技术时的极度焦虑感，人们似乎在面对数字技术时，无法掌控自我，就像随波漂泊在无垠的海面上一样，过往不可返，未来不可知，当下不可控，这种矛盾和焦躁情绪想必当下生活在数字技术下/中的人们都有细致感知和体验。

社会生物学将基因视作基本说明单位，认为社会行为的决定因素可以归结为基因结构。如此一来，就找到了单一的自然原因来说明高度复杂的社会

---

① ［德］哈特穆特·罗萨：《新异化的诞生：社会加速批判理论大纲》，郑作彧译，上海：上海人民出版社，2018年，第5页。

事件。对于世界上的任何行为模式或社会事件,基因都成了终极因果要素。①显然,社会生物学将人行动者的社会行为归结于身体等基因结构所引起的,将人行动者的能动性放在了一个可有可无的程度。而这种观点是与本书相悖的。本书肯定身体或基因等自然因素对人行动者社会行为的影响,但是这些不能以牺牲人行动者对自己行为的负责为前提。本书无需重新梳理在社会学传统中有关结构与能动性的争论,只是就本书的主题,指出我们不能忽视人行动者在面对自然基因(有研究指出,即便是基因也受到社会因素的影响)、数字技术、社会因素等的影响,人行动者也仍然有改变自己"命运"的可能性。正是这种可能性的存在,使得我们作为人行动者追求数字环境下的美好生活成为可能。

研究者将尝试着提出在面对数字环境下,使得生活变得更美好的几种策略供参考。但如前述,我们仍需注意,数字技术用户是否采取这些策略,决定于用户自己的选择。在20世纪中叶计算机时代刚拉开序幕的时候,诺伯特·维纳曾预言:"我们可以谦逊地在机器的帮助下过上好日子,也可以傲慢地死去。"因此,从本书的研究架构出发,对此,我们从意识、使用者、技术公司和研发人员等环节,提出一些思路供思考。

(一)从理论上把握数字技术/数字环境与人行为体的关系

本书的主旨在于探讨数字环境对社会行动者命运行为的影响,认同媒介环境学的学术旨趣,即"我们想建立的学术单位应该把重点放在媒介环境上,我们特别感兴趣的是媒介环境如何使我们生活得更好或更糟,我们想弄清楚媒介环境是否真有这样的作用"②。这其实也是本书努力探讨的问题,即数字环境(媒介环境)如何影响我们的生活,以及在这种数字环境下,我们如何才能

① [英]克里斯·希林:《身体与社会理论》,李康译,上海:上海文艺出版社,2021年,第83页。
② [美]林文刚:《媒介环境学:思想沿革与多维视野》,何道宽译,北京:中国大百科全书出版社,2019年,第80~81页。

生活得更好。通过前述章节的分析,我们看到,数字环境真的能够影响我们的命运行为,而对于如何才能生活得更好,本书认为首先便是要从理论上把握数字技术/数字环境与人行为体的关系。

有论者曾言:"要理解你与我,首先就是要理解合力之下使我们成为我们之所是的那些关系。"①研究者深表认同。由此,要想理解我们自己,理解我们的命运行为,就需要理解我们及我们的命运行为所嵌入的各种关系。显然,社会行动者之间的"那些关系"在数字社会背景下,有了许多新的变化。一个重要的变化,便是要考虑与数字技术的关系。因为这影响着人行为者的命运行为。

这其实也回应了行动者—网络理论的观点。即行为体(actants)可以是人类,也可以是非人类。数字技术便是这种非人类行为体。数字技术及由此而构建的数字环境具有对人行为体的影响力,这种作用力或影响力通过唤醒人行动者的能量状态的变化而对其命运行为产生影响。这可以说是本书的一个主要结论和贡献。

基于此,我们便需认真思考如何处理人行为体与数字技术/数字环境行为体的关系。我们应当努力构建一种命运共同体。因为,"科学技术研究表明,人类和科技产品之间的严格功能分化(人机二元论)已经慢慢不再被接受,取而代之的想法是,人类与机器等事物不可分割地交织成一个混合网络,并从中产出行动和决定。根据这些思路,心灵状态(意向性、自由意志、情绪等)不是一个事物成为行动者的必要条件,重点反而在于人类与非人类的聚集组合能产生什么样的结果"②。

首先,我们需要认识到数字技术作为非人行为体对人行为体的作用及机

---

① [英]基思·特斯特:《后现代性下的生命与多重时间》,李康译,北京:北京大学出版社,2010年,第2页。

② [丹麦]马尔科·内斯科乌编:《社交机器人:界限、潜力和挑战》,柳帅、张英飒译,北京:北京大学出版社,2021年,第245页。

理,正如本书前述章节所呈现出来的。需要注意的是,这种认识不应该是偏激的,充满刻板成见的,而应是实事求是的。我们要纠正两种倾向:一种是不承认数字技术作为非人行为体的地位,从本书中,我们可以看到数字技术具有召唤结构,能够与人行为体互动;另一种是过度夸大数字技术的影响,将不良效果全都归罪于数字技术及其产品,即便其不承认数字技术作为非人行为体的地位。

可以说,行动者—网络理论虽然正确地指出了数字技术作为非人行为体能够对人行为体产生影响,但是并未明确指出这种影响发生的机理机制是什么。本书引入了社会能量概念,对这种影响所发生的机理机制做了探讨,因此,这也是本书的一个重要创新之处。

其次,我们需要认识到数字生态系统的存在及其对人行为体的影响。从上述章节的案例梳理和探讨中,我们可以发现,个体使用数字技术和产品,能够对他人产生直接或间接的影响,能够形成类似生态系统的关系。例如,有报道显示,"家长过度使用手机可能对年龄较低的孩子造成成长缺陷,甚至影响此后的社会行为,对年龄较低的儿童影响较为隐性,不易被家长觉察。"近期,北京师范大学文化创新与传播研究院联合心理学院就"父母问题性手机使用对学龄儿童的影响"进行了测试,并发布测试结果。结果显示,家长过度使用电子产品对学龄儿童情绪、沟通能力及行为三个方面的威胁最为显著。

据介绍,有研究团队对2116个家庭进行了测试分析。调查结果显示,在情绪影响方面,由于智能手机的过度使用,可产生增加个体焦虑、抑郁情绪、孤独感和降低睡眠质量的风险。在家庭范围内,家长使用手机过多,会对家庭氛围带来影响,减少家庭的和谐,增加家庭的焦虑情绪。家长焦虑情绪在家庭中慢性迁移可导致儿童情绪失控。

在社交能力方面,家长过度使用手机,将使得亲子互动质量降低,可致青少年儿童出现社交障碍,长期影响其人格成长。研究院实验结果发现,如果父母更倾向于过分使用手机(或手机依赖倾向),儿童的社交能力发展将会显著受到不良影响。低龄段儿童更多通过模仿习得技能,倘若在家庭环境中,父母过分低头看手机,而缺乏现实中的互动,儿童在社会交往中则会出现习得性无助。在行为方面,父母在家庭活动中长时间使用手机,将使得亲子之间产生心理隔离,倒逼少年儿童沉迷网络。[①]

最后,我们需要评估我们作为人行动者与作为物的行动者的数字技术的关系。正如前述所言,作为物的行动者的数字技术不应再被视为被动的存在,实际上,它具有内在的召唤结构,召唤着人行动者参与和数字技术的互动之中。伊德认为,人通过技术人工物看待世界,转化了人的知觉经验和肉身感受,使不可见的显现,使可见的放大/缩小甚至改变形态;总之,身体的感知是以"(技术)工具为中介的感知"。伊德指出:"技术转化了经验,不管这种转化多么细微,这是技术非中立性的一个根源。"[②]甚至在某种意义上可以说,在这个数字技术时代,处理好与作为非人行为体的数字技术的关系,甚至要优先于处理好与人的关系,至少在重要性上要被同等看待。我们在前述章节中花了大量篇幅探讨了数字技术的使用给人行动者的社会能量及由此给自身和他人的命运行为所带来的现实和可能的影响。这些也都指向说明人行动者要处理好与数字技术的关系。

实际上,数字技术与人"互嵌",之所以讲"互嵌",是因为学界常谈数字技术嵌入在人的生活之中,对此很少有人有异议;而另一面,即人也嵌入在数字技术之中,却并非所有人都能认识到。人嵌入在数字技术中,一方面,将数字技术视为一种像水和空气一般弥散在人们身边和身体里的存在,作为一种数

---

① 张敏:《北师大联合研究发现家长过度使用手机易给低龄儿童造成伤害》,《中国青年报》,2021年4月8日。

② [美]唐·伊德:《技术与生活世界:从伊甸园到尘世》,韩连庆译,北京:北京大学出版社,2012年,第53页。

字环境而存在;另一方面,也指出数字技术在其生产过程中渗透着人的因素的影响,也就是说,技术从一开始诞生的过程就与人(此处指技术研发者)相关。

数字技术与人不仅"互嵌",而且"互塑"。数字媒介被社会所形塑。社会的数字化既是技术过程同时也是社会和文化过程。[①]同时,技术在型塑影响着人行为体和社会。

数字技术与人不仅"互嵌""互塑",而且"互融"。随着互联网、移动互联网、物联网技术的发展,一张有形和无形的"网络"正在成形。人们不是在网内,就是在网上,或者在网中。毫不夸张地说,当下人们已离不开"网络",即便这种网络生活给其带来了诸多变化。也就是说,人们在创造了"网络"之后,"网络"便似有了生命,人们在创造、改变网络的同时,网络也在"创造"、改变着人们。这是网络和人关系的辩证法。

因此,在这样一种"互嵌"的人—技术的生态关系中,人该如何平静自处,过上一种美好的伦理生活,将数字技术/环境对人的命运行为的影响导向"好"的或者说令行动者满意的一面,是我们在本章尝试思考的问题。

(二)从意识上明确什么是"好的数字生活"

本书探讨的是数字环境对社会行动者命运行为的影响。行为作为社会学中的一个核心主题,自帕森斯确立社会学的核心大厦之后,研究社会行为便是社会学的一个重要主题。围绕着行为或社会行为,相关研究者分别探讨行为的规范和价值,行为的动机,行为的微观或宏观层面,行为的结构或能动性等。因此,对于本书而言,探讨如何在数字环境下过上好的数字生活,我们也可以从行为入手,将数字生活视为人行为体利用数字技术和内容的行为方式,这种好的数字生活有利于人行为体的命运行为。

首先,就"数字生活"概念而言,涉及狭义、中观和广义层面的理解。狭义

---

① Simon Lindgren, *Digital Media and Society*, London: SAGE Publications Ltd., 2007, p.78.

层面的数字生活,往往仅指数字技术和内容的消费行为及方式;中观层面的数字生活,则在消费层面的意义上,包括数字技术和内容的生产行为及方式;而广义层面的数字生活,则包含人行为体利用数字技术和内容的各种社会领域和场景,包括家居、出行、工作、休闲、消费、教育学习、医疗以及媒体传播等多个方面。

其次,"数字生活"涉及多种关系。从行动者—网络理论出发,数字生活涉及多种关系,这包括人与身体的关系、人与自我的关系、人与他人的关系、人与自然的关系、人与其他技术的关系、人与生活其他方面的关系等。因此,好的"数字生活",应该是达致这些关系的平衡与和谐。

(1)在人与身体的关系中,人使用数字技术和内容,应该有利于身体的健康。

(2)在人与自我的关系中,人使用数字技术和内容,应该有利于自我的批判反思。

(3)在人与他人的关系中,人使用数字技术和内容应该有利于关系的和谐。从数字生态系统的视角而言,要过一种伦理的数字生活,要考虑到自身使用数字技术而构建的数字环境对他人的影响。不能为了自身的利益而利用数字技术去剥削其他数字技术使用者的权利。要认识到这种对数字技术的使用对自己和他人作为行为和结果的命运的影响。

(4)在人与自然的关系中,人使用数字技术和内容应该有利于环保和可持续发展。

(5)在人与其他技术的关系中,人使用数字技术和内容是否影响了对其他技术的选择。

(6)在人与生活其他方面的关系中,人使用数字技术和内容是否影响了其他生活的方面,包括命运行为。

从行动者—网络理论出发,"生活"是一种网络关系,不只在于人,还在于物等各种非人行为体,从这个视角出发,生活便是一种伦理关系,所谓"好的生活",对于人行为体来说,不仅是过上想要的生活,也是应该需要的生活。这种生活,在满足人行为体的同时,又不能损害他者,或其他行为体的利益,这方为一种好的生活。既然数字技术/数字环境影响人自身和他人的命运行为,因此,"好的数字生活"应该是有利于人自身和他人做出有利命运行为的生活,应该是一种健康、反思、和谐、环保、可持续、开放和平衡的生活。

(三)将数字技术视为机遇

面对数字技术对社会行动者命运行为的影响,我们如何行动? 这应是一种关于行为的行动社会学。

我们应该将数字技术视为机遇,每当新的技术出现并扩展开来,一般总会带来原有技术生态的变化,例如,手机的大规模使用将持续地改变传播生态系统。这类似澳大利亚的兔子在迁入一个空旷的领域之后,重塑了相邻领域的状况,手机也因此重构了我们社会交往的情形。它把先前占据其机会空间的技术边缘化,由此改变了传播领域的原貌。①正是在这种变化中,显露出大大小小的新空间,这种新空间对于人行为体而言总体上而言是机遇。因为,"技术长期以来作为'生活方式的总和',即文化的一部分而存在。它作为一种社会适应机制,为人类的生活提供了诸多便利"②。正如一位学生在反思中所提及:

> 在这样快速发展的数字环境下,每个个体即使足不出户都会有更多
> 的机会认识外界陌生的人,触及以往没有机会接触的事物,有更多渠道了

---

① [美]理查德·塞勒·林:《习以为常:手机传播的社会嵌入》,刘君、郑奕译,上海:复旦大学出版社,2020年,第119页。

② [韩]金文朝、金钟吉:《数字技术与新社会秩序的形成》,柳京子、张海东译,北京:社会科学文献出版社,2018年,第3页。

解和学习感兴趣的东西,甚至借由网络中的虚拟身份和平台可以隔空发表自己的想法,不受身份和权威的限制。在这样比以往便利许多的条件下,个体有更多机会也更容易抓住机会去说想说的话,做自己想做的事,人的个性得到张扬。譬如在各类社交网站上留下自己的言论,抑或是加入当下的自媒体大军发布各式视频以求爆火。这样做的人很多,但能红的人极少,能爆红的人更少,能红极一时的更是凤毛麟角。即使是这样,也给了许多人想要通过网络爆红继而收取利益的希望,于是越来越多的人分出精力投入数字环境中寻求机会,而各种平台及各式短视频App也层出不穷,给个体提供了更多机会。

这些机会便是如今互联网发展形成的数字环境产生的,这就让那些没有专业团队,没有硬实力的个体或小团体得以在网络世界里展示自己。①

关于"命运"的话题,常常能够与"社会流动""阶层固化"等联系在一起。在社会中弥漫着/传播着/炒作着/贩卖着类似的社会焦虑,人或者社会行动者的努力还有没有意义? 这些再次成为社会舆论关注的焦点话题。尤其是在数字社会中,数字技术能否成为出身社会底层的人实现社会流动的工具? 我们要认识到,数字技术的发展总是给当时的社会阶层带来了刺激因素,往往成为社会流动的驱动力之一。如果我们从历史视角去分析,每当新的数字技术出现,总是带来了新的社会阶层群体,无论是无冕之王,还是广播电视领域的大鳄,抑或是互联网(包括移动互联网)的弄潮儿等都是如此。再如随着AI技术的进一步发展和落地应用,智能社会的逐步到来,社会对程序员的大量需求,给那些家庭出身条件一般的人带来了历史性的机会。②

---

① 康杰:《数字环境让人有机可为且为有所效》,课程作业,北京邮电大学,2021年。
② 高崇:《人工智能社会学》,北京:北京邮电大学出版社,2020年,第63页。

（四）面临数字技术的"殖民"，人行为体要做回自身的主人

当然，这种数字技术的渗透和拓展，并非全然是机遇，对于人行为体而言，有时候也会成为挑战。在这种新的数字环境下，人行为体面临数字技术的"殖民"，人行为体要努力做回自身的主人。

首先，要中断，即吉登斯意义上的非连续性。人和数字技术的关系也是如此，需要留白。讲到这里，读者可能会问，面对数字环境的唤醒，数字技术作为环境影响社会行动者的命运，社会行动者有没有脱离的可能性？回答是肯定的。

社会行动者在过度使用数字媒介，并进而影响其后续行为时，关键是这种情况下形成了一种人、媒介、行为的负生态，如果不打断或中断，会形成一个负能量循环，会一直持续下去，因此，面对这种情况，一个可能的策略便是具有自我反思能力的社会行动者主动打破这种循环，形成一个吉登斯所谓的非连续性，在这种中断或断裂中，改变原先的负生态循环。脱离原先的数字环境，获得新的开始。

萨特则明确地指出，人的任何存在状态都是人的自由选择，存在的过程就是自由选择的过程。[①]对此，伯格论道：

> 在社会生活里，我们也被吊挂在操纵我们的"木偶线"上，我们借此给自己定位，并承认自己的定位。在一刹那间，我们觉得自己很像是木偶。不过随后，我们就捕捉到了木偶剧场和人生戏剧的深刻区别。两者不同的地方是，我们可以停止木偶的演出动作，抬头仰望并感知操纵我们的那一套"木偶线"。这个停止演出的动作是我们走向自由的第一步。[②]

---

① 赵敦华：《现代西方哲学新编》，北京：北京大学出版社，2001年，第127页。
② ［美］彼得·L.伯格：《与社会学同游：人文主义的视角》，何道宽译，北京：北京大学出版社，2014年，第205页。

同样，面对数字技术，我们作为人行动者虽然同处于异质网络中，但是仍然能够决定我们自己的命运行为选择。正如上述萨特所言，存在是人的自由选择，我们可以选择停止响应数字技术的"召唤"，打断这种连续性，勇敢而真实地面对数字技术的影响，过一种数字技术影响下的自主生活。

这不仅是希望，也应该成为我们建构的现实。

其次，要在边缘，防止过度被数字技术/环境所吸引。社会在运行中有种引力，行动者很容易在社会中被捕捉到，从而被纳入其轨道中失去了自主性。虽然行动者仍然可以像地球一般自转，但是往往失去了接触新的世界的可能性。我们前述数字技术具有"召唤结构"，召唤着社会行动者使用数字技术，类似于引力的作用。在边缘，采取某种实用主义的态度，应是一种数字生活的策略，若即若离，或能保持住自己行动的自主性。否则，被捕捉之后，便难以自主生活了，便进入一种被数字技术/数字环境异化的生活，进入了一种结构的轨道，结合为某种数字技术和人的共同体，当然，这有利有弊。

如果个体不想构建一种与数字技术的被异化被控制的共同体，想挣脱这种引力，那么，如何才能做到呢？本书认为，通常可以从以下四个方面做些尝试：

（1）一种是签订契约，约定具体的时间段，时间段一结束，个体重新脱离轨道，但即便如此，这种引力也仍然是存在的。

（2）一种是经由个体的理性批判达至个体的觉醒，正如我们前述所述的"游戏之悟"，个体主动断离这种引力。

（3）一种是个体在外力的推动，或是"撞击"，或是被更大的引力捕捉到，从而摆脱数字技术/数字环境的"召唤"和吸引。

（4）一种是在边缘，名不断而实则断离。正如上述，对于社会行动者而言，主动在与数字技术的关系中寻求边缘地位，采取某种实用主义的态度，从数字技术/数字环境中脱嵌出来。

（五）技术公司和研发人员应开发防止召唤结构的技术

虽然作为规则的规范性道德和作为德行的品德不同,但是开发人员仍然可以将人与机器交往的规则编入/写入机器或数字技术之中,在人与数字技术的交往中,对人产生正向的引导作用。因此,这涉及数字技术伦理的话题,尽管这不是本书的重心,但是作为一种问题提出来,希望能够给未来的研究者带来一些研究上的启发和思考。

面对数字技术,人们越来越"无处可逃"。当然,用"无处可逃"便意味着一种消极的对待策略。我们需要颇具勇气地面对数字技术,这才是正确地应对之道。我们不能回避它,不能像鸵鸟一样将头埋在沙子里,要正视这种影响,进而积极地去尝试揭示这种影响的机理。这也是本书截至目前所正在尝试努力去做的。同时主动将其纳入自己的日常生活,正如有研究者在论及手机时所谈:

> 我们也不仅需要在头脑里思考其使用方式或安放位置,而是真正要为它找到一个物理空间安置,并开始使用。我们需要解决的问题包含如何将其纳入自己的日常生活。[①]

如上所述,将数字技术纳入我们的日常生活中,如果我们出于某种需要,无法像上面所述的与数字技术"断离"（当然,"断离"是相对而言）,我们最好需要构建与作为非人行为体的数字技术的命运共同体关系。就像上面所述,一个是知,一个是行,我们需要努力达致知行合一的境地,在数字技术/数字环境的影响下过上好的数字生活。我们需要行动社会学。当然,尤其是对于"行"而言,颇为不易,有时即便我们认识到问题所在,却仍然缺乏行动的勇气和能力。不过,行动却是必需的。因为"一个人在他一生中的所作所为,决定了他

---

① ［美］理查德·塞勒·林:《习以为常:手机传播的社会嵌入》,刘君、郑奕译,上海:复旦大学出版社,2020年,第18页。

是一个什么样的人。人也不像其他事物那样，有一个事先预定的本质决定他的存在；相反，一切取决于他自己，取决于他的选择、他的努力"①。

由此，我们可以看到，面对数字环境，作为行动者的个体，有能力选择自己的、符合好生活要求的生活方式。这是作为此在的本质。当然，正如前述所言，"命运"由"命"和"运"构成，"命"指人的生命能量（社会能量），而"运"则是各种社会场域中包括数字环境下的"规则"和"资源"，因此，作为行动者的个人可以选择，事实上，应该补充说，他只能依靠自身的社会能量资源，在既定的"规则"中进行选择。这是此在在数字环境下的"命运"。

当然，本书探讨的是数字环境对人行为体的命运行为的影响，同样，扩展来看，数字技术对社会层面的影响也是存在和显著的。即数字技术不仅对个体，同时对社会层面的命运产生影响。在这方面，国内外已有著名学者做过探讨，例如，贝克的"风险社会"等，便认为技术包括数字技术的出现和应用拓展，给社会带来了相当大的不确定性。需要指出的是，这种数字环境，不仅是自然环境，同时也是社会和文化环境的数字化，数字技术所带来的社会的变化，"继农业革命、产业革命之后的信息革命是文明史上的一个重要转折点，与18世纪末第一次产业革命以后存续了200多年的传统产业社会不同，它开创了一种新的社会形态"②。这给当下的社会带来了一些新的特征，如"轻社会"、边缘的价值、"静社会"、智能社会、边界渗透和模糊的弹性社会、流动社会、能量增强社会、"假"社会、"无聊"社会、"后价值社会"等特征，从人与自我关系、人与人关系（单数）、人与人关系（复数），从内与外、静与动、自然与人工、多与少、强与弱、重与轻、时间与空间、实与虚、真与假等多个维度展现出来，更详细的探讨在研究者的另一作品中展开，此处暂不详述。

---

① 赵敦华：《现代西方哲学新编》，北京：北京大学出版社，2001年，第107页。

② ［韩］金文朝、金钟吉：《数字技术与新社会秩序的形成》，柳京子、张海东译，北京：社会科学文献出版社，2018年，第4页。

主要参考文献

一、著作

1.［英］安东尼·吉登斯:《社会的构成:结构化理论纲要》,李康、李猛译,北京:中国人民大学出版社,2016年。

2.［英］安东尼·吉登斯:《社会理论中的核心问题:社会分析中的行动、结构与矛盾》,郭忠华、徐法寅译,上海:上海译文出版社,2015年。

3.［美］安德鲁·皮克林:《实践的冲撞——时间、力量与科学》,邢冬梅译,南京:南京大学出版社,2004年。

4.包亚明主编:《现代性与空间的生产》,上海:上海教育出版社,2003年。

5.［美］保罗·莱文森:《手机:挡不住的呼唤》,何道宽译,北京:中国人民大学出版社,2004年。

6.［美］保罗·亚当斯:《媒介与传播地理学》,袁艳译,北京:中国传媒大学出版社,2020年。

7.［美］彼得·L.伯格:《与社会学同游:人文主义的视角》,何道宽译,北京:

北京大学出版社,2014年。

8.[英]彼得·伯克:《历史学与社会理论》,李康译,上海:上海人民出版社,2019年。

9.[美]彼得·里克森、罗伯特·博伊德:《基因之外:文化如何改变人类演化》,陈姝、吴楠译,杭州:浙江大学出版社,2017年。

10.[英]布赖恩·特纳编:《社会理论指南》(第2版),李康译,上海:上海人民出版社,2003年。

11.房慧聪:《环境心理学:心理、行为与环境》,上海:上海教育出版社,2019年。

12.[英]菲利普·史密斯:《文化理论——导论》,张琨译,北京:商务印书馆,2008年。

13.冯雷:《理解空间:20世纪空间观念的激变》,北京:中央编译出版社,2017年。

14.冯友兰:《哲学的精神》,西安:陕西师范大学出版社,2008年。

15.[英]弗兰克·韦伯斯特:《信息社会理论》,曹晋等译,北京:北京大学出版社,2011年。

16.[德]伽达默尔、杜特:《解释学 美学 实践哲学:伽达默尔与杜特对谈录》,金慧敏译,北京:商务印书馆,2005年。

17.高崇:《人工智能社会学》,北京:北京邮电大学出版社,2020年。

18.高崇:《信息传播技术与社会能量》,天津:天津人民出版社,2022年。

19.高宣扬:《当代社会理论》,北京:中国人民大学出版社,2017年。

20.[德]哈特穆特·罗萨:《新异化的诞生:社会加速批判理论大纲》,郑作彧译,上海:上海人民出版社,2018年。

21.[德]汉斯·约阿斯、沃尔夫冈·克诺伯:《社会理论二十讲》,郑作彧译,上海:上海人民出版社,2021年。

255

22.[荷兰]何塞·范·迪克:《连接:社交媒体批评史》,晏青、陈光凤译,北京:中国人民大学出版社,2021年。

23.[美]亨特、柯兰德:《社会科学导论》,康敏、刘晓蕾等译,北京:世界图书出版公司,2012年。

24.胡正凡、林玉莲编著:《环境心理学:环境—行为研究及其设计应用》,北京:中国建筑工业出版社,2018年。

25.[英]基思·特斯特:《后现代性下的生命与多重时间》,李康译,北京:北京大学出版社,2010年。

26.蒋孔阳:《西方美学通史》(第7卷),上海:上海文艺出版社,1999年。

27.[韩]金文朝、金钟吉:《数字技术与新社会秩序的形成》,柳京子、张海东译,北京:社会科学文献出版社,2018年。

28.经济合作与发展组织:《理解脑——新的学习科学的诞生》,周加仙等译,北京:教育科学出版社,2014年。

29.[德]卡尔·雅斯贝斯:《时代的精神状况》,王德峰译,上海:上海译文出版社,1997年。

30.[美]肯尼思·J.格根:《关系性存在:超越自我与共同体》,杨莉萍译,上海:上海教育出版社,2017年。

31.郎友兴:《安东尼·吉登斯:第三条道路》,杭州:浙江大学出版社,2000年。

32.[美]李·雷尼、巴里·威尔曼:《超越孤独:移动互联时代的生存之道》,杨伯溆、高崇等译,北京:中国传媒大学出版社,2015年。

33.李友梅、孙立平、沈原主编:《转型社会的研究立场和方法》,北京:社会科学文献出版社,2009年。

34.[英]加里·克劳福德、维多利亚·K.戈斯林、本·莱特主编:《在线游戏的社会与文化意义》,余曼筠译,江苏凤凰教育出版社,2020年。

35.[美]理查德·塞勒·林:《习以为常:手机传播的社会嵌入》,刘君、郑奕译,上海:复旦大学出版社,2020年。

36.梁颐:《理解媒介环境学》,北京:北京大学出版社,2020年。

37.[美]林文刚编:《媒介环境学:思想沿革与多维视野》,何道宽译,北京:中国大百科全书出版社,2019年。

38.刘鹏主编:《行动者网络理论:理论、方法与实践》,北京:中国社会科学出版社,2020年。

39.[德]卢克曼:《无形中的宗教:现代社会中的宗教问题》,覃方明译,北京:中国人民大学出版社,2003年。

40.[意]卢西亚诺·弗洛里迪:《第四次革命:人工智能如何重塑人类现实》,王文革译,杭州:浙江人民出版社,2016年。

41.[加拿大]罗伯·希尔兹:《空间问题:文化拓扑学和社会空间化》,谢文娟、张顺生译,南京:江苏凤凰教育出版社,2017年。

42.[英]马丁·李斯特等:《新媒体批判导论》(第2版),吴炜华、付晓光译,上海:复旦大学出版社,2016年。

43.[丹麦]马尔科·内斯科乌编:《社交机器人:界限、潜力和挑战》,柳帅、张英飒译,北京:北京大学出版社,2021年。

44.[美]玛丽·K.斯温格尔:《劫持:手机、电脑、游戏和社交媒体如何改变我们的大脑、行为与进化》,邓思渊译,北京:中信出版社,2018年。

45.[英]尼克·库尔德利:《媒介、社会与世界:社会理论与数字媒介实践》,何道宽译,上海:复旦大学出版社,2014年。

46.[意]皮耶尔保罗·多纳蒂:《关系社会学:社会科学研究的新范式》,刘军、朱晓文译,上海:上海人民出版社,2018年。

47.[英]齐格蒙·鲍曼:《生活在碎片之中——论后现代道德》,郁建兴、周俊、周莹译,上海:学林出版社,2002年。

48.[美]乔尔·查农:《社会学与十个大问题》,汪丽华译,北京:北京大学出版社,2010年。

49.[美]桑德拉·L.卡尔弗特:《信息时代的儿童发展》,张莉、杨帆译,北京:商务印书馆,2007年。

50.[美]唐·伊德:《技术与生活世界:从伊甸园到尘世》,韩连庆译,北京:北京大学出版社,2012年。

51.[澳]特里·弗卢:《新媒体4.0》,叶明睿译,北京:人民日报出版社,2019年。

52.田效勋、柯学民、张登印:《过去预测未来:行为面试法》,北京:中国轻工业出版社,2008年。

53.童强:《空间哲学》,北京:北京大学出版社,2011年。

54.童庆炳主编:《文学理论教程》,北京:高等教育出版社,1998年。

55.王其亨等:《风水理论研究》(第2版),天津:天津大学出版社,2005年。

56.文军:《西方社会学理论:当代转向》,北京:北京大学出版社,2017年。

57.[德]沃尔夫冈·伊瑟尔:《阅读活动——审美反应理论》,金元浦、周宁译,北京:中国社会科学出版社,1991年。

58.[英]乌苏拉·胡斯:《高科技无产阶级的形成:真实世界里的虚拟工作》,任海龙译,北京:北京大学出版社,2011年。

59.吴彩斌主编:《环境学概论》(第2版),北京:中国环境出版集团,2014年。

60.夏征农、陈至立主编:《辞海》(第6版彩图本)(第2卷),上海:上海辞书出版社,2009年。

61.杨善华、谢立中主编:《西方社会学理论》(下卷),北京:北京大学出版社,2006年。

62.张廷琛:《接受理论》,成都:四川文艺出版社,1989年。

63.赵敦华:《现代西方哲学新编》,北京:北京大学出版社,2001年。

64.郑同编著:《一本书弄懂风水》,北京:华龄出版社,2010年。

65.周葆华:《效果研究:人类传受观念与行为的变迁》,上海:复旦大学出版社,2008年。

66.周辅成:《西方伦理学名著选辑》(上卷),北京:商务印书馆,1964年。

二、报刊文章

1.蔡永宁:《命运概念界定之我见》,《南昌大学学报》(社会科学版),2002年第2期。

2.陈安金:《关于命运问题的理论思考》,《浙江大学学报》(人文社会科学版),2000年第2期。

3.陈琴、周欣雨:《地理学与行为学的交叉研究》,《重庆师范大学学报》(自然科学版),2016年第3期。

4.郭馨:《齐美尔的命运观浅析》,《文化创新比较研究》,2019年第13期。

5.郭忠华:《主客体关系的对立与融通:诠释吉登斯的"结构化理论"》,《东方论坛》,2008年第2期。

6.韩晋:《"命定"与"变命":明代士人命运观》,《黑龙江史志》,2015年第3期。

7.李继武:《辩证唯物主义视野中的个人命运观》,《齐鲁学刊》,2010年第1期。

8.李淼:《空间、地点与定位媒介:移动新媒介实践中的城市空间再造》,《西部学刊》,2018年第8期。

9.刘渐郡、李明:《论动画片的召唤结构》,《新闻界》,2014年第17期。

10.刘涛:《解读伊瑟尔的"召唤结构"》,《文艺评论》,2016年第3期。

11.陆春萍、邓伟志:《社会实践:能动与结构的中介——吉登斯结构化理论阐释》,《学习与实践》,2006年第2期。

12.苗兴壮:《命运的理性分析》,《学理论》,2015年第21期。

13.万融、卢峰:《人本主义诉求之"人"的回归——乔恩·朗的环境行为学理论介述》,《西部人居环境学刊》,2020年第5期。

14.吴莹、卢雨霞、陈家建、王一鸽:《跟随行动者重组社会——读拉图尔的〈重组社会:行动者网络理论〉》,《社会学研究》,2008年第2期。

15.吴宗友:《堪舆文化:基于中国传统社会的深层生态学》,《江淮论坛》,2011年第1期。

16.许万全:《"命运"范畴初探》,《华中师范大学学报》(哲学社会科学版),1990年第5期。

17.杨玲、樊召锋:《当代环境心理学研究的新进展》,《甘肃社会科学》,2006年第2期。

18.杨寿堪:《论命运》,《新视野》,2004年第4期。

19.张广济、计亚萍:《社会空间的理论谱系与当代价值》,《东北师大学报》(哲学社会科学版),2013年第3期。

20.张耀天、崔瑞:《堪舆名考及理论溯源初探》,《常州大学学报》(社会科学版),2012年第4期。

21.赵航疆:《浅析拉普卜特的环境行为学研究——从宅形到城市》,《建筑与文化》,2020年第10期。

22.赵宪宇:《文学类文本阅读教学中审美鉴赏力的培养》,《中学语文教学》,2019年第10期。

23.赵志浩:《论个人命运的多维制约因素》,《中州学刊》,2020年第12期。

24.朱冰:《环境—行为学的发生和发展》,《新建筑》,1987年第1期。

后　记
美好的数字生活：构建人和数字技术的命运共同体

　　吉登斯曾言："在研究社会发展和变迁的时候,注意不要偏重社会,忽视个人;偏重经济(乃至限于工业化),忽视其他角度;偏重外在成就,忽视内在心理。"①在此书中,聚焦数字社会下的个人命运,便也是对吉登斯这一定位的回应。命运是一个常论常新的时代话题。贯其一生,人或社会行动者在不同的人生时刻总会反思自身和社会的命运问题。

　　首先,这是个体对数字技术/数字环境对社会行动者影响的自觉或不自觉地回应。数字技术/数字环境对人行为体命运的影响,不仅是在日常生活层面,还涉及社会治理、经济生活、文化生活等不同层面。例如,在社会组织层面,数字技术给社会监控提供了便利,个人隐私被暴露,在这种越来越多的信息监控之下,个体的自主选择便会受到影响。在经济生活层面,基于AI的营销尤其是精准营销背景下,个体能否摆脱被杀熟、被摆布的结果?在文化层

---

　　① 杨善华、谢立中主编:《西方社会学理论》(下卷),北京:北京大学出版社,2006年,第89页。

面,个体能否摆脱数字流行文化的吸引,或者说能否自主决定自身的文化偏好? 等等。

其次,这是个体在国家和社会转型的时代背景下对未来不确定性的现实回应。社会转型的不确定性增加了社会行动者的社会焦虑感。例如,在人工智能技术勃兴之际,各种自媒体新闻报道,甚或出版的书籍中充斥着类似"工作被取代"等颇为渲染焦虑的话题。这其实便是对数字技术下人的命运的焦虑。不仅在各种媒体报道中有着显性地提及"命运"的报道,此外,还有一些是涉及"命运"的话题,只不过没有直接赋以"命运"二字,而是以隐性的方式,如用一些评价性的语言,其实探讨的也是有关"命运"的话题,例如"平凡"等字眼,其实是对社会行动者"命运"的评价。一时之间,AI算命、网络算命成为噱头,通过贩卖人们对命运的焦虑感从而收割人们的注意力,等等。"低欲望""佛系"等也成为部分个体回应命运问题的人生选择。

正如卢克曼所言:"虽然社会科学已经变得几乎只关注对社会'系统'的分析,但它决不应将个人在社会中的命运视作与己无关。"①命运问题具有重要理论意义和现实意义。尤其是在数字社会,面对数字技术对传统生活的深入、渗入、改造等,社会行动者的命运成为一个必须认真思考的命题。

正如前述,有关"命运"的理解,有多重解释。研究者在研究中仅从吉登斯的结构化理论出发,尝试着去调和和解决有关"命运"概念一直以来都存在的内在矛盾和冲突,尤其是回应在数字环境和数字社会背景下,当数字技术或者技术理性日益渗透至人的身体、认同、关系等领域,社会行动者在如何解读命运、如何理解命运及如何把握命运方面所存在的社会集体焦虑。美国社会学家米尔斯在谈到研究主题的选择时曾经指出:"或许运用社会学的想象力所作的最有成果的区分是'环境中的个人困扰'和'社会结构中的公众议题'","困

---

① [德]卢克曼:《无形中的宗教:现代社会中的宗教问题》,覃方明译,北京:中国人民大学出版社,2003年,第1页。

扰产生于社会行动者的性格之中,产生于他与别人的直接联系之中,这些困扰与他自身有关,也与他个人所直接了解的有限的社会生活范围有关。论题涉及的事情则超越了个人的局部环境和内心世界。论题是件公共事务:公众感到他们所珍视的某种价值受到了威胁"。①因此,可以说,对数字环境下"命运"的探讨,既是研究者对自身数字生活的反思,同时也是对社会时代命题的现实回应。

因此,本书是从吉登斯的结构化理论出发,尝试着对"命运"这一看似比较玄的现象进行阐释。由此可见,"命运"并非不可理解的,它不仅是一种现象,更是一种社会现象,是一种基于社会行为的社会现象。如前所述,研究者对"命运"的本质的把握是海德格尔存在本体论意义上的,但是对"命运"概念的理解又主动结合吉登斯的"结构化"理论来阐明"命运"。即,"命运"由"命"和"运"相融而成,"命"指的是社会行动者的包括生命在内的内在的社会能量,"运"则指的是社会行动者在其认为重要的人生"决定性时刻"情境中所面对的外在的"能量资源"和"规则",因此,"命"和"运"相融而成由内外"资源"和"规则"构成的吉登斯结构化理论意义上的具有结构二重性的"结构"。社会行动者在受到来自社会场域"规则"和"资源"影响的同时,也在利用自身的基于身体的包括生理能量、心理能量等在内的生命能量再生产出社会结构,这包含着接受性和生产性。

需要声明的是,本书还是针对数字技术对社会影响所做的探讨。也可以说遵循的是媒介环境学的逻辑,即探讨媒介环境对人的影响。对此问题,早期的理论更多地强调环境的刺激作用,社会行动者正是在这种刺激下做出反应。这种情况以环境应激理论为代表。这种研究视角以心理学中的刺激—反应为模式,凸显了环境对社会行动者的强大影响力。后续研究表明,这种刺激—反

---

① [美]C.赖特·米尔斯:《社会学的想像力》,陈强、张永强译,北京:生活·读书·新知三联书店,2001年,第6~7页。

应模式因为没有考虑到社会行动者自身的考量因素,因此有夸大环境影响力的嫌疑。

本书尝试采用多学科的视角,综合梳理探讨数字技术/数字环境对社会行动者行为尤其是其命运行为的影响。在本书中,研究者结合作为地点、作为场所和作为空间的数字技术,探讨基于此种技术的数字环境对人的命运行为的影响。如前所述,本书旨在揭示数字环境通过影响社会行动者的社会能量状态,进而影响在其认为的关键时刻的选择行为。研究者既非倡扬技术决定论,同时亦非倡导高估社会的影响。正如吉登斯所言:"我并不怀疑结构性制约的实质和重要性,但这并不等于说就只能投向结构社会学的怀抱。当然,我也努力表明自己并不想过分地贴近方法论个人主义。"①而是努力尝试建构一种类似克里斯·希林所谓的肉身实在论。正如前述,这种数字环境对人的行为的影响,都是经过以行动者身体为基础的包括生理能量、心理能量等在内的社会能量的变化而带来的,凸显了身体在数字技术影响人的命运中的重要影响。本书始终认为人的命运行为是由人选择的,即便这种选择是在数字环境影响下所做的。最终,人应该为自己的选择负责,而不是逃避责任,人应该在数字环境下把握自己的命运,利用数字技术过上好的生活。

吉登斯认为:"社会科学中现在没有、将来也不会有什么普遍法则,这里最主要的原因并不在于经验检验和证明的方法不甚完备,而是因为如上所述,鉴于行动者关于其自身行动背景所拥有的知识(或信念),要概括人的社会行为,所牵涉的因果条件本质上并不是一成不变的。"②对于数字社会中"命运"的探讨亦是如此。社会行动者的个体在时空中自身所拥有的社会能量的差异性,

---

① [英]安东尼·吉登斯:《社会的构成:结构化理论纲要》,李康、李猛译,北京:中国人民大学出版社,2016年,引言第15页。

② [英]安东尼·吉登斯:《社会的构成:结构化理论纲要》,李康、李猛译,北京:中国人民大学出版社,2016年,引言第19页。

也使得我们并不能寻求找到一个数字社会下千篇一律的同一的命运。这种差异性和多元性也恰恰反映出来这一特点。"社会科学的宗旨不能局限于建立什么'法则',它是解释性的,作用在于促进自我批判和自我解放。"①本书旨在通过解释在数字环境下人行为体与非人行为体数字技术的"互嵌""互塑"和"互融"关系,数字环境对人命运行为的影响,进而能够"促进自我批判和自我解放",做到人和数字技术/环境的相伴而行。

本书中探讨的多是数字环境对社会行动者个体行为的影响,看起来更像是微观的"日常实践",但是正如吉登斯认为:"在个体情境化互动的'日常实践'与影响了现代社会生活的大规模、甚至是全球的社会系统特性之间并不存在很大的距离,前者也可以成为后者结构性特征再生产的中介。作为当代全球化趋势的一个结果,日常活动与全球性后果的关联实际上非常重要,反之亦然。吉登斯将最微观的日常活动与最宏观的全球系统又勾连了起来。"②

当然,上述我们从数字环境-命运行为的角度,基于媒介环境学的理论逻辑,基于行动者—网络视角,尝试性地探讨了"如何用数字技术生活得好"这一问题。正如前述,"好"是一个涉及伦理关系的命题,即人行为体与非人行为体之间的数字技术关系,这种关系处理得好与不好,直接影响到生活得好与不好。其中一个方面便是能够影响人的命运行为。因此,为了获得好的数字生活,我们务必要处理好人与数字技术的关系。

但这也只是梳理和探讨了好的数字生活的一个方面,即好的数字生活能够影响人行为体的命运行为,对于作为个体的人行为体而言,好的数字生活与美的数字生活并不等同。因此,研究者接下来需要进一步探讨"美的数字生

---

① 杨善华、谢立中主编:《西方社会学理论》(下卷),北京:北京大学出版社,2006年,第90页。

② [英]安东尼·吉登斯:《社会学方法的新规则——一种对解释社会学的建设性批判》,田佑中、刘江涛译,北京:社会科学文献出版社,2003年,"译者序"第42~43页。

活",以继续思考在数字环境下,人行为体如何过上不仅好而且美的数字生活,即美好的数字生活,构建人和数字技术的命运共同体。

高崇

2024 年 8 月 8 日